Zu diesem Buch

Die Pubertät ist eine schwierige Zeit. Türen werden geknallt und Eltern für doof befunden. Was soll man denn tun, wenn die Tochter wochenlang in abgerissenen Jeans und ungewaschenen Hemden herumläuft und bei Vorwürfen nur mit der Spießerfahne winkt? Und was soll man zu einer Mutter sagen, die sich ständig um die Meinung der Nachbarn sorgt und einen nur bis um elf Uhr abends zur Fete lässt?

Fest steht: Die Pubertät ist mühsam für alle Familienmitglieder, die Nerven liegen bloß. Die geduldigsten Eltern sind verunsichert und mit ihrem pädagogischen Latein am Ende. Der Nervenkrieg muss nicht sein, sagt Jan-Uwe Rogge. Mit Pubertät lässt sich auch produktiv umgehen. Eltern dürfen in der Erziehung gerade jetzt nicht kapitulieren, sondern müssen sie im Gegenteil durch klare Vorgaben und Regeln weiterführen. Jugendliche brauchen Grenzen, um einen Spielraum für die Entfaltung ihrer Identität zu bekommen. Eltern müssen erkennen, dass in der Verweigerung ihrer pubertierenden Kinder der Wunsch verborgen liegt, sich auseinander zu setzen, Grenzen auszutesten, Persönlichkeit zu entwickeln. Erst dann lässt sich die Phase der Pubertät nicht nur als eine Zeit der Krisen und Kräche begreifen, durch die man hindurch muss, sondern als eine Zeit, in der man eine Vertrauensbasis für die spätere Beziehung zwischen Eltern und erwachsenen Kindern schafft.

Der Auszug der Jugendlichen aus der Familie erfordert eine neue Einstellung der Eltern zueinander. Die Eltern Pubertierender tauchen im berühmten FAZ-Fragebogen als Helden in der Wirklichkeit auf – sie brauchen Unterstützung mehr denn je. Wer sollte dazu qualifizierter sein als Jan-Uwe Rogge? Denn der Autor pädagogischer Bestseller hat die Notwendigkeit, Grenzen in der Erziehung zu setzen, zu seinem Thema gemacht – und genau darum geht es in den Machtkämpfen zwischen Eltern und heranwachsenden Kindern.

Jan-Uwe Rogge

Pubertät

Loslassen und Haltgeben

Rowohlt Taschenbuch Verlag

Herausgegeben von Bernd Gottwald und Bernhard Schön

14. Auflage Januar 2008

Veröffentlicht im Rowohlt Taschenbuch Verlag,
Reinbek bei Hamburg, November 2000
Copyright © 1998 by Rowohlt Verlag GmbH,
Reinbek bei Hamburg
Umschlaggestaltung Britta Lembke
(Foto: Picture Press / Frank P. Wartenberg)
Satz Proforma Book und Thesis Sans PostScript, PageOne
Gesamtherstellung Clausen & Bosse, Leck
Printed in Germany
ISBN 978 3 499 60953 4

Inhalt

Teil IV
Sich ausprobieren – zum Risikoverhalten

Für Sebastian, von dem ich viel gelernt habe.
Für Lars und Kai, für Tilman und Anna-Marthe,
durch die ich sehr verschiedene Wege erfuhr,
die Pubertät zu bestehen

Krisen als Chance –
Einführende Gedanken zur Pubertät

Ich verstehe meinen Sohn nicht mehr», klagt die Mutter des 14-jährigen Sven, «er zieht sich in sein Zimmer zurück, ist völlig in sich gekehrt, kein freundliches Wort kommt mehr von ihm, nichts!» Sonjas Vater unterbricht sie beinahe: «Seit die 12 ist, setzt es ganz offensichtlich bei ihr aus. Ich wage sie kaum noch anzusprechen, weil sich sofort ein Riesenkonflikt entwickelt. Gut, ich versteh das mit der Pubertät, aber so dünnhäutig war ich – glaube ich jedenfalls – nicht.» Schmunzelnd ergänzt eine andere Mutter: «Ich hab gleich zwei davon. Robert ist 15, und Gabi ist 11. Das ist katastrophal. Rückzug auf der ganzen Linie ist angesagt. Die Zimmer der beiden sehen aus, als ob eine Bombe eingeschlagen hätte. Bei Robert stinkt es wie in einer Pumahöhle. Dass dort noch keine Epidemie ausgebrochen ist, wundert mich ehrlich. Die leben nach dem Motto: Die im Dunkeln sieht man nicht!» Nun redet sie sich richtig in Rage. «Aber wehe, man lässt sie links liegen, dann kommen sie aus ihrer Höhle gekrochen, sind muffelig und giften einen an, man würde sich nicht um sie kümmern.»

So klingen die Klagen, die Kommentare von verwunderten Eltern, deren Kinder gerade in die Pubertät kommen oder mittendrin sind. Für viele Eltern symbolisieren pubertierende Kinder die permanente Krise, von der sie manchmal glauben, dass sie nie ein Ende findet. Zwar hoffen sie, dass dieses Stadium schnell vorübergeht, «damit's endlich wieder normaler wird», wie eine Mutter von drei pubertierenden Kindern seufzend anführt. «Aber wenn alle voll im Clinch sind, du nicht mehr ein noch aus weißt, die Schwiegereltern über die Jugend von heute lamentieren, dann meinst du, die Pubertät habe nie ein Ende. Das würde jetzt so bis in alle Ewigkeit weitergehen.»

Ich weiß: Wer mit Heranwachsenden in der Pubertät zu tun hat, bekommt ein ganz eigenes Zeitgefühl, das zwischen Extremen schwankt. Da sitzt man eben noch friedlich mit dem Sohn oder der Tochter zusammen, genießt die Ruhe, die sich Sekunden später als Augenblick vor dem Sturm erweist und sich blitzschnell in ein Gewitter entlädt. Oder diese nervtötend lange Zeit, in der man immer wieder mit dem Heranwachsenden im Streit um dasselbe Thema liegt – Kleidung, Haarschnitt, Hausaufgaben. Man dreht sich wie auf einem Karussell im Kreis und hat schließlich das Gefühl, die Auseinandersetzung ginge nie zu Ende.

Die Pubertät ist jedoch ein Durchgangsstadium – sie hat einen Anfang und (meistens) ein Ende – für die Heranwachsenden wie für die Eltern. Viele Eltern fürchten sich vor der Pubertät ihrer Kinder, weil sie diese Zeit auf Konflikte reduzieren, mit Krisen gleichsetzen. Pubertät bedeutet aber nicht automatisch eine Krise. Die Pubertät ist vor allem eine Phase des Wandels, der Veränderung und der Entwicklung, aus der sich dann Krisen ergeben können. Diese Krisen sind eine Chance – für die Eltern wie für die Jugendlichen –, um zwischenmenschliche Beziehungen neu zu bestimmen. (Ver-)Wandlungen, (Ver-)Änderungen und Entwicklungen prägen wie selbstverständlich Pubertätsverläufe. Sie können sich allerdings, typ- und temperamentsbedingt, höchst verschieden darstellen. Während einige Heranwachsende ihre Entwicklung grell, schrill und provokativ inszenieren und durchleben, ziehen sich andere von der Außenwelt zurück, kapseln sich ab, richten sich in den Innenwelten ihrer Phantasien, Träume und ihres Weltschmerzes ein.

Wenn ich mit Eltern, Großeltern oder pädagogisch Handelnden rede, so bemerke ich: Viele Erwachsene haben nur eine arg begrenzte und enge Vorstellung von dem, was bei Heranwachsenden normal und selbstverständlich ist. Schnell wird vermutet, das Verhalten von Jugendlichen sei entwicklungsgestört, ja pathologisch. Doch so kann man den vielfältigen und komplexen Entwicklungsverläufen nicht gerecht werden.

Gelassenheit ist notwendiger denn je! Das soll heißen: Ich möchte Eltern die große Variationsbreite von Verhaltensweisen vermitteln, die sich während der Pubertät zeigen können und die vollkommen «normal» sind. Nur wenn Eltern ihre Kinder so annehmen, wie sie sind, nur dann können Eltern den Gedanken loslassen, sie wohnten mit einem Zombie, Chaoten oder Außerirdischen unter einem Dach. Um ihnen dieses Gefühl von Normalität zu geben, erzähle ich eine Geschichte, die angeregt ist von einer Bemerkung der französischen Kinder- und Jugendpsychiaterin Françoise Dolto: «Wenn der Hummer den Panzer wechselt, verliert er zunächst seinen alten Panzer und ist dann so lange, bis ihm ein neuer gewachsen ist, ganz und gar schutzlos. Während dieser Zeit schwebt er in großer Gefahr. So ungefähr geht es Jugendlichen.»

Es ist die Geschichte vom Hummer Rune. Rune lebt in der Tiefe des Ozeans. Das Meer hat einen felsigen Untergrund und viele Höhlen, die zum Verstecken einladen. Rune fühlt sich sicher, denn Hummerkinder, so weiß er, werden niemals gefangen, vielmehr gepflegt und gefüttert. Und was danach kommt, interessiert Rune nicht. Rune spürt, dass das Fleisch unter seinem Panzer wächst, sein Panzer längst zu klein ist, er zwickt, kneift, passt nicht mehr. Und als Rune seinen Panzer nicht mehr sehen kann, wirft er ihn ab – so wie es sein Bruder Ari schon getan hat. Aber Ari hat ihm gesagt, wie gefährlich es ohne Panzer werden könnte. «Mach dich unsichtbar», gab er Rune mit auf den Weg und verschwand. Rune wirft seinen Panzer ab. Schmackhaftes Fleisch kommt zum Vorschein, zu wenig für die Fischer, aber eine Delikatesse für die zahlreichen Feinschmecker unter dem Meeresgetier. Deshalb flieht Rune in eine Felsenhöhle, wandert ganz tief hinein, so tief, dass ihm keiner gefährlich werden kann, und ernährt sich von dem Essbaren, das er in der Höhle findet. Hier ist es warm, gemütlich, dunkel. Rune ist allein, genießt diese Einsamkeit und träumt davon, wie es alles wohl werden wird, wenn er erst mal erwachsen ist. Dann würde er – mit einem neuen Panzer – ausziehen und hinaus in die Welt gehen, dorthin, wo seine erwachsenen Verwandten leben. Es musste dort schön sein, denn er hatte seinen Bruder und andere nicht mehr wieder gesehen, nachdem sie sich auf den Weg gemacht hatten. Im Dunkel der Höhle wächst das Fleisch und drum herum ein ansehnlicher Panzer. Rune fühlt sich allmählich sicherer und geschützter. Als sein Panzer fest und groß genug ist, verlässt er die Höhle, macht sich auf und davon, verlässt die verdreckte, miefige und stickige Höhle, die ihm nun zu eng ist. Rune will jetzt die Welt kennen lernen und allen seinen neuen Panzer zeigen.

Wenn ich diese Geschichte erzähle, dann nicken viele Eltern, vergleichen den Hummer mit ihrer Tochter oder ihrem Sohn, die sich auch in die Zimmer zurückziehen, unansprechbar, unansehnlich, verträumt und empfindlich sind. «Hummerhöhle», entfuhr es vor einiger Zeit einer Mutter, «Hummerhöhle, genau. So ist's bei meiner Juliane auch:

Gardinen zu, tagelang wird nicht gelüftet, halb volle Teetassen auf dem Boden, Pizzareste, Klamotten verstreut, Juliane zerstreut. Und dann», die Mutter hält sich die Nase zu, «dieser Geruch. Da brauchst du 'ne Nasenklammer, um das Zimmer zu betreten.» «Ich nehm 'ne Spraydose mit», ruft ein Vater dazwischen, «Frühlingsdüfte heißt das Zeug, weil man sonst den Mief nicht aushält. Tja, so einen Hummer habe ich also auch zu Hause. Hoffentlich bleibt er nicht in der Höhle, bis er vergammelt.»

Aber nicht in jedem Fall verläuft die Pubertät wie bei dem Hummer, der sich zurückzieht. Das Spektrum der Verhaltensmöglichkeiten ist groß. «Ich wünschte», kommentiert die Mutter des 13-jährigen Stefan, «mein Sohn hätte etwas von diesem Tier und zöge sich zurück. Aber er breitet sich aus, hinterlässt überall im Haus seine Spuren, setzt seine Duftmarken und lässt jeden an seiner Pubertät teilhaben. Ich würde ihm gerne eine Hummerfalle bauen und zum Rückzug ihn in sein Zimmer locken.» Pubertät kommt anders, als es sich Eltern denken. «Bei den beiden Ältesten hab ich die Horrorgeschichten, die ich von anderen Eltern über die pubertierenden Kinder hörte, nicht geglaubt. Ich dachte, die übertreiben maßlos. Aber dann kam der Jüngste, der Jan, in seine Jahre. Der forderte mich, tja, überforderte mich teilweise. Obwohl ich doch zwei Kinder durch die Pubertät begleitet hatte, dachte ich mit einem Mal, ich bin unfähig. Jan hat's mir richtig gezeigt.»

Viele Eltern beziehen die Erziehungsprobleme, die in der Pubertät ihrer Kinder auftreten, auf sich, sehen sich als Schuldige, als Versager. Eltern vergleichen sich mit anderen Eltern, bei denen es vermeintlich besser, ja reibungsloser läuft. Eltern vergleichen ihre Heranwachsenden mit anderen und seufzen verzweifelt: «Warum kann mein Kind nicht auch so freundlich und hilfsbereit sein!» Aus dieser Sichtweise resultieren Ungeduld, Machtkämpfe, gegenseitige Schuldzuweisungen und ungerechte Vorwürfe. Probleme in den Eltern-Kind-Beziehungen sind während der Pubertät normal, weil sich in dieser Zeit veränderte Beziehungen aufbauen und entwickeln, weil alte Gewohnheiten zerbrechen und sich neue einstellen müssen. Die damit einhergehenden Krisen sind für Eltern eine Chance, in eine neue partnerschaftliche Beziehung zu den heranwachsenden Kindern zu treten, eine Beziehung, die nicht auf Macht, Kontrolle und Manipulation aufbaut, sondern von gegenseitigem Respekt und gegenseitiger Achtung geprägt ist, eine Beziehung, in der Eltern Vorbilder sind, weil sie ihren Kindern vier Prinzipien vorleben:

- Ich nehme dich so an, wie du bist!
- Ich nehme mich so an, wie ich bin!
- Ich bin nicht für dein Tun verantwortlich, du bist es für dich!
- Ich bin für mich und mein Tun verantwortlich, du nicht für mich!

Diese Grundsätze gründen auf einer Spannung von Loslassen und Haltgeben, von Distanz und Nähe, von Ablösung und Begleitung. So hat der Heranwachsende das Recht auf eine individuelle Entwicklung. Genauso notwendig sind die Grenzen zwischen den Generationen. Der innere und äußere Auszug aus dem Elternhaus ist wichtig. Eltern müssen ihre Kinder in der Pubertät loslassen. Nur wer sich aus den Augen verliert, kann sich neu finden. Loslassen und Ablösung sind mit wachsenden Freiheiten für die Heranwachsenden verbunden. Doch gehört zur Freiheit auch, Verantwortung für das eigene Handeln zu übernehmen, mit den *Folgen* von Aktivitäten und Taten konfrontiert zu werden. Freiheit und Verantwortung gehören untrennbar zusammen. Freiheit ohne Verantwortung endet im Chaos und lässt überdies nicht zu, dass sich eine autonome Persönlichkeit ausbildet.

Auch wenn die physischen und psychischen Veränderungen, die Heranwachsende durchleben, nicht parallel verlaufen müssen, so stellt sich die Pubertät doch als eine Phase der körperlichen, sexuellen und sozialen Destabilisierung dar. Sie ist ein Durchgangsstadium zu Selbstbewusstsein, zu einer eigenen Identität. Der Pubertierende lebt in einer Zwischenwelt, in der es keine Eindeutigkeiten gibt. Das ist eine Welt der Zerrissenheit: Auf und Ab, Höhen und Tiefen, Trauer und Glück, himmelhoch jauchzend und zu Tode betrübt, stark und schwach, ein einziges Pendeln zwischen Größenphantasien und Im-Boden-Versinken. Kurz gesagt: Die ständigen und plötzlichen Veränderungen sind das einzig Eindeutige.

Das Durchgangsstadium Pubertät ist für die Heranwachsenden eine anstrengende Lebensphase. Sie spüren die Entwicklungsaufgaben, die nicht selten mit Druck und Stress verbunden sind. Und obwohl sie sich von den Eltern zurückziehen, sie abwerten und sich manchmal zweifelhaften Freunden zuwenden, brauchen sie Halt. Halt ist jedoch nicht zu verwechseln mit Klammern. Notwendig wird eine Neugestaltung der Erziehungsbeziehungen. Wer sich also aus den Beziehungen zu Heranwachsenden verabschiedet, der lässt diese allein, ohne Bindung, ohne Vorbild.

Die Phase der Pubertät ist, wie die Geschichte vom Hummer verdeutlicht, eine Zeit, in der viele Risiken und Gefährdungen lauern: Drogen, Alkohol, Selbstüberschätzung (etwa im Sport oder im Straßenverkehr), Schulängste oder -verweigerungen, Selbstmordversuche. Und es gibt Gefährdungen, die aus problematischen Eltern-Kind-Beziehungen resultieren: Da gibt es etwa ein übertriebenes Harmoniebedürfnis, das Reibung und Ablösung nicht zulässt. Oder da stellt der eiserne Besen trügerische Ruhe und Ordnung her. Da herrscht nicht selten emotionale Leere, die den Bedürfnissen der Heranwachsenden nach Zuwendung und Nähe keine Rechnung trägt. Oder Eltern verkennen den Wandel, den ihre Kinder durchleben, sehen nicht, dass sie nach Erfolgserlebnissen streben, eigene Fähigkeiten ausprobieren und durch ihre Bemühungen ihre Zugehörigkeit zur Familie und Gesellschaft beweisen wollen.

Es gibt keine Entwicklung ohne Risiko, ohne Gefährdung, ohne Um- und Irrwege. Es bleiben Restrisiken, die selbst positive Rahmenbedingungen durch Elternhaus, Schule und andere Institutionen nicht völlig ausschließen können. Doch man kann sehr wohl die Bedingungen formulieren, die Heranwachsenden in der Pubertät die notwendige Orientierung vermitteln:

- Eine Halt gebende Um- und Mitwelt, die Interesse am Heranwachsenden, seinen Bedürfnissen und Interessen signalisiert.
- Bezugspersonen – Eltern, Lehrer, Freunde, Bekannte –, die ihr Verhalten durchsichtig machen und die das verlässlich vorleben, was sie ausdrücken und meinen.
- Bezugspersonen, die den Heranwachsenden achten und respektieren und zugleich Achtung und Respekt einfordern, die den Heranwachsenden so annehmen können, wie er oder sie ist.
- Bezugspersonen, deren Handeln von Konsequenz, Verlässlichkeit und Vorhersagbarkeit geprägt ist und sich nicht negativ durch Strafe und Willkür auszeichnet und damit die Persönlichkeit des Jugendlichen missachtet.

Dies hört sich einfacher an, als es in der täglichen Erziehungspraxis umzusetzen ist. Der Heranwachsende fordert ja heraus, will anecken, sich reiben, sich an Grenzen stoßen, sie niederreißen, übertreten, verletzen und gering schätzen. Die Zwischenwelt der Pubertät scheint wie geschaffen für Ausbruchsversuche und Grenzverletzungen. Jugendliche fühlen wohl unbewusst: Wann – wenn nicht jetzt? Um es vorweg zu sagen: Ich habe auch meine Schwierigkeiten mit manchen pubertären Grenzverletzungen, mit rüpelhaftem, unsozialem, (selbst-)zerstörerischem Verhalten. Ich habe Schwierigkeiten mit medialen Horrorszenarien oder unendlichen Saufgelagen, in denen man sich nur zuschüttet, um schnell «abzukotzen», wie es der 15-jährige Ulrich einmal ausdrückte. Aber dennoch habe ich den Eindruck, dass die manchmal extremen Grenzüberschreitungen von Erwachsenen häufig falsch bzw. nicht in angemessener Form bewertet werden.

Die Heranwachsenden werden vorschnell pathologisiert, wenn sie Grenzen verletzen, wenn sie phantasielos, gewalttätig, hedonistisch, unsozial, nicht leistungsbereit sind und dem Konsumrausch verfallen. Sie werden von einer «Das-hat-es-bei-uns-nicht-gegeben»-Haltung als Fleisch gewordene Symbole für den drohenden Untergang der abendländischen Kultur hingestellt. Eine derartige Einschätzung spielt eine harmonische Vergangenheit gegen eine konfliktträchtige, ja apokalyptische Gegenwart aus. Sie klärt nicht auf, sie vernebelt, verängstigt, macht handlungsunfähig und installiert Verständnislosigkeit zwischen den Generationen. Ein Blick in die Vergangenheit zeigt, was hier gemeint ist: «Wenn Väter ihre Kinder einfach gewähren und laufen lassen, wie sie wollen, und sich vor ihren erwachsenen Kindern geradezu fürchten, wenn Söhne schon sein wollen wie die Väter, also ihre Eltern weder scheuen und fürchten noch sich um ihre Worte kümmern, sich nichts mehr sagen lassen wollen, um ja recht erwachsen und selbständig zu erscheinen, wenn Lehrer vor ihren Kindern und Schülern zittern und ihnen lieber schmeicheln, statt sie sicher mit starker Hand auf einen geraden Weg zu führen, so dass sich diese Schüler aus diesen Lehrern nichts mehr machen, wenn es überhaupt schon so weit ist, dass sich die Jüngeren den Älteren gleichstellen, ja gegen sie auftreten in Wort und Tat, die Älteren sich aber unter die Jungen setzen, um sich ihnen gefällig zu machen, indem sie ihre Albernheiten übersehen oder gar daran teilnehmen, damit sie ja nicht den Anschein erwecken, als seien sie Spielverderber oder gar auf Autorität versessen: Wenn auf diese Weise die Jungen allmählich aufsässig werden und sich alsbald verletzt fühlen, wenn ihnen jemand den geringsten Zwang antun will, wenn sie am Ende dann die Gesetze verachten, um nur ja keinen Gebieter über sich zu haben – so führt dieser Missbrauch der Freiheit und Demokratie geradewegs in die Knechtschaft der Tyrannis.» Diese Worte sprach der griechische Philosoph Plato bereits vor 2400 Jahren.

Nun will ich nicht behaupten, es sei mit der Pubertät immer schon so gewesen. Pubertätsverläufe – darauf hat der Soziologe Helmut Fend in seinen eingehenden Untersuchungen hingewiesen – sind von komplexen politischen, sozialen und kulturellen Bedingungen abhängig, ihre inneren wie äußeren Erscheinungsbilder stellen sich höchst unterschiedlich dar. Aber wenn man sich die Geschichte der Jugend, die Geschichte der Pubertät durch die Jahrhunderte anschaut, fällt eines auf: Das Zwischen- und Entwicklungsstadium Pubertät bringt Veränderungen mit sich, die allen Beteiligten offensichtlich Angst machen. Frühere Zeiten versuchten die Unsicherheit durch Riten und Rituale in den Griff zu bekommen, mit denen man Jugendliche in das Erwachsenenalter leitete. Unsere Zeit kennt solche Riten und Rituale immer weniger, ja, man hat sie sogar abgeschafft. Doch leben solche Rituale gewissermaßen in den Gruppen der Gleichaltrigen fort – in den Saufgelagen, den Treffen an einer zugig-kalten Bushaltestelle, in den verschworenen Cliquen, die sich in einer Geheimsprache verständigen.

Wenn man Jugendliche vorschnell stigmatisiert oder abstempelt, nimmt man wie durch eine Taucherbrille nur das wahr, was man sehen und kommentieren will. Ebenso wenig hilft die entgegengesetzte Haltung, die für jede Grenzverletzung Nachsicht zeigt. Pubertierende verachten dauernd verständnisvolle Erwachsene, nehmen sie nicht ernst. Und dies scheint, wie das Zitat von Plato zeigt, nicht erst für unser Jahrhundert zu gelten. Mit Grenzüberschreitungen fordern Heranwachsende heraus: Sie wollen ein einfühlendes, ihrem Alter angemessenes Verstehen von den Erwachsenen. Aber es verwirrt sie, wenn Verständnis mit Akzeptanz gleichgesetzt wird. Für Eltern und pädagogisch Handelnde gilt somit: Wer sich in Jugendliche und in deren – manchmal zerstörerische – Aktivitäten hineinversetzt und bestimmte Handlungen als Ausdruck von Pubertätskrisen deutet, darf dies nicht mit nachsichtiger Akzeptanz verwechseln. Auch durch

Vandalismus und Zerstörung wollen Pubertierende – so merkwürdig es auch klingt – eine Auseinandersetzung über gut und böse, richtig oder falsch führen, eine Auseinandersetzung, in der der Erwachsene Partner und Kontrahent zugleich ist.

Und in diesen Auseinandersetzungen reagieren Heranwachsende äußerst sensibel auf falsche Töne – auch wenn dies in merkwürdigem Widerspruch zu ihren Worten und Taten stehen kann. Erwachsene neigen dazu, Heranwachsende und ihr Verhalten in einen Topf zu schmeißen: «So etwas macht man nicht. Bist du denn völlig durchgeknallt?» Oder: «Mach nur so weiter, dann wirst du schon sehen, was du davon hast!» Dann folgt nicht selten ein Bruch der Beziehung, ein Stillstand der Kommunikation, ein drastischer Gefühlsausbruch oder ein erbitterter Machtkampf. Pubertierende wollen auch dann als Person angenommen sein, wenn sie Grenzen überschritten haben. Kritik an ihren Handlungen können sie aushalten und annehmen, wenn die persönliche Würde respektiert wird und unangetastet bleibt – nach dem Grundsatz: «Ich mag dich. Doch was du getan hast, war nicht in Ordnung!»

«Aber das ist», so wirft Adrians Mutter ein, «das ist verdammt schwer, vor allem, wenn etwas passiert ist. Als mein Sohn neulich von der Polizei nach Hause gebracht wurde, weil er im Kaufhaus etwas geklaut hatte, da brach für mich eine Welt zusammen. Ich wollte schreien, aber dann sah ich Tränen in seinen Augen. Adrian wollte mich nicht unter Druck setzen. Das waren Tränen der Verzweiflung, der Trauer, der Scham. Da hab ich ihn in den Arm genommen. Ich hab ein gutes Gespür gehabt. Er musste den Schaden sofort wieder gutmachen. Aber Sie hätten die Reaktionen meiner Eltern hören sollen: Schimpf und Schande! Die sehen ihn schon als Verbrecher. Aber ehrlich, ich bin froh, wenn er diese Pubertät, diese Zeit hinter sich hat. Diese ständigen Aufs und Abs, die machen mich fertig!»

In vielen Seminaren und Gesprächen werde ich darauf angesprochen, ob der Begriff Pubertät nicht unzeitgemäß sei, weil er verengt, ob Begriffe wie Adoleszenz oder Jugendalter nicht angemessener wären. Tatsächlich beschreibt die Pubertät – von lateinisch pubes: Schamhaar, pubertas: Geschlechtsreife – zunächst nur körperliche Veränderungen, also jene Zeit im Anschluss an die Kindheit, in der sich die Geschlechtsreife entwickelt und sich der kindliche in einen erwachsenen Körper verwandelt. Veränderungen – häufig zeitlich versetzt – vollziehen sich auch in den geistigen, seelischen und gefühlsmäßigen Persönlichkeitsanteilen: Das Denken wird abstrakter, die Welt, die Zukunft werden zum Thema. Größenphantasien und Verzweiflung gehen nicht selten Hand in Hand. Der Begriff der Adoleszenz beschreibt damit die psychischen, emotionalen und sozialen Veränderungen. Deshalb unterscheiden einige Autoren zwischen Pubertät und Adoleszenz und bestimmen die Begriffe so: Während die Pubertät vom 11. bis zum 15. Lebensjahr dauert, beginnt die Adoleszenz etwa im 14. Lebensjahr.

Ich spreche durchgängig von Pubertät, weil ich die *Wechselwirkung* von körperlichen, geistigen und gefühlsmäßigen sowie sozialen Veränderungen betonen möchte. Dabei unterscheide ich drei Phasen: Die Vorpubertät (erste Phase) reicht vom 11. bis 14. Lebensjahr. Die «eigentliche» Pubertät (zweite Phase) lässt sich zwischen dem 14. und 16. Lebensjahr verorten. Es versteht sich, dass diese Zeiteinteilung idealtypisch ist. Die Phasen können sich nach vorn oder nach hinten verschieben. Die Nachpubertät umfasst den Zeitraum zwischen dem 16. und 18. Lebensjahr (dritte Phase). Auffällig sind gegenwärtig einerseits frühzeitigere körperliche Reifungsprozesse (Gestaltwandel, Menstruationsbeginn, Samenerguss), die den Beginn der Pubertät nach vorn verlagern. Andererseits kann sich die Nachpubertät bis in das 24. Lebensjahr hinein verschieben.

Die Vorpubertät zeichnet sich durch einschneidende körperliche, psychische und geistig-seelische Veränderungen aus, die starke Verunsicherungen mit sich bringen. In der zweiten Phase streift der Heranwachsende seine Kindheit ab und beginnt, eine eigene Identität zu entwickeln. Der Schwerpunkt des Buches liegt auf der ersten und zweiten Phase.

In der Nachpubertät geht es vor allem um die Umgestaltung der Beziehung zu den Eltern und ein allmähliches Hineinwachsen in die Gesellschaft. Der Heranwachsende zieht aus, lebt seinen eigenen Alltag. Aus der schroffen Ablehnung der Eltern in der (Vor-)Pubertät entsteht eine allmähliche Wiederannäherung. Die Erziehungsbeziehung, die so prägend für die Kindheit ist, verändert sich hin zu einer partnerschaftlichen, gleichwertigen Beziehung.

Drei Grundgedanken durchziehen dieses Buch, die Ihnen in den verschiedenen Kapiteln immer wieder begegnen werden:

1. Viele Eltern scheuen Konflikte und Auseinandersetzungen mit ihren Heranwachsenden, sind gar der Meinung, die Erziehung sei in der Pubertät am Ende. Erziehung hat aber mit Beziehung zu tun, mit beharrlicher, nicht immer harmonischer Beziehungsarbeit. Wer sich aus der Erziehung zurückzieht, zieht sich aus der Beziehung zurück, lässt Jugendliche allein. Zerstörerische Aktivitäten von Pubertierenden sind Hinweise dafür, dass Heranwachsende hilflos um Hilfe, nach Zuwendung, nach Annahme schreien. Eltern und alle Erwachsenen, die mit Pubertierenden zu tun haben, müssen ermutigt werden, eine Erziehungsbeziehung einzugehen.

2. Auch wenn sich der Pubertierende zurückzieht und die Kontaktaufnahme verweigert, auch wenn sich Kommunikation als schwierig erweist, so ist es doch wichtig, im Gespräch zu bleiben, Normen und Werte zu vermitteln. Nur in der Reibung, nur im Abarbeiten an vorgelebten Modellen kann der Pubertierende diese prüfen und übernehmen. Kritik und Streit, Absetzung und Ablehnung kennzeichnen diesen Vorgang. Und Jugendliche wollen Respekt und Achtung. Sie verlangen, ernst genommen zu werden. Darauf haben sie ein Anrecht! Aber partnerschaftliche Beziehungen schließen auch ein, dass Heranwachsende ihre Eltern achten und respektieren. Wenn Eltern eigene Bedürfnisse um des lieben Friedens willen hintanstellen, führt das schnell dazu, dass Pubertierende die Bedürfnisse ihrer Eltern mit Füßen treten.

3. Nicht allein der Heranwachsende durchlebt die Phase der Pubertät. Dies gilt gleichermaßen für Väter und Mütter. Auch sie erleben körperliche Veränderungen. Das Familienleben «pubertiert». Nicht selten steht mit der Pubertät der Kinder deren baldiger Auszug bevor. Aus der elterlichen Konzentration auf die Kinder, aus der familiären Gemeinsamkeit entwickelt sich eine neue Partnerschaft, eine veränderte Zweierbeziehung von Vater und Mutter. Während der Pubertät ist also nicht allein der Heranwachsende in Bewegung, dies gilt auch für die Eltern. Mir fällt auf, wie wenig dieser Gesichtspunkt von Eltern gesehen und vor allem gelebt wird. Der Auszug der Kinder kann der Beginn einer neuen gemeinsamen Etappe sein. Wird dieser Aspekt unterschätzt, kommt es nicht selten zum Stillstand in den Paarbeziehungen. So ist es wohl kein Zufall, wenn mit dem Auszug der Kinder

manchmal ein Ehepartner auszieht und in eine andere Beziehung flieht. Die Pubertät stellt eine spannende Phase in den Eltern-Kind-Beziehungen dar – voller Dramatik, voller kleinerer und größerer Konflikte, voller intensiver Gefühle –, eine Phase, deren Sinn und Tiefe manchmal erst im Nachhinein geschätzt wird.

Das Buch enthält Geschichten aus meiner Beratungs- und Seminarpraxis. Diese Geschichten regen häufig zum Schmunzeln an. Denn Lachen befreit. Humor ist wichtig und kommt in der Erziehung, vor allem in der Beziehung zu Jugendlichen, einfach zu kurz. Die Geschichten wollen nicht lächerlich machen. Ich erzähle in meinen Vorträgen, Beratungen und Seminaren gerne Geschichten, weil die kürzeste Entfernung zwischen einem Problem und seiner Lösung eine Geschichte ist.

Die vielfältigen Fragen, die Eltern haben, sind häufig so konkret und so komplex, dass man sie in Büchern nicht genau beantworten kann. So bieten denn die von mir erzählten Beispiele und Geschichten Anregungen, die in ähnlicher Form auf den eigenen Alltag übertragen werden können. Das Buch versteht sich als eine Landkarte, die Hinweise auf lohnenswerte Erkundungen und Ziele in der Erziehung gibt. Es erläutert, wie man einen Kompass zu bedienen hat, um dorthin zu gelangen. Aber die Landkarte zu lesen, den Kompass zu gebrauchen, die Landschaft zu erkunden – diese Aufgabe kann ein Autor den Eltern und den Heranwachsenden nicht abnehmen. Und vielleicht klappt etwas nicht auf Anhieb, weil man den Wald vor lauter Bäumen, sprich: die einfache Lösung vor lauter Problemen nicht sieht.

Das Lösen von Problemen hat viel mit Versuch und Irrtum zu tun. Was heute gültig war, kann morgen schon nicht mehr stimmen. Aber das Gefühl, schon einmal eine Lösung gefunden zu haben, macht vielleicht Mut, sich weiteren Herausforderungen zu stellen.

Wenn Eltern und Pubertierende gemeinsam nach Möglichkeiten suchen, um die Tür zur Zwischenwelt der Pubertät zu öffnen, kann das aufregend sein. Dabei ist es egal, welche Lösung man findet. Die Heranwachsenden sollten am Etappenende das Gefühl haben, gestärkt mit den guten Wünschen der Eltern den ganz eigenen Weg zu gehen. Eltern sollten sagen können: Ich nehme dich so, wie du bist! Ziehe aus und meistere dein Leben! Wenn du zurückkommst, bist du als gern gesehener Gast willkommen!

Pubertät schreit
nach Erziehung

«Ihre Lösungen», so schleudert mir eine Mutter empört entgegen, «Ihre Lösungen, die Sie für Probleme anbieten, die klingen so leicht. Als wäre alles so einfach.» Ein Vater pflichtet ihr bei: «Es ist eben nicht so einfach, sondern verdammt schwer, mit Jugendlichen unter einem Dach zu leben. Es ist ein einziger Stress, das sage ich Ihnen. Und man stolpert jeden Tag in eine Falle, macht Fehler über Fehler.» «Man will eben alles richtig machen», ergänzt eine andere Mutter. «Man hat ja so viel gelesen, wie ein Kind durch Fehler auf die schiefe Bahn gerät. Und dann tut man alles für das Kind, will nur sein Bestes.»

Zugegeben: Es ist ein Kreuz mit der Erziehung von Heranwachsenden. Man bewegt sich ständig in der Gefahr, in eine Falle zu tappen. «Ich habe mir geschworen», berichtet der Vater von zwei pubertierenden Söhnen, Simon, 11, und Lucas, 12 Jahre, «bloß nicht die Fehler von früher zu wiederholen.» «Welche Fehler?», will ich wissen. «Mein Vater hatte nie Zeit für mich, war immer gleich auf 180. Also habe ich mir gesagt: Wenn du Kinder hast, dann brauchen sie Zeit. Und sei geduldig, bleib ruhig, schrei nicht. Aber wenn ich mit ihnen zusammen bin, dann nerven wir uns gemeinsam, oder die machen sich gegenseitig an. Irgendwann brülle ich los. Dann sind sie ruhig. Das tut mir zwar gut, aber ich habe riesige Schuldgefühle danach, weil ich versagt habe, weil ich mir denke, es muss doch anders gehen. Doch ich sag mir dann: Ich hab doch auch Gefühle, ich muss doch damit auch irgendwo bleiben.» Dieser Vater hat sich – wie viele andere Eltern – eine geradezu klassische Falle gestellt: Entweder er übersieht seine eigenen Bedürfnisse, denkt nur daran, wie die Wünsche seiner Kinder angemessen zu befriedigen sind, oder er verstößt gegen selbst auferlegte Grundprinzipien.

Vom Mut zur Gelassenheit
und vom Mut zu Fehlern

Das Lebensziel, perfekt sein zu wollen, ist die Kehrseite davon, dass heutige Eltern ein großes, häufig aber einseitiges psychologisches Alltagswissen besitzen. Populäre Ratgeber und journalistische Aufklärung im Light-Format vermitteln Überzeugungen, denen zufolge schon *ein* Erziehungsfehler bei Heranwachsenden zu gravierenden Problemen im späteren Leben führen kann. Wer will seinen Kindern so negative Perspektiven zumuten? Also werden alle Anstrengungen unternommen, Kindern jedweden Frust zu ersparen, vermuten Eltern doch, dass Frustration schnell in Lebensunzufriedenheit und Aggression umschlagen kann.

Doch diese Meinung übersieht Entscheidendes: Nicht *eine einzelne* problematische Erziehungsmaßnahme wirkt sich für alle Zeit schädigend aus, aber erzieherische Einflüsse, die *auf Dauer und gleichbleibend* kindliche Bedürfnisse verkennen und missachten, gar unterdrücken, sind entwicklungshemmend und traumatisieren. Wenn Heranwachsende *auf Dauer* keine elterliche Annahme und Fürsorge erfahren, wenn ihnen *auf Dauer* keine Eigenverantwortung zugestanden wird, dann können Orientierungslosigkeit und Minderwertigkeitsgefühle die Folge sein.

Um nicht missverstanden zu werden: Wenn Eltern Fehler in der Erziehung machen – und der Alltag bietet dafür genügend Gelegenheiten –, ist dies kein Grund, in Sack und Asche zu gehen. Vielmehr sollten Fehler als Chance begriffen werden, über das eigene Handeln nachzudenken und es möglicherweise zu verändern. Und wer die Schwäche hat, Fehler zu begehen, dürfte die Stärke besitzen, sich beim Heranwachsenden zu entschuldigen. Nicht unwillig, leise hingenuschelt oder weil «man» das heute tut, sondern ernst gemeint – verbunden mit der Absicht, künftig andere Konfliktlösungen zu entwickeln.

Der offene Umgang mit Fehlern ist eine Chance für Heranwachsende: Die Fehler der Eltern zeigen ihnen, dass sie keine perfekten Väter und Mütter haben, aber solche, die mit Krisen und Niederlagen umgehen können, die aus Fehlern lernen und bereit sind, Konsequenzen daraus zu ziehen. Ermutigender sind demnach nicht selbst entworfene Hochglanzbilder, sondern gelebte, nachvollziehbare elterliche Vor-Bilder.

Aus dem Zen-Buddhismus stammt die Geschichte von drei Lehrern, die sich über ihre Rolle für die Entwicklung von Heranwachsenden Gedanken machen. Der erste Lehrer betrachtet seine Schüler als einen leeren Topf, den er mit Wissen und Informationen füllen muss, damit die Schüler ihr Leben meistern. Ein anderer Lehrer hält seine Schützlinge für eine ungestaltete Masse aus Ton, die er durch sein Tun so lange formen muss, bis das Ergebnis seinem Bild entspricht. Ein dritter Lehrer schließlich behandelt seine Schüler wie die vielen unterschiedlichen Blumen, die in seinem Garten wachsen. Er beobachtet und erspürt die unterschiedlichen Bedürfnisse jeder Blume: Wasser, Sonne und individuelle Zuwendung. Der Kaktus braucht weniger Wasser als die Sumpfdotterblume, die Rose mehr Sonne als der Efeu, der gerade angepflanzte Buchsbaum mehr Dünger als die ausgewachsene Birke.

So weit die Geschichte, die Einwände geradezu provoziert: Natürlich muss ein Lehrer nicht selten den schier unerschöpflichen Wissensdurst der Heranwachsenden stillen, manchmal brauchen Schüler unmittelbare Prägung und Formung. Doch handelt jener Lehrer angemessener, der sein pädagogisches Tun auf das jeweilige Entwicklungsstadium und die individuellen Voraussetzungen des Kindes abstimmt.

«Aber was heißt das für mich?», fragt die Mutter von drei pubertierenden Söhnen etwas genervt. «Was heißt das denn für mich? Ich will es doch *allen* recht machen. Sie sollen mir später nicht vorwerfen, ich hätte sie benachteiligt, irgendeinen vorgezogen.» Sie ist verunsichert: «Aber ich schaffe das alles einfach nicht. Der Älteste ist in Mathematik gut, der Jüngste nicht und auch dann nicht, wenn er Nachhilfe bekommt. Der Mittlere trödelt und trödelt. Dem kann ich sagen, was ich will, er ist eine Schnecke. Und je mehr ich auf ihn einrede, umso mehr zieht er sich zurück. Aber er muss doch laufen lernen, sonst kommt er nicht durchs Leben.»

Das Streben nach Perfektionismus löst bei Eltern ein hohes Maß an Ungeduld und das Gefühl von Hilflosigkeit aus. Und führt bei Heranwachsenden zu Gefühlen von Minderwertigkeit, Versagen und Nichtangenommensein. Denn perfektionistische Eltern erleben ein ständiges Scheitern. Sie halten die häufigen Fehler in der Erziehung, die sie gar nicht vermeiden können, nicht aus und suchen Schuldige. Manche fangen bei sich an, betrachten sich als unfähig. Andere suchen die Schuldigen in der Außenwelt – die Schule, die Gesellschaft, die Medien usw. Nicht wenige landen jedoch auf ihrer Suche nach einem Sündenbock beim eigenen Kind, das jeden Tag das Misslingen des elterlichen Perfektionismus anschaulich vorlebt. Und so kann es sein, dass die eigenen Versagensängste auf das Kind übertragen werden, gar das Kind dafür verantwortlich gemacht wird, wenn perfekte Erziehung missglückt. Dieser Ablauf kann unter ganz verschiedenen Überschriften stehen, je nach elterlicher Befindlichkeit: «Ich tue so viel für dich, und dann tust du mir diese Leistungen in der Schule an!» Oder: «Wenn ich es früher so gut gehabt hätte, der Himmel hätte mir offen gestanden!» Oder: «Irgendwann ist meine Geduld am Ende, das sage ich dir. Das lasse ich mir nicht mehr gefallen!» Oder: «Ich find's auch nicht gut, wenn ich dich anschreie! Ehrlich nicht! Aber es muss sein, sonst hörst du ja nicht!»

Perfektionistisches Handeln kann man überwinden, wenn Eltern (oder andere pädagogisch Handelnde) einige Grundsätze berücksichtigen:

- Heranwachsende sind nicht beliebig formbar. Kinder sind keine unbeschriebenen Blätter, denn sie bringen ein Bündel von Veranlagungen mit. Bedenken Sie: Die Erziehungsbeziehung zwischen Eltern und Kindern muss die Eigenart des Heranwachsenden berücksichtigen. Vielleicht rühren die Ungeduld, die Versagensangst oder auch die Hilflosigkeit, die Sie empfinden, aus dem Bestreben, bei Ihrem Kind etwas zu verändern, was sich nicht verändern lässt. Manchmal wird ein Heranwachsender, der als Kind ständig – einem Panther gleich – auf dem Sprung war, in der Pubertät zu einer langsamen Schnecke. Diese Tempoverringerung hat vielleicht einen Sinn. Und statt einer Schnecke Flügel zu machen, kann es sich als produktiver erweisen, sich als Begleiter der Schnecke zu verstehen. Schnecken mit Flügeln sind fluguntauglich und stürzen ab. Schnecken mit Begleitern fühlen sich sicher, weil sie sich im Schneckenhaus neu finden können, und dies gelingt ihnen umso gekonnter, wenn sie um schützende Rahmenbedingungen wissen.
- Jedes Kind ist anders. Heranwachsende haben es nicht verdient, ständig mit anderen verglichen zu werden. Vor allem: Eltern vergleichen

vor allem dann, wenn sie Heranwachsende auf Defizite hinweisen wollen. Vergleiche setzen Eltern unter Druck: «Was hab ich falsch gemacht?» – «Warum habe gerade ich so ein Kind?» – «Was denken andere über mich und mein Kind?»

■ Wenn mehrere Kinder in der Familie leben, dann ist es schier unmöglich, es allen Heranwachsenden zur gleichen Zeit recht zu machen. Dieser Gerechtigkeitsfundamentalismus engt ein, macht Eltern zugleich erpressbar: «Immer darf der mehr! Du hast mich nicht richtig lieb!» Bedenken Sie: Man kann nicht allen Heranwachsenden in jeder Minute des pädagogischen Alltags gerecht werden. Doch man kann sich bemühen, jedes Kind in seiner Eigenart, seinem Entwicklungsprozess, seinem individuellen Können anzunehmen. Wenn sich ein Kind der elterlichen Annahme sicher ist, dann vermag es Frustration und Krisen auszuhalten.

Manche Eltern handeln nach dem Grundsatz: Nur wenn es meinem pubertierenden Kind gut geht, dann geht es mir gut. Wer nach diesem Motto lebt, der wird nicht nur ständig von Schuld- und Versagensgefühlen heimgesucht, sondern wahrscheinlich die gesamte Kraft und Energie darauf verwenden, das Kind und seine Umgebung zu verändern. Denn es soll ihm ja schließlich gut gehen. Eltern, die sich aufopfern und in der Erziehung aufgehen, sind bei Heranwachsenden nicht sonderlich beliebt. Vielmehr macht eine selbst auferlegte Opferhaltung gerade Jugendliche aggressiv, führt dies doch zu einer symbiotischen Abhängigkeit. Versuchen Sie nicht, jemanden zu verändern, der sich nicht verändern lassen will! Schätzen Sie Ihre Kräfte richtig ein. Wenn Ihr Kind sich, dem Hummer gleich, in die Höhle zurückzieht, dann folgen Sie ihm nicht. Je mehr Sie ihm auf die Pelle rücken, desto weiter zieht sich Ihr Kind zurück. Lassen Sie Ihrem Kind Zeit, und nehmen Sie sich Zeit dafür, die Person zu verändern, die sie wirklich verändern können: sich selbst!

Denn auch auf Sie warten neue Aufgaben, wenn der Hummer aus der Höhle kommt. Er erwartet dann andere Eltern als die, die er vor seinem Rückzug erlebt hat. Manchmal braucht er Mutter und Vater gar nicht mehr, oder er braucht sie anders als früher. Um sich lösen zu können, muss er seine Eltern schlecht machen, sie abwerten. Von Watte-Eltern, die für alles Verständnis haben, von kumpelhaften Eltern, die sich als Verbündete und besten Freund betrachten, können sich Heranwachsende nur schwer lösen. Ihnen fehlt dann eine Reibefläche und die Möglichkeit zur Abgrenzung. Jugendliche können allerdings auch nicht sonderlich mit der umgekehrten Reaktion umgehen, mit Eltern, die die Abgrenzungswünsche der Pubertierenden mit gekränktem Rückzug beantworten. Und es ist ja schwer, die Widersprüche Pubertierender auszuhalten: Einerseits praktizieren sie Ablösung durch vehemente, oftmals überzogene Ablehnung und verbale Herabwürdigung, andererseits brauchen sie das Gefühl der Zugehörigkeit, der inneren Verbundenheit. Eltern stehen für Schutz, Geborgenheit, für gemeinsame Vorstellungen und Überzeugungen. Indem Heranwachsende durch negatives Tun die Beziehungen auf eine Probe stellen, testen sie auch aus, wie fest das Familienband wirklich ist und welche Belastungen es aushält.

Heranwachsende können die vielfältigen Veränderungen, die mit der Pubertät einhergehen, umso positiver erleben, je deutlicher Eltern die Veränderungen der eigenen Person als produktive Herausforderungen vorleben. Die Erfahrung der Unvollkommenheit können Heranwachsende dann als Chance begreifen, wenn sie Eltern haben, die offen zu ihren Fehlern stehen.

Pubertierende durchleben ihr anstrengendes Entwicklungsstadium umso selbstbewusster, wenn sie spüren, dass es den eigenen Eltern gut geht. Pubertierende können Eltern dann entspannter loslassen, wenn sie eine emotionale und geistig-seelische Stabilität ihrer Eltern spüren. Stabilität ist nicht mit Perfektionismus zu verwechseln, sondern bedeutet eine Balance, einen Zustand mit Höhen und Tiefen, mit Glück und Trauer. Stabilität hat mit dem erfrischenden Wasser der Oase und der sengenden Sonne der Wüste zu tun. Pubertierende brauchen Eltern, die die Mühen der Ebene als persönliche Herausforderung begreifen.

«Ich will doch nur dein Bestes!»

Viele Eltern riskieren keine Konflikte. Wer jedoch Harmonie um der Harmonie willen praktiziert, Kindern keinen Frust zumutet, der verwöhnt sie grenzenlos.

Ein solcher Perfektionismus speist sich häufig aus einer «Ich-will-doch-nur-dein-Bestes»-Mentalität. Man macht utopische Pläne, verkennt dabei die Neigungen und die Kompetenzen der Kinder, übersieht ihre Wünsche und konkreten Interessen. Dies erzeugt häufig Protest und Leistungsverweigerung auf Seiten der Heranwachsenden. Auch wenn eine «Ich-will-doch-nur-dein-Bestes»-Haltung zumeist im Namen des Kindes formuliert wird, verkennt sie oft dessen Einzigartigkeit. Wer hingegen realistisch auf die Entwicklungsprozesse des Kindes eingeht, verwöhnt es nicht. Verwöhnen heißt, entweder keine oder zu enge Grenzen zu setzen. Verwöhnen drückt Überbehütung aus oder will Beziehungslosigkeit im Zusammenleben kompensieren.

Eine «Ich-will-doch-nur-dein-Bestes»-Haltung lässt nicht wirklich los. Loslassen von Jugendlichen heißt: Nehmen Sie Abschied von der Vorstellung, Ihre Kinder vor Krisen bewahren zu können. Manche Eltern lösen sich oberflächlich, wollen jedoch keinen Misserfolg ihrer Kinder und binden sie so wieder an sich. Loslassen heißt: Lassen Sie Ihre Kinder ziehen, aber begleiten Sie sie innerlich. Ansonsten empfinden Jugendliche die Ablösung von den Eltern als Rauswurf, gar als elterliche Abwendung oder Rückzug aus gekränkter Eitelkeit.

Eine weitere Facette des Perfektionismus findet sich in einer Haltung wieder, die alles anders machen will. Mir fällt auf: Viele Eltern nehmen die eigenen Eltern wenig distanziert wahr. Und dabei erinnern sie zunächst Niederlagen, denken daran, was schlecht war, wollen durch die Erziehung ihrer eigenen Kinder Wiedergutmachung leisten, Versäumtes nachholen, den eigenen Eltern nachträglich zeigen, wie *man* richtig erzieht. Die Folgen sind in der Regel kontraproduktiv: Diese Eltern geraten schnell in eine therapeutische Haltung zu ihrem pubertierenden Kind, machen sich unverzichtbar, inszenieren sich als Person, die dem Heranwachsenden alle Wünsche von den Lippen abliest und dabei die eigenen Bedürfnisse vergisst. Oder die Heranwachsenden müssen Sehnsüchte und Wünsche, die die Eltern nicht ausleben oder umsetzen konnten, nun erfüllen – und dies ungeachtet individueller Voraussetzungen und Kompetenzen. Manches Mal geraten Eltern, die alles anders machen wollen, vom Regen in die Traufe. D. h., sie schlittern von einem Extrem ins andere und verlieren die Balance, sodass am Ende die selbstmitleidige Erkenntnis steht: «Wie man es macht, macht man es verkehrt!»

Die Situation auf einem Seminar: Angela, 14 Jahre, ist ein fröhliches Mädchen, sitzt mir selbstbewusst lächelnd mit ihrer Mutter gegenüber. Die Mutter hatte sich angemeldet, weil sie sich in der Erziehung bemühe, alles richtig und anders zu machen, aber nichts funktioniere wirklich. Es sei wie verhext, alles, was sie sich überlegt und geplant habe, gehe regelmäßig schief. Angela sitzt nun schon eine Weile im Seminar und hört den Erzählungen anderer Teilnehmer zu. Schließlich fragt sie, ob sie ein Problem ansprechen dürfe. Ihre Mutter habe sich bisher nicht getraut. Ich nicke, sie sagt mit fester Stimme: «Warum bekomme ich, wenn ich am Freitag in die Disco gehe, keine Zeit mit, wann ich zu Hause zu sein habe?» Zunächst bin ich irritiert, denn diese Frage hatte ich nicht erwartet. Sonst geht es zumeist um die Klagen von Heranwachsenden, ihnen würden zu enge zeitliche Grenzen gesetzt. Ich bitte sie darum, ihre Frage zu wiederholen. Und Angela – ganz selbstbewusst – setzt von neuem an: «Warum bekomme ich, wenn ich am Freitag in die Disco gehe, keine Zeit mit, wann ich zu Hause zu sein habe?» «Willst du denn eine Zeit haben?», will ich wissen. Ohne zu zögern, antwortet Angela: «Na klar!» «Und warum?» Sie lächelt: «Ich möchte mich streiten, und dann möchte ich wissen, dass es Mama nicht egal ist, wenn ich nicht komme!»

Angelas Mutter, Frau Hubert, ist perplex. Sie konnte das kaum glauben: «Das gibt's doch gar nicht! Mein Gelichen, ich meine es doch gut mit dir. Mein Gelichen, ich hab dich doch so lieb.» Dann wendet sie sich an mich: «Ich durfte als junges Mädchen nicht länger wegbleiben, musste als Erste zu Hause sein, ich hatte keine Freundin, war häufig Außenseiterin. Und ich hab mir damals geschworen», sie hebt wie automatisch ihre rechte Hand, «ich hab mir geschworen, wenn du eine Tochter hast, schreibst du ihr, wenn sie erwachsen ist, keine Zeit vor, wann sie zu Hause zu sein habe. Das soll sie selbst bestimmen. Sie ist groß.» Sie zieht resigniert die Schultern hoch: «Wie man's macht, so macht man's verkehrt.» «Nein», erwidert Angela mit Entschiedenheit, «mach es so, wie du es wirklich möchtest. Dann machst du es richtig!» «Aber, Angela», reagiert die Mutter erschrocken, «was soll denn das heißen?» Angela lächelt weise: «Ich bin nicht du, und du bist nicht Oma!»

Pubertierende haben ein untrügliches Gespür dafür, wann und ob sich ihre Eltern nicht authentisch verhalten. Mütter und Väter, die in

Selbstmitleid zerfließen, sind ihnen genauso ein Gräuel wie Eltern, die sich um der Kinder willen aufopfern und eigene Befindlichkeiten nicht mehr artikulieren mögen.

Angelas Bitte um Klarheit verdeutlicht noch einen anderen wichtigen Aspekt: Die Durchsetzung von pädagogischen Absichten mit Macht und emotionalem Druck und der Verzicht auf Grenzen und Regeln sind zwei Seiten einer Medaille. Viele Eltern sehen vor allem das Freiheitsstreben ihrer pubertierenden Kinder und gewähren ihnen Rechte und Freiräume. Das ist notwendig, um Heranwachsenden ein eigenverantwortliches Tun zu ermöglichen. Aber viele Eltern vergessen dabei, dass die Freiheit, die keine Regeln, keine Grenzen kennt, Jugendliche erschreckt. Freiheit kann auch verunsichern. Eine Freiheit, bei der Jugendlichen eine innere Verbundenheit zu den Eltern fehlt, verängstigt sie. Erst im Wissen um den sicheren Hafen, den man bei Sturm und Unwetter jederzeit anlaufen kann, können Pubertierende den Hafen verlassen, um den unbekannten Ozean zu erkunden.

Kinder haben kein Interesse daran, dass ihre Eltern an ihnen frühere Fehler abarbeiten oder wieder gutmachen. Pubertierende wollen von ihren Eltern so angenommen werden, wie sie sind. Und sie selbst wollen ihre Eltern genau so annehmen, wie diese sind: mit kleinen Schwächen und großen Stärken, mit ihren vielen Fehlern und ihren Bemühungen, diese zu vermeiden. Pubertierende haben Schwierigkeiten mit Eltern, die perfekt sein, alles richtig machen wollen. Jugendliche möchten nicht, dass ihre Väter und Mütter eine Beziehung aufbauen, in der sie sich als Vorzeigeobjekte missbraucht fühlen. Wenn Pubertierende dies spüren, dann gehen sie in einen Beziehungsclinch, um Eltern auf den Boden der Tatsachen zu holen – als wollten sie sagen: Wenn ihr die Fehler eurer Eltern vermeidet, dann macht ihr andere.

Als ich diese Überlegungen in einem Elternseminar darlege, fällt mir Anna, Mutter von zwei Töchtern, ins Wort: «Recht haben Sie. Ich hab meine Lektion gelernt!» Ihr Vater sei ziemlich autoritär gewesen und habe ihr wenig Freiheiten gelassen, erzählt sie. Er hatte seine Stärken, aber er gab nicht nach: «Mein Vater wusste partout, was gut für mich war. An einen Tag erinnere ich mich besonders gut. Ich war 14», fährt sie fort. «Am Freitag war ein Fest in unserem Dorf. Meine Freundinnen waren dort und auch Jürgen, den wollte ich unbedingt sehen!»

«Jürgen?», frage ich.

«Ja, Jürgen, mein jetziger Mann. Der hier.» Sie zeigt auf den Mann neben sich. Sie lächelt ihn an. «Manchmal frage ich mich, dieses ganze Theater damals mit meinem Vater wegen dem hier. Wenn ich das gewusst hätte. Na, ja!» Die anderen Seminarteilnehmer lachen laut.

«Also», berichtet sie weiter, «mein Vater war beinhart wegen des Festes am Freitag. Ich hab alles versucht, mit Schmeicheln, mit Drohen, mit Tränen. Also alle Tricks habe ich ausprobiert, aber er blieb hart. So nach zehn Minuten hatte er ganz offensichtlich die Schnauze voll. Er richtete sich auf, sah mich an und meinte ganz ruhig: ‹Tochter, solange du die Füße unter meinen Tisch setzt, wird gemacht, was ich sage. Jürgen hin, Jürgen her. Es wird ja wohl noch mehr Männer geben auf dieser Welt.›» Ihre Augen werden ganz schmal, es ist, als sei sie noch immer wütend: «Oh, wie hab ich ihn in diesem Moment gehasst. Ich hätte ihn umbringen können … Ermorden, vierteilen, dieser Scheißalte!»

Aber dann, so Anna, habe sie sich schnell beruhigt. «Ich war ja angepasst. Aber ich hab mir geschworen, du erziehst deine Kinder einmal ganz anders. Dieser Satz, den mein Vater gesagt hat, würde mir niemals über die Lippen kommen.» Sie lächelt: «Und als ich dann abends im Bett lag, hab ich mir damals vorgestellt, wie ich später mit meiner Tochter reden würde, wie ich sie überzeuge, wenn sie etwas anderes will als ich. Und ich sah es förmlich vor mir, wie meine Tochter dann lächelnd meine Hand ergreift: ‹Du bist sehr verständnisvoll, Mama, du hast mich überzeugt.› Tja!»

Anna macht eine kurze Pause und grinst mich an: «Ich blöde Kuh, so wie Jürgen nicht der Märchenprinz ist, so ist Lena, unsere Älteste, keine, die alles sofort einsieht. Sie ist eben wie die Mama.» Was sie damit sagen wolle, will ich wissen. «Also, ich hab dann Kommunikationspsychologie studiert und mich intensiv damit beschäftigt, wie man mit Kindern redet und so. Wollte bloß alles richtig machen. Wir haben viele Rollenspiele gemacht, da war ich gut, absolut überzeugend!»

«Und?» Ich bin neugierig.

«Nun ist Lena 14. Sie wollte auf ein Disco-Fest. Also, bei so was geht es fürchterlich ab. Ich hatte Schlimmes darüber gehört. Und sie ist doch erst 14.» Anna atmet tief aus: «Ich hab mich dann mit ihr hingesetzt und ihr diesen Disco-Floh ausreden wollen. Ich war ganz ruhig. Hab ihr die ganzen Nachteile aufgezählt!»

«Hat Ihre Tochter Sie verstanden?»

«Quatsch, überhaupt nicht!» Anna schüttelt vehement den Kopf. «Sie hat sich völlig anders verhalten, als ich es aus den Rollenspielen gewohnt war.» Ich lache laut los.

«Ist mir auch klar, wie bescheuert ich war!»

«Das war 'ne Prüfung für Sie?»

«Und wie! Lena blockierte, ging auf kein Argument ein. War bockig: ‹Du bist gemein! Alle andern dürfen! Du willst, dass ich nie einen Mann bekomme!›, usw., usw. Ich war fix und fertig, aber ich sagte mir: Anna, bleib ruhig! Nicht platzen! Nicht drohen!»

Schmunzelnd erzählt Anna weiter: «Nachdem wir so ungefähr dreißig Minuten lang gefeilscht hatten, taucht in meinem Hinterkopf mein Vater auf, er grinst dreckig, so als wolle er sagen: Tochter, sag's! Nun sag's doch! Aber ich hab noch einen letzten Versuch gemacht, noch einmal alles erklärt. Aber als meine Tochter dann nur wie ein Waschbär ‹Nö! Nö!› grunzte, da bin ich geplatzt. ‹Du bist um 10 Uhr zu Hause›, hab ich geschrien. ‹Warum?›, hat Lena ganz ruhig gefragt. ‹Weil ich es sage! Weil ich es sage! Hörst du, weil ich es sage und ich deine Mutter bin!›, hab ich geschrien. Ich war wie von Sinnen. Lena hat mich angeschaut und gemeint: ‹Mama, du bist wie Opa – nur viel schlimmer!›»

Auf meine Frage, warum Anna so lange auf Einsicht bei ihrer Tochter gedrungen und ihre eigenen Gefühle zurückgestellt habe, meint sie: «Ich wollte nicht wie mein Vater sein!»

«Wie war Ihr Vater?»

«Hart, besserwisserisch, kontrollierend, er hatte alles im Griff!»

«Hatte er auch gute Seiten?» Anna denkt längere Zeit nach, dann antwortet sie langsam: «Ich wusste, woran ich bei ihm war. Wenn er nein sagte, blieb's beim Nein. Wenn er ja sagte, konnte ich mich auf sein Wort verlassen!»

«Und so wollen Sie nicht sein?» Anna überlegt kurz: «Doch schon. Aber irgendwie anders!»

Bloß nicht wie die eigenen Eltern werden!

Anna definiert sich in ihrem Erziehungsstil nur negativ, soll heißen: in Absetzung von den Erziehungsmaßnahmen ihres Vaters. Alles, was nur im entferntesten an diese erinnert, deutet sie als Fehler. Dann hat Anna das Gefühl, in väterliche Bahnen abzugleiten. Um einen eigenen Stil in den Erziehungsbeziehungen zu entwickeln, ist es unabdingbar, dass sich Eltern von ihren eigenen Eltern innerlich lösen. Nur so entsteht eine Distanz, die es möglich macht, elterliche Anteile in sich anzunehmen und zu akzeptieren, nur eine Distanz lässt es zu, produktive und problematische Momente in der eigenen Kindheit und Jugend differenzierter zu betrachten. Wer zu nahe am Geschehen ist, bleibt auf die Verletzungen und Narben fixiert oder verliert sich in einer die Vergangenheit verklärenden Sichtweise. Um einzuschätzen, welche Bedeutung das Erziehungsverhalten der Eltern für das eigene erzieherische Handeln in der Gegenwart hat, empfiehlt sich die Beantwortung zweier Fragen:

- Welche pädagogischen Handlungen habe ich in der eigenen Erziehung als konstruktiv, als persönlichkeitsstärkend erlebt? Wie haben meine Eltern diese Handlungen umgesetzt? Wo tauchen diese positiv erlebten Handlungen in Erziehung auf?
- Welche pädagogischen Handlungen meiner Eltern habe ich als einschränkend, bevormundend und erniedrigend erlebt? Wer oder was hat mir damals geholfen, mit diesen Erziehungsfehlern fertig zu werden?

Die Klärung dieser beiden Fragenkomplexe kann zu mehr Gelassenheit im Umgang mit elterlichen Anteilen führen. Väter und Mütter, die alles anders machen wollen als die eigenen Eltern, überwinden häufig positive pädagogische Handlungsmuster, die es doch aufzuheben, aufzubewahren und fortzuentwickeln gilt. Wer alles anders machen will, beraubt sich seiner Wurzeln, bricht mit positiven Traditionen. Solchen Eltern ergeht es wie einem Baum ohne Wurzeln – jedes kleine Lüftchen schmeißt ihn um. Eltern ohne pädagogische Wurzeln machen sich abhängig von pädagogischen Moden, drehen sich immer schneller im Kreise und wissen am Ende nicht mehr, an was sie sich halten sollen.

Es anders zu machen als die eigenen Eltern ist dort unabdingbar, wo sie als Erniedrigung und Zurichtung empfunden wurden. Wer diese Anteile an sich heranlässt, sie in der Distanz aushält, stellt fest, wie man als Kind mit diesen Erziehungspraktiken umgegangen ist, wie man gelernt hat, für sein körperliches und seelisches Überleben zu sorgen. Mir geht es nicht um eine nachträgliche Verklärung von Fehlern nach dem Motto: «Es war alles halb so schlimm!» Vielmehr soll diese Perspektive aufzeigen, dass selbstbewusste Kinder Erziehungsfehlern keinesfalls nur hilflos ausgeliefert sind, sondern dass sie eigene Strategien für den Umgang mit Fehlern entwickeln.

«Aber was heißt das jetzt für mich?», insistiert Anna. «Ihre Überlegungen habe ich wohl verstanden.» Anna legt Wert darauf, anders zu sein als ihr Vater, der seinen Willen ihr gegenüber durchsetzte und für sie Macht und Kontrolle verkörperte. Anna will ihre Überzeugung durch Einsicht vermitteln und übersieht dabei, wie sie ihre Tochter gleichfalls manipuliert, ja, nach ihrem Bilde und ihrer Meinung zu formen versucht. Auch sie übt Macht aus. Lena spürt das, provoziert ihre Mutter so lange, bis die Maske fällt. Da Anna die positiven («Ich wusste, woran ich bei ihm war!») und negativen («Er wusste immer alles besser!») Anteile des Vaters in einen Topf warf, setzte sie sich undifferenziert mit der eigenen Vergangenheit auseinander. Das kann für Anna nicht bedeuten, das machthungrige Verhalten ihres Vaters zu kopieren, sie sollte ihrer Tochter vielmehr Halt und Orientierung vermitteln. Anna kann ihrer Tochter zeigen, woran sie bei ihr ist. Und zwar ohne Manipulation. Es bringt zweifelsohne Reibung und Konflikte mit sich, eine eigene Meinung zu vertreten. Da Anna Konflikte früher als Bevormundung und Erniedrigung erlebt hat, vermeidet sie die Auseinandersetzung, labert, um Lenas Einverständnis zu bekommen. Dabei stehen Annas Konflikte mit Lena auf einer anderen Basis, sie sind nicht von Besserwisserei als vielmehr von Respekt geprägt. Ein machtorientierter Erziehungsstil löst Unterwürfigkeit, Anpassung, den Verzicht auf einen eigenen Standpunkt aus. In einer partnerschaftlichen Beziehung hingegen ist die Auseinandersetzung getragen von dem Gefühl gegenseitiger Annahme.

«Das ist mir jetzt klar», meint Anna. «Trotzdem werde ich sauer, wütend, wenn mir Fehler passieren – und gerade wenn mich das an meinen Vater erinnert.» Im Grunde sind es irrationale Überzeugungen, die derartige Probleme hervorrufen: Ich werde ärgerlich, ich werde zornig, wenn der Alltag nicht so ist, wie ich ihn mir vorstelle oder vorgestellt habe. Natürlich erschweren Frustrationen, die sich aus den elterlichen Erziehungsaufgaben ergeben, diesen Alltag erheblich. Vielleicht aber lassen sich Frustrationen auch anders bewerten: «Es ist blöd, dass ich momentan die permanenten Schwierigkeiten mit meiner Tochter habe. Aber ich denke, ich lerne irgendwann, damit umzugehen.» Oder: «Furchtbar, dass es jetzt dauernd Probleme mit seiner Bummelei gibt. Aber ich denke, ich finde dafür eine Lösung. Ich lasse mir Zeit!» Die Alltagssituationen selber frustrieren weniger als die Meinungen und die Einstellungen, mit denen man viele Erziehungssituationen bewertet. Eltern und Pädagogen konstruieren ihre eigene Erziehungswirklichkeit, indem sie sie positiv oder negativ deuten.

«Wenn ich daran denke», so nochmals Anna, «was ich in meinem Leben mit Lena schon alles falsch gemacht habe, dann wird mir übel.»

«Wie ist denn Ihre Lena?», frage ich. Anna winkt ab, dann lächelnd: «Sie ist einfach toll!»

«Dann haben Sie vielleicht tolle Fehler gemacht!» Sie schaut ungläubig, etwas verständnislos. «Und was würde Lena sagen, wenn sie hier wäre?»

«Dass ich, glaube ich, absolut normal bin. Mir viel zu viele Gedanken mache. Und dass sie mich mal auf den Mond schießen und dann wieder in mich hineinkriechen möchte.»

Viele Eltern meinen gerade bei der Lektüre von Ratgebern Fehler in der eigenen Erziehung zu entdecken und bekommen ein schlechtes Gewissen. Falsch ist aber nur dann etwas, wenn man weiß, was richtig ist. Das Wissen über Erziehungsfragen nimmt enorm zu. Das macht die Erziehung jedoch nicht nur leichter, das bedingt auch Handlungsunsicherheiten. Eltern lesen von den problematischen Auswirkungen bestimmter Erziehungsstile. Sie fühlen sich verunsichert, fragen sich, welche Auswirkungen ihr Handeln bei ihren Kindern bewirkt hat. Und manche Eltern stellen nun fest, dass ein Fehler, der objektiv einer war, vom Kind produktiv verarbeitet worden ist. Denn Heranwachsende sind nicht allein Opfer, sie sind Gestalter ihrer Welt. Dies darf nicht als Freibrief dafür missverstanden werden, den Willen der Heranwachsenden zu brechen. Wenn Eltern ihre Kinder regelmäßig sprachlich oder auch körperlich züchtigen, dann handeln sie eindeutig falsch: Die verhängnisvollen Folgen, die sprachliche oder körperliche Attacken für die Entwicklung in der Pubertät haben können, sind mittlerweile bekannt. Sätze wie «Ein paar Schläge haben noch nie geschadet» drücken nicht allein den fehlenden Respekt vor der Persönlichkeit des Heranwachsenden aus, sie beschreiben auch die Unfähigkeit, nach Möglichkeiten für einen partnerschaftlichen Weg in den Erziehungsbeziehungen zu suchen.

So ist es wichtig, mit Sensibilität den Fehlern im pädagogischen Handeln nachzuspüren, um dann an deren Überwindung zu arbeiten. Das hat jedoch nichts zu tun mit Selbstanklage, Selbstmitleid und Selbstbezichtigung. Wer Energie in die Vermeidung von Fehlern steckt, wer es beim Ärger über gemachte Fehler belässt, handelt rückwärts gerichtet – und wird die Fehler ständig wiederholen. Wichtiger, folgen- und erfolgreicher erscheint es, sich einzugestehen: «Fehler gehören zu mir.» Oder: «Ich kann Fehler machen.» Damit akzeptiert man seine Fehler als Teil der eigenen Persönlichkeit und kann nach Wegen suchen, Konflikte anders zu lösen. Glauben Sie mir: Es ist schwieriger, Fehler in der Erziehung ständig zu vermeiden, als sich den Schwierigkeiten offensiv zu stellen.

Halt geben und Beziehung herstellen

Mit dem Beginn der Pubertät wandeln sich die Erziehungsbeziehungen zwischen Eltern und Kindern. Heranwachsende wollen mehr Selbständigkeit, Eigenverantwortung, wollen Eigentätigkeit beweisen. Dieser Prozess geht oft mit einer Abwertung, gar Ablehnung der Eltern einher.

«Wenn ich auf der Straße», so eine Mutter, «meinen Sohn treffe, der mit Freunden unterwegs ist, übersieht er mich glatt. ‹Ist das nicht deine Mutter?›, hat neulich einer seiner Kumpels gefragt. Und mein Sohn drehte sich kurz und sehr genervt um und meinte: ‹Ach ja. Is’ sie.› Das irritiert mich schon.» «Meine Tochter macht mich fürchterlich an, wenn ich mich schick anziehe und schminke», klagt eine

Mutter. «‹Du bist wohl in den Tuschkasten gefallen› ist noch die mildeste Formulierung. Als ich neulich ein modisches Kleid trug, hat mein Sohn gemeint, ich sei doch sowieso jenseits von gut und böse.»

Wieder andere Eltern haben das Gefühl, überflüssig zu sein, manche meinen, den Ablösungsprozess verhindern zu können – was sicherlich auch in manchen Fällen zutrifft. Die Handlungen und Haltungen von Heranwachsenden deuten viele Eltern als Rückzug ihrer allmählich erwachsen werdenden Kinder – und dabei schwingt gewiss ein Gefühl von Enttäuschung, von Kränkung und Resignation mit. Die elterliche Abwendung führt bei manchen Heranwachsenden jedoch zu Irritationen.

Wer sich aus der Erziehung zurückzieht, zieht sich, zumindest in der subjektiven Einschätzung Heranwachsender, auch aus der Beziehung zurück. Sie fühlen sich allein, ohne wirkliche Bindung. Halt- und Orientierungslosigkeit sind die Folge. Das macht Jugendlichen Angst, verunsichert sie. Nicht selten versuchen Heranwachsende dann, durch störendes Verhalten Aufmerksamkeit auf sich und ihre Situation zu lenken. Sie schlagen so lange – verbal oder körperlich – um sich, bis ihnen Aufmerksamkeit gewiss ist. Selbst negative Zuwendung – zum Beispiel in Form von Bestrafung – kann immer noch besser sein, als « links » liegen gelassen zu werden oder keinerlei Beachtung zu finden. Grenzüberschreitende Aktionen sind deshalb nicht selten Hilferufe, mit denen nach Beziehung und persönlicher, gelebter Autorität geradezu geschrien wird.

Der Pubertierende braucht personale Vorbilder, die raten und beraten, die mit ihrer Meinung nicht hinter dem Berg halten, die aber Rat und eine eigene Meinung nicht mit Kontrolle und Besserwisserei verwechseln. Der Pädagoge Pestalozzi hat das so ausgedrückt: Erziehung, das ist Vorbild plus Liebe. Eltern müssen durch konsequent liebevolles Handeln überzeugen und über eigene Lebenserfahrung verfügen, sie sollten Perspektiven vorleben können und Standpunkte nicht als ewig starre Markierungen verstehen. Auch der Pubertierende erweitert seine Handlungsräume, er wird mit vielfältigen Erfahrungen konfrontiert, er hat häufig die Qual der Wahl – und dies fordert nicht allein heraus, dies überfordert manchmal, macht unsicher, sodass die Meinung der Eltern sehr wohl gefragt, ja manchmal sogar gewünscht ist.

Die Mutter des 14-jährigen Arne erzählt, ihr Sohn wollte neulich zu einer Video-Session bei Freunden gehen. Sie hatten vor, sich ab 23.00 Uhr sechs Sciencefictionfilme hintereinander anzusehen. Filme, die erst ab 16 zugelassen sind, und Arne wollte unbedingt dort hingehen.

«Was mich stutzig machte», so die Mutter, «war, dass er mich überhaupt fragte. Er hätte ja auch sagen können, er wolle bei seinem besten Freund übernachten, wo das Spektakel stattfand. Aber er fragte! Ich hab gesagt, ich müsse erst einmal nachdenken. Ich hatte spontan keine passende Antwort parat. Aber ich habe ihm auch gesagt, mir gefiele so ein Video-Abend überhaupt nicht. Beim Abendbrot hat Arne nochmals gefragt. Ich hatte mir in der Zwischenzeit eine Antwort zurechtgelegt.»

«Welche?», will ich wissen. Sie lächelt: «Keine originelle, aber Sie schreiben ja, man solle keine perfekten Lösungen entwickeln. Wenn man keinen Schlüssel hat, tut's manchmal auch ein Dietrich.»

«Und wie sah der Dietrich aus?»

«Ich habe Arne etwas über den Jugendschutz erzählt, darüber, dass ich eine Erziehungsverantwortung für ihn habe und Filme, die erst ab 16 Jahren zugelassen sind, für ihn verboten wären.»

«Und wie hat Ihr Sohn reagiert?»

«Der akzeptierte das Argument auf Anhieb. Er rief einen seiner Freunde an, dass er nicht dürfe und zu Hause bleiben müsse.»

«Was meinen Sie, ist der Grund dafür, dass Ihre Idee auf Anhieb funktionierte?»

«Ich glaube, er war ganz froh, dass er zu Hause bleiben durfte. Ihm war die Veranstaltung selber nicht ganz geheuer. Er traute es sich aber wohl nicht, seinen Freunden das zu sagen. Mein Rat hat ihm die Qual der Wahl erleichtert!» Sie macht eine Pause: «Aber wie soll man das vorher wissen? Es hätte auch schief gehen können!»

«Ist es aber nicht, weil Sie nicht besserwisserisch argumentiert haben und weil Arne sich verstanden fühlte. Sie sind ihm nicht mit Vorwürfen gekommen, sondern haben deutlich Ihre Erziehungsverantwortung angesprochen.»

Jugendliche wollen elterlichen Rat, wünschen Beratung. Sie möchten nicht, dass man ihnen partout nach dem Munde redet, alles kritiklos und verständnisvoll hinnimmt, was sie sagen, denken und tun. Guter Rat bedeutet eben nicht, nur zuzustimmen. Produktiver, klarer und hilfreicher kann es sein, auch mal abzuraten. Aber die elterliche

Position muss authentisch vertreten werden. Jugendliche anzunehmen, Verständnis für Handlungen und Meinungen zu entwickeln, darf nicht dazu führen, alles und jedes zu akzeptieren. Manchmal wollen Pubertierende nicht einmal Verständnis, sondern provozieren mit Witzen, geradezu menschenverachtenden Äußerungen und gewaltverherrlichenden Symbolen.

Heiner Albers ist Ausländerbeauftragter seiner Stadt. Er sitzt im Wohnzimmer, liest Zeitung, als sein 13-jähriger Sohn Sven den Raum betritt. Heiner Albers ist gut drauf, hat an diesem Tag gerade ein multikulturelles Gemeindezentrum eröffnet und ist für sein Engagement von allen Seiten gelobt worden.

«Guten Abend!», sagt Sven.

«'n Abend», erwidert der Vater, seine Zeitung nur kurz beiseite legend. Sven bleibt vor seinem Vater stehen.

«Hast du heute die Villa für die Türken eröffnet?», stellt Sven mehr kommentierend als fragend fest.

Heiner Albers überhört den Satz. Sven ist wieder mal auf Provokationskurs.

«Hast du den Scheißtürken heute die Marmorvilla gegeben?», insistiert Sven hartnäckig, sein Ton wird lauter und polternder.

Heiner Albers legt die Zeitung beiseite: «Was soll das, Sven? Was willst du? Mich anmachen?» Er wirkt äußerst ruhig und beherrscht.

«Denen steckst du alles in den Arsch, diesen islamischen Ärschen. Alles!»

Heiner Albers sieht seinen Sohn fest an und sagt sehr bestimmt: «Hey, was soll das? Du gehst beim Türken essen, hast türkische Freunde. Letztes Jahr warst du in der Türkei im Urlaub.» – «War ja auch Scheiße», platzt Sven dazwischen. «Absolute Scheiße!»

«Dir hat's gefallen, da wolltest du wieder hin!»

«Hab ich nie gesagt!»

«Gut, hast du nie gesagt», meint der Vater beschwichtigend.

«Hab ich gesagt! Aber jetzt will ich nicht mehr hin. Scheißtürken! Du bist ja auch schon ein halber Türke!»

«Es brodelte in mir», erinnert sich der Vater später. «Aber ich hatte auf einem Seminar ‹Mit Jugendlichen richtig reden› gelernt: Lass dich nicht provozieren. Geh in deine innere Mitte, zähle bis 10, bevor du etwas sagst. Zur Unterstützung sollte man die rechte Hand auf das Herz legen und sagen: ‹Ich bin ganz ruhig!› Es hatte ja durchaus ein paar Mal geholfen.» Heiner Albers lacht: «Und während ich meine Mitte suchte, trieb Sven mich weiter an den Abgrund. Er redete sich und mich richtig in Rage.»

Sven provoziert weiter. Heiner Albers bleibt weiterhin ruhig, aber «innerlich brodelte es in mir. Da war nichts mehr mit innerer Mitte, mein Hals wurde immer dicker, ich stand kurz vor der Explosion.» Dann setzt Sven zum Vernichtungsschlag an, als er die Röte im Gesicht seines Vaters bemerkt und sieht, wie dessen Lippen schmaler werden und beben: «Die gehören alle ins Meer gejagt!»

Heiner Albers springt auf und schreit lauthals: «Aus! Schluss!» Er weist auf die Tür. «Raus! Geh raus! Sofort!» Seine Stimme überschlägt sich: «Raus! Sonst vergesse ich mich!»

Provozierend langsam dreht sich Sven ab: «Ist o.k. Ich wollte sowieso gehen. Hier stinkt es nach Knoblauch!»

Heiner Albers lässt sich erschöpft in den Sessel fallen, murmelt etwas von «Scheißerziehung!», bemitleidet sich ein wenig selber. «Womit habe ich das verdient!» Hinterher meint er: «Ich war nach dem Schreien auch erleichtert. Das war wie ein reinigendes Gewitter!»

Zwei Stunden später. Der Vater klopft an Svens Zimmertür. Als er ein «Herein!» hört, öffnet er die Tür, sieht seinen Sohn friedlich-lässig auf dem Bett liegen. Sven liest ein Buch über Anne Frank.

«Wie gefällt's dir?»

«Toll», antwortet Sven. «Duftes Mädchen!»

«Ich möchte mich entschuldigen», beginnt Heiner Albers das Gespräch.

«Wofür?»

«Für meinen Aussetzer! War nicht in Ordnung! Aber du hast mich provoziert, und was du über Türken gesagt hast, war absolut daneben. Absolut!»

«Weiß ich!»

Heiner Albers stutzt. Sven sieht ernst seinen Vater an: «Du, Papa, wenn ich mit dir streiten möchte, dann streite mit mir und meditiere nicht!» Der Vater ist kurzzeitig irritiert, dann lächelt er verlegen. «Du, Papa ...»

«... Ja?»

«Gehen wir zum Sch…», Sven stockt und verbessert sich, «lädst du mich zum Türken ein, ich hab Hunger! Dort gibt's das beste Essen!»

Diese Auseinandersetzung zeigt, wie Jugendliche sich reiben, sich messen wollen. Sie provozieren Streit darüber, was gut und böse, moralisch oder unmoralisch, richtig oder falsch, verletzend oder heilend ist. Erwachsene, die sich dieser Konfrontation nicht stellen, verunsichern Heranwachsende. Dann rütteln Jugendliche an Grenzen, dann handeln sie, um Erwachsene aus der Reserve zu locken. Und dabei ist ihnen jedes Mittel recht.

«Aber», so Heiner Albers, die Situation nachträglich abwägend, «wenn ich das früher mit meinem Nazi-Vater gemacht hätte, wär das absolut in Ordnung gewesen. Aber ich hab Sven so liberal, so aufklärerisch erzogen, er sollte Respekt vor anderen Kulturen haben – und dann dies. Ich bin doch nun alles andere als ein autoritärer Knacker. Und dann so etwas?»

Es ist schon erstaunlich, wie sich die «Das-war-früher-alles-anders»-Haltung auch in der gegenwärtigen Elterngeneration fortsetzt. Ging es einst um die Erinnerung an Kaiser und König, an Zucht und Ordnung, so wird heute eine verklärte Erinnerung an den Aufbruch von 1968 und die bewegten siebziger Jahre ins Feld geführt. «Wir», sagt etwa Heiner Albers, «wussten noch, was wir wollten. Wir haben damals doch für etwas gekämpft. Und heute?»

Wer die Vergangenheit, die Erinnerung an die eigene Jugend zum Maßstab macht, der legt die Messlatte so hoch, dass Heranwachsende sie kaum überspringen können. So wird man den heutigen Jugendlichen nicht gerecht.

Vertrauen ist Zutrauen

Die 18-jährige Carina erzählt, sie habe seit ein paar Wochen ein eigenes Auto, um damit morgens zu ihrer Lehrstelle zu fahren. Der Mutter sei der Autokauf überhaupt nicht recht gewesen. «Seit feststand, dass ich ein Auto bekomme, hat sie ständig genervt: ‹Sei vorsichtig! Pass auf, dass bloß nichts passiert!› Ich konnte das schon nicht mehr hören.» Carina überlegt, sieht ihren Daumen an, der in einem Gipsverband steckt: «Hier ist das Ergebnis von diesem ewigen Gerede!» Dann berichtet Carina, wie ihre Mutter sie jeden Morgen verabschiedet habe: «Carina, pass auf, sei vorsichtig. Du weißt, wie schnell etwas passieren kann!» «Und ich», so fährt Carina fort, «saß völlig verspannt am Steuer. Ich hab nur gedacht, hoffentlich baust du keinen Unfall! Und dann ist es doch geschehen. Ich war wohl unaufmerksam, bin mit dem Auto in den Graben gerutscht. Mein erster Gedanke war: Was werde ich wohl zu Hause zu hören bekommen!»

«Und was haben Sie gehört?», frage ich.

«Meine Mutter hat nur gesagt: ‹Siehst du, ich hab's dir ja gesagt!›»

Gespräche mit Pubertierenden machen deutlich, wie sehr diese sich von Eltern – insbesondere von den Müttern – durch ständige Ermahnungen verunsichern lassen. Das ewige «Pass auf!» oder «Sei vorsichtig!» lässt die Heranwachsenden nicht unbedingt selbstbewusster oder selbstsicherer werden. Im Gegenteil: Solche Sätze wirken verkrampfend. Ungewollt können solche Sätze gar zu einer sich selbst erfüllenden Prophezeiung werden.

Zweifelsohne sind Jugendliche vielfältigen objektiven Gefahren ausgesetzt. Aber der ständige Hinweis auf mögliche Gefahren lässt diese nicht geringer werden, vor allem bietet er Pubertierenden keinen Schutz. Sie können lernen, sich selbst zu schützen, sich in komplizierten Situationen selbständig zu verhalten und sich zu behaupten. Hierzu müssen sie von den Eltern losgelassen werden. Nur jene Pubertierenden handeln sicher, die ermutigende Wünsche der Eltern mit auf den Weg in die Eigenständigkeit bekommen. Pubertierende brauchen das Vertrauen ihrer Eltern. Je fester das elterliche Vertrauen, umso größer ist das Ur- und Selbstvertrauen der Heranwachsenden, umso mutiger und selbstbewusster meistern sie komplexe Situationen. Unselbständige, entmutigte und verunsicherte Jugendliche scheitern nicht nur häufiger. Sie sind häufiger Opfer und stärker von negativen Erlebnissen bedroht und betroffen. Deshalb: Ermutigen Sie Ihre Kinder, schenken Sie ihnen Ihr Vertrauen!

«Aber», fragt eine Mutter, «darf ich denn meine Sorgen gar nicht mehr äußern?» Natürlich soll man das aussprechen. Aber artikulieren Sie Ihre Unsicherheiten deutlich, damit Ihre Kinder darauf eingehen können. «Aber wie soll ich denn das bloß machen?», fragt ein Vater, dem gerne ein «Sei vorsichtig!» herausrutscht.

Formulierungen wie «Ich mache mir schon Sorgen um dich, wenn du unterwegs bist. Aber ich weiß, du passt auf dich auf!» oder «Mir ist manchmal nicht ganz wohl, wenn du da jetzt hingehst. Aber ich denke, du schaffst das!» beinhalten eine Doppelperspektive: Sie drücken einerseits elterliche Ängste klar aus, sie lassen andererseits den Heranwachsenden los und machen Mut zur Selbständigkeit. Pubertierende reagieren meist souverän darauf, wenn Eltern ihre Bedenken äußern: «Ist ja schon gut», lautet nicht selten die generös-lässige Antwort, «ich mach das schon!»

Einem Pubertierenden Vertrauen zu schenken setzt eine gefühlsmäßig stabile Eltern-Kind-Beziehung voraus. «Mir fiel das schon schwer», erzählt Vera Fischer, Mutter des 16-jährigen Sven. «Mein Sohn hatte im letzten Jahr einen schweren Skiunfall. Er saß einige Monate sogar im Rollstuhl. In diesem Jahr wollte er wieder los. Wieder mit der gleichen Freundesgruppe. ‹Du brauchst keine Angst zu haben!›, hat er gemeint. ‹Ich pass auf mich auf!› Ich hab ihn gelassen, ich hab aber auch von meinen Ängsten erzählt. Als er dann losgefahren ist in den Urlaub, habe ich ihm in Gedanken einen Schutzengel mitgegeben und zum Schluss gesagt: ‹Ich vertraue dir!› Ihm ist nichts passiert, aber meine Freunde, Nachbarn und Verwandten haben mich verunsichert, mich sogar beschimpft, wie ich denn nach den schlimmen Erfahrungen so leichtfertig handeln könne. Jetzt weiß ich, ich kann mich auf Sven absolut verlassen. Sich auf jemanden zu verlassen heißt aber auch, ihn zu lassen.»

Das Loslassen setzt einiges voraus:

■ Stärken Sie das Vertrauen Ihrer Kinder in deren Problemlösungsfähigkeit. Dies gelingt umso überzeugender, wenn Sie selbst Ihren Kindern diese Haltung vorleben.

■ Halten Sie sich zur Verfügung, falls die Heranwachsenden Ihren Rat und Ihre Unterstützung wünschen. Das Gefühl der inneren Verbundenheit, das Wissen darum, wo man – falls nötig – Halt und Orientierung finden kann, erleichtert es Heranwachsenden, unbekannte Wege zu erforschen und Krisen zu meistern.

■ Äußern Sie Ihre Ängste und Sorgen. Verdrängen Sie sie nicht. Verstecken Sie Ihre Unsicherheit auch nicht hinter verdeckten Formulierungen. Suchen Sie ein Gespräch mit dem Heranwachsenden über dieses Thema; nehmen Sie zugleich seine Wege, Probleme zu lösen, ernst, und unterstützen Sie ihn.

■ Geben Sie ihm Ihr Vertrauen, Ihre positiven Gedanken mit auf den Weg! Denken Sie an das Märchen vom «Hans im Glück». Hans geht mit Gold und guten Wünschen in die Welt hinaus, macht viele Erfahrungen, kommt um das Gold erleichtert, aber mit vielen wichtigen Erfahrungen und einer gestärkten Persönlichkeit zurück. Hans ist ausgezogen und hat sein Leben gemeistert!

Wenn Eltern keinen Halt geben

«Mein Vater», so die 13-jährige Juliane, «ist fad. Mit dem kann man sich überhaupt nicht streiten, der hat absolut für alles Verständnis. Also, ich kann machen, was ich will. Der flippt nie aus.»

«Ich hab auch so 'nen Softie», hakt Stefan, 14, ein. «Einen richtigen Watte-Vater.»

«Wenn ich meinen Eltern von meinen Problemen erzähle», so der 13-jährige Lukas, «hören sie sich das nur kurz an, und dann labern sie von sich, von ihren Problemen oder davon, wie's früher war. Aber irgendwie habe ich schon keinen Bock mehr drauf, weil, ich hab doch die Probleme, und dann muss ich mir ihren Mist anhören.»

Christian reagiert bei diesen Sätzen skeptisch: «Sei froh, dass du so einen hast. Meiner schreit sofort herum, der hält nichts aus, meint aber, er sei der beste Vater aller Zeiten. Jahrelang hat er sich rausgehalten, jetzt macht er nur meine Mutter an, sie habe versagt. Und mit einem Mal will er alles nachholen. Kümmert sich um jeden Scheißdreck, kontrolliert die Hausaufgaben und schnallt sowieso nichts. Also mir reicht's!»

«Meine Eltern machen eigentlich nichts», erzählt Janine, 15 Jahre, «ich kann tun und lassen, was ich will. Fernsehen kontrollieren sie nicht. Wann ich nach Hause komme, auch nicht. Irgendwie bin ich für die gar nicht da.»

«… So ist es bei mir auch», fällt Thomas ihr ins Wort, «wenn ich zu spät komme, dann bemerken sie das nicht einmal, irgendwann schreien sie dann auch mal. Anziehen und aussehen kann ich, wie ich will. Nur wenn ich zu lange telefoniere, dann flippt mein Vater schon mal aus.»

Diese Jugendlichen haben anschaulich drei Elterntypen beschrieben, die den Heranwachsenden keinen inneren Halt geben, die ihnen eine Abgrenzung schwer machen:

- Da ist zunächst der *Kumpel-Typ*, wie ihn die Journalistin Katharina Zimmer nennt, der sich in eine vermeintliche Jugendlichkeit flüchtet und dabei Generationsgrenzen verwischt. Diese Eltern in «Light-Format», berufspubertierende Teenager-Eltern, in modisch-jugendlichem Aufzug und mit entsprechender Sprache bieten dem Heranwachsenden kein Gegenüber. Sie stellen keine Vorbilder dar, an denen sich Heranwachsende orientieren können, weil sie ständig mit eigenen Sorgen und Problemen beschäftigt sind. Dabei wollen Kinder vom Erfahrungs- und Wissensvorsprung ihrer Eltern profitieren, wollen erleben, wie man Krisen löst, und wollen nicht die Krisen ihrer Väter oder Mütter aufgehalst bekommen. Da machen sich Eltern zum besten Freund bzw. zur besten Freundin von Sohn oder Tochter, als ob diese davon begeistert sind, Freunde mit schütterem Haar und schlaffer Haut zu haben.

- Die Ablösung gelingt beim *aggressiven, machtorientierten* Elterntyp manchmal leichter, weil Heranwachsende solche Väter oder Mütter eher ablehnen können. Dieser Typ – hier sind auffällig viele Väter vertreten – verwechselt den Wunsch der Pubertierenden nach Begleitung und Unterstützung mit Kontrolle, Manipulation und Machtausübung, übersieht, dass Pubertierende ein Bedürfnis nach persönlicher Autorität entwickeln. Dieser Elterntyp überzieht maßlos, kann keine wirkliche Beziehung zu Heranwachsenden herstellen, weil aus jedem Thema ein Machtkampf wird – nach dem Motto: «Mal sehen, wer hier gewinnt!» Die Eltern wollen alles unter Kontrolle haben, wollen den Sieg. Über Befehl und Gehorsam versuchen sie, starre Grenzen aufzustellen und durchzudrücken. Auch dieser Elterntyp bietet weder Halt noch Orientierung.

- Schließlich gibt es noch die *passiven* Eltern, die um des lieben Friedens willen jeden Konflikt vermeiden, die keine klaren Grenzen und Regeln formulieren und zugleich eigene Bedürfnisse übersehen, eigene Gefühle nicht zulassen. Diese Eltern tun alles für ihre heranwachsenden Kinder, sind von einer erstaunlichen Langmut. Sie nehmen es vergleichsweise gelassen hin, wenn sie von ihren Kindern als Fußabtreter behandelt und zum Opfer gemacht werden. Passive Eltern praktizieren in der Regel eine Laisser-faire-Erziehung, eine Mischung aus langer Leine und impulsivem Ausbruch.

Jugendliche brauchen Grenzen

Ich bin da im Zwiespalt», meint Verena Sauer, Mutter von zwei pubertierenden Kindern. «Einerseits meine ich, es ist überflüssig, Grenzen zu setzen, andererseits glaube ich manchmal, die fordern sie geradezu heraus. Die provozieren so lange, bis Klarheit hergestellt ist.»

«Ich denke», wirft Otto Ahrens ein, «also ich denke, mit dem Grenzensetzen ist es jetzt zu spät. Das muss vorher erfolgen. Später müssen sie wissen, woran sie sind. Das muss klar sein. Also, ich halte mich da raus. Obgleich», er stutzt, «wenn ich meinen Sohn so sehe, wie der nicht weiß, was er tun soll, dann glaub ich, will er schon meine Meinung hören. Aber ich halt mich dann zurück.»

«Ich finde das problematisch», widerspricht Johannes Fabian, Vater von zwei Söhnen. «Sie sind doch noch Kinder, die auch in dieser Zeit eine Begleitung haben müssen. Sonst wissen sie überhaupt nicht, woran sie sind.»

Ich will diesen Äußerungen von Eltern einmal Meinungen gegenüberstellen, die von Heranwachsenden vertreten werden.

«Ich finde», erzählt die 14-jährige Katharina, «meine Mutter, die mich allein erzieht, macht das ganz gut. Ich kann mitbestimmen in vielen Dingen, aber dann gibt es Bereiche, wo sie ihre Macke hat. Da setzt sie dann enge Regeln. Das nervt, aber insgesamt find ich's in Ordnung.»

Sonja nickt: «Find ich auch o.k., wie meine Eltern das machen. Die geben sich Mühe. Manchmal schon zu viel. Aber insgesamt sind die prima. Ich glaube, ich würd meine Kinder auch so erziehen.»

«Also, ich find die Regeln, die meine Eltern aufstellen, Scheiße. Die denken, ich bin noch ein kleines Kind», empört sich der 15-jährige Kevin. «Ich muss machen und tun, was die wollen, die vermiesen mir meine Freunde, bestimmen, wann ich Schulaufgaben machen muss. Ich muss zum Saxophonunterricht, nur weil die das wollen. Selbst im Urlaub ist alles so, wie sie es sich vorstellen.»

«Bei mir», sagt die 14-jährige Barbara, «ist es ähnlich, ich darf nicht länger außer Haus als in der zweiten Klasse. Überall sieht meine Mutter Vergewaltiger und Mörder. Und mein Vater hat's mit den Hausaufgaben. Meine Eltern sind Erpresser: Wenn ich nichts für die Schule mache, dann darf ich nichts anderes tun. Aber dann nerv ich die, und dann darf ich doch alles …»

«Also ich», unterbricht Marc, «kann machen und tun, was ich will. Das ist manchmal toll und meistens nicht. Weil, es ist voll langweilig. Irgendwie sind meine Eltern nicht für mich da.»

Hier fällt auf, wie unterschiedlich die Begriffe Grenze und Regel gedeutet werden:

- Pubertierende besetzen diese Begriffe nur dann negativ, wenn sie mit Einengung, Bevormundung, mit Macht und Willkür einhergehen. Stehen diese Begriffe dagegen für Orientierung, für Halt und Auseinandersetzung, dann werden sie von Heranwachsenden positiv bewertet. Jugendliche wollen wissen, woran sie sind, was sie können, wie sie sich sozial angemessen zu verhalten haben – und dies erfahren sie, wenn sie sich an Grenzen reiben können. Grenzen sind aus der Sicht von Heranwachsenden umso akzeptabler, je weniger diese unverrückbar-sture Markierungen sind, vielmehr in Abhängigkeit von Entwicklungsphasen verändert werden. Eng gesteckte Grenzen entmutigen, sie lassen keinen Raum für Eigenverantwortung. Zu weit gezogene Grenzen führen dagegen zu Orientierungslosigkeit.
- Bei vielen Eltern überwiegt ebenfalls die negative Besetzung der Begriffe Grenze und Regel, die mit Strafe, Ermahnung, Verbot und Versagung gleichgesetzt werden. Dahinter steckt häufig – ich hatte es im Zusammenhang mit dem Perfektionismus betont – eine unzureichende Auseinandersetzung mit der eigenen Lebensgeschichte. Da manche Eltern in ihrer Kindheit Grenzen als schwerwiegende Beschneidung der eigenen Persönlichkeit und bei Grenzverletzungen

schmerzhafte Züchtigungen erlebt haben, verzichten viele nun darauf, klare Grenzen zu setzen. Sie empfinden partnerschaftliche Erziehung und das Setzen von Grenzen als Widerspruch – eine Haltung mit paradoxen Folgen: Während Eltern auf Grenzen und Regeln verzichten, suchen Heranwachsende sehr intensiv nach festen Orientierungspunkten. Und je intensiver sich Pubertierende Halt wünschen, umso häufiger verstecken sich viele Erziehende hinter hehren Worten und langatmigen Erklärungen. Ein endloser Wortschwall endet dann, wenn man nicht auf Zustimmung trifft, in impulsiver Schreierei, beleidigtem Schweigen oder einem verbalen bzw. körperlichen Bestrafungsfeldzug. Die berühmt-berüchtigte lange Leine schlägt um in Rücksichtslosigkeit, Verwünschung und Liebesentzug.

Bedenken Sie: Wer mit Heranwachsenden zu tun hat – egal ob beruflich oder in der Familie –, der hat es ständig mit zwei Kindern zu tun: dem Kind (oder den Kindern) vor mir und dem Kind in mir. Und wenn das Kind in mir unreflektiert weiterwirkt, ich die Schmerzen, die Trauer und die Ängste, die mir als Kind zugefügt wurden, an dem Kind vor mir wieder gutmachen will, gebe ich – bewusst oder unbewusst – meine Ängste und Unsicherheiten weiter. Gefühle von Schmerz und Trauer, von Verzweiflung und Wut sind nicht über Stellvertreter, sondern nur in der eigenen Person zu bewältigen. Je mehr man die eigene Kindheit – und das sind ja niemals nur negative Gefühle, Niederlagen und Verzweiflungen, dazu gehören auch Freude, Glück und Sehnsucht – annehmen, in der ganzen Breite akzeptieren kann, umso eher kann ich sowohl das Kind vor mir als auch in mir und damit mich selbst als ganze Person annehmen.

Wer Grenzen setzt, macht sich bei Heranwachsenden nicht unbedingt beliebt. Er riskiert Streit, Wut und Zorn. Und da in vielen Bereichen des pädagogischen Handelns die irrationale Annahme vorherrscht, von allen geliebt und anerkannt zu werden, zögern viele Eltern, Grenzen zu setzen. Hinzu kommt: Wer Grenzen setzt, muss über Konsequenzen bei Grenzverletzungen und bei Regelverstößen nachdenken. Das ist anstrengend, erfordert Mut. Denn es setzt voraus, sich auseinander zu setzen – und dies im ganz wörtlichen Sinne. Wer nur Nähe erträgt, sich eben nicht auseinander setzt, ist unfähig, sich abzunabeln und abzugrenzen. Ich habe den Eindruck, als ob Symbiose und grenzenlose Harmonie mit Liebe und Einfühlungsvermögen verwechselt werden. Doch während Liebe und Empathie Nähe und Distanz, Eigenständigkeit und Eigenart, mithin Grenzen – die zwischen Ich und Du – akzeptiert, macht die symbiotische und grenzenlose Liebe krank, sie erdrückt und macht abhängig.

Grenzen zu setzen bedeutet, Heranwachsende zu lassen und loszulassen, ihnen Mut zu machen, eigene Wege zu finden. Das geht nicht ohne Schrammen und Schmerzen. Wer Heranwachsende vor der Realität schützen will, macht sie in der Regel lebensuntüchtig. Schwierigkeiten tauchen dann auf, wenn Heranwachsende zum Partnerersatz werden, wenn sie dazu herhalten müssen, ihren Eltern Lebenssinn zu stiften. Oder wenn sie in einem Familienklima der emotionalen Leere dazu missbraucht werden, den Mangel an Wärme und Atmosphäre auszugleichen. Und Schwierigkeiten entstehen, wenn Heranwachsende emotional verwahrlosen, sodass Jugendliche kein Selbstbewusstsein und Urvertrauen ausbilden können.

Doch haben Grenzen nichts mit Verboten und Strafe zu tun. Grenzen sollen nicht beherrschen, vielmehr leiten, führen, unterstützen und anregen. Bei Verboten und Strafen geht es demgegenüber darum, Willen zu brechen oder Macht zu demonstrieren. Abgesehen davon, dass sich Verbote und Strafen meist nicht durchhalten lassen, weil sie im Affekt oder Zorn ausgesprochen werden, so wirken sie sich zudem belastend auf die Eltern-Kind-Beziehungen aus. Denn Grenzen setzen und Achtung des Heranwachsenden gehören unbedingt zusammen. Wer den Heranwachsenden in seiner Würde respektiert und achtet, trägt dazu bei, ihn in seinem Selbstwertgefühl zu stärken. Doch bedenken Sie auch: Wer ständig Grenzüberschreitungen der Heranwachsenden ignoriert, sich ihnen gegenüber gleichgültig verhält, trägt nicht allein zur Verstärkung einer zerstörerischen Haltung bei, sondern verhindert auch, dass sich ein Selbstwertgefühl und gegenseitiger Respekt ausbilden.

Grenzen zeigen Heranwachsenden, wo sie hin- und wo sie *nicht mehr* hingehören, sie dokumentieren das Koordinatensystem der Gegenwart und weisen zukünftige Perspektiven auf: Hier bin ich, und da will ich hin. So geht die Einsicht in die Notwendigkeit von Grenzen einher mit dem Wunsch, Grenzen auszuweiten und zu überschreiten. Grenzen symbolisieren Ende und Beginn des Weges. Sie bieten eine

Zeit lang Sicherheit und Schutz. Doch ein einmal erreichtes Ziel fordert dazu auf, jenseits der Grenzen nach neuen Möglichkeiten Ausschau zu halten. Grenzen dokumentieren Nähe und Distanz, Vertrauen auf Erreichtes und Zutrauen für Neues. Grenzen bedeuten, sich von Gewohntem zu trennen und sich auf unbekannte Dimensionen einzulassen.

Eltern, die ihren Kindern in der Pubertät Grenzen setzen, sollten sich an einigen Grundsätzen orientieren:

1. Je älter die Heranwachsenden werden, umso bedeutsamer wird die elterliche Begleitung, wenn Risiken und Gefährdungen wachsen. Grenzen zeigen Jugendlichen an, dass sie für die Folgen ihres Tuns und ihres Handelns die Verantwortung zu übernehmen, bei Überschreitungen Konsequenzen auszuhalten haben.

2. Das Setzen von Grenzen funktioniert umso überzeugender, je deutlicher es auf der Grundlage von gegenseitiger Achtung geschieht, je mehr es von Intuition und Fingerspitzengefühl geprägt ist. Wenn Grenzen als Kontrollmaßnahme empfunden, wenn bei Regelüberschreitungen entwürdigende Strafmaßnahmen befürchtet werden, dann sind sie einer partnerschaftlichen Beziehung zwischen Eltern und Heranwachsenden nicht förderlich.

3. Es geht nicht um eine Vielzahl von Grenzen und Regeln. Im Mittelpunkt muss vielmehr die Überlegung stehen, ob deren Inhalt Sinn macht. Wenn jede Kleinigkeit im Zusammenleben von Heranwachsenden und Eltern durch Absprachen und Vereinbarungen geregelt wird, dann wirkt sich das lähmend aus. Es wird von allen Beteiligten als lästig und tyrannisierend empfunden. Konstruktiver ist es, Grenzen mit liebevoller Klarheit zu vermitteln und deutlich zu machen, dass sich diese Regeln inhaltlich verändern können. Versuchen Sie, die Regeln so einfach wie möglich zu formulieren. Geben Sie mehr Freiräume dort, wo es sich um ungefährliche Alltagssituationen handelt (z. B. Mode, Haarschnitt, Hobbys, Taschengeld), setzen Sie engere Grenzen dort, wo Gefährdungen möglich oder wahrscheinlich sind.

4. Gehen Sie vom guten Willen der Heranwachsenden aus, Grenzen einzuhalten und zu respektieren. Wenn Regeln ständig missachtet werden, ohne dass sich daraus Konsequenzen ergeben, sind sie allerdings

wertlos. Zumeist ist damit auch ein Ansehensverlust jener Personen verbunden, die sie aufgestellt haben.

5. Wer Regeln formuliert, muss davon ausgehen, dass Heranwachsende diese Grenzen austesten. Bedenken Sie deshalb: Wissen Sie, welche Konsequenzen Sie in diesem Fall ziehen wollen? Sind diese für den Heranwachsenden überschaubar?

«Ich bemühe mich schon, konsequent zu sein», erzählt mir die Mutter des 13-jährigen Tim. «Aber dann gibt es Situationen, da flipp ich aus, also da platzt mir der Kragen. Wenn Tim zum tausendstenmal nicht hören will.» – «Wer ist Tim?», frage ich.

«Ein 13-jähriges Schlitzohr!», meint sie lächelnd.

«Schildern Sie mir doch eine Situation, in der er partout nicht hören will.»

«Also», beginnt sie, «da gibt's eine klare Absprache. Er hat unter der Woche spätestens um 8.00 Uhr abends zu Hause zu sein. Er ist damit einverstanden. Wir setzen uns abends noch gerne zusammen. Doch einmal verspätet er sich um fünf, dann um zehn Minuten, manchmal sogar um eine halbe Stunde. Und er hat die tollsten Ausreden.» Sie schmunzelt. «Fehlt nur noch, dass er sagt, ihm sei ein Außerirdischer begegnet.» Sie sieht mich an. «Wenn ich gut in Form bin, sage ich nichts. Wenn ich nicht so gut drauf bin, dann rede ich und rede und rede … und jedes Mal verspricht er, pünktlich zu sein.»

Pubertierende reizt es, sich an Grenzen zu reiben. Sie überprüfen, wie weit sie gehen können und wie ernst es die Eltern meinen. Die zeitlichen Grenzüberschreitungen sind Versuche von Tim, seine Mutter auszutesten. Und da ist es wichtig, sich einer Auseinandersetzung selbst dann zu stellen, wenn es nur um wenige Minuten geht. «Aber ich komme mir so bürokratisch vor», meint Tims Mutter. «Bin ich nicht überpenibel?»

«Nein», sagt Alfred Krohn, Vater des 13-jährigen Jonas. «Ich war genauso. Anfänglich achtete ich nicht darauf, dass er begann, unsere Vereinbarungen zu unterlaufen. Er sollte um zehn zu Hause sein. Zuerst kam er um fünf Minuten nach zehn, dann um sechs Minuten nach zehn usw. usw. Irgendwann hatte ich die Schnauze voll, brüllte ihn an, aber er hatte für jedes Zuspätkommen eine Erklärung. Genauso wie bei Ihnen.» Er meint Tims Mutter und erzählt von einer Begebenheit: «Als er eines Abends zu spät kam, hab ich mit ihm geredet, ganz ruhig. Ich hab ihn an die Absprache erinnert, wollte wissen, ob er sich noch daran erinnere.»

«Klar», sagte Jonas damals. «Aber es kommt immer etwas dazwischen. Wenn ich um elf komme, dann geht's, glaub ich, leichter.»

«Um zehn», beharrte der Vater. «Ich bin für dich verantwortlich. So steht es auch im Gesetz, und du warst einverstanden.»

«Ja», antwortet Jonas zögerlich. «Aber weißt du, es ist so schwer.»

«Was ist schwer?»

«Ich vergess meistens die Zeit und …»

«Was und?», will der Vater wissen.

«Und alle anderen dürfen länger bleiben!»

«Du bist nicht alle!», meint Alfred Krohn freundlich.

«Stimmt!» Jonas' Stimme klingt ironisch, dann mit Bestimmtheit: «Und alle haben nicht so einen Vater wie ich!»

«Stimmt haargenau!»

«Ganz schöne Scheiße!»

Als der Vater diesen Angriff ins Leere laufen lässt, versucht Jonas zu verhandeln.

«Halb elf?»

«Wie, halb elf?»

«Statt um zehn um halb elf!»

Der Vater schüttelt den Kopf. «Bitte!» Der Vater bleibt bei seinem Nein. Jonas überlegt: «Warum nicht?»

«Um zehn», wiederholt der Vater. «Ich habe einmal den Fehler gemacht, nicht konsequent zu sein.»

«Du vertraust mir wohl nicht?», fragt Jonas mit säuselndem Stimmklang.

«Jonas, ich vertraue dir, nur bei der Einhaltung der Discozeit hast du Probleme. Da schaffst du das nicht!»

«Das nächste Mal bestimmt! Ehrlich! Versprochen!»

«Für die nächsten vier Wochen nochmals um zehn! Dann überlege ich mit dir weiter!» Alfred Krohn wirkt souverän.

«Um Viertel nach zehn!», feilscht Jonas weiter.

«Jonas! Um zehn!»

Der Sohn zuckt kurz zusammen, überlegt, als Elfriede Krohn den Raum betritt.

«Papa ist so stur!», ruft er seiner Mutter entgegen.

«Wo ist er stur?», will sie wissen.

«Bei der Uhrzeit!» Jonas sieht seine Mutter an – so als wolle er ihre Unterstützung.

«Ich soll um zehn zu Hause sein!»

«Und du?», lächelt sie ihren Sohn an: «Wann willst du zu Hause sein?»

«Um Viertel nach zehn!» Jonas klingt etwas weinerlich. Dann wiederholt er: «Doch nur um Viertel nach zehn!»

«Nun sei mal nicht so übergenau», meint die Mutter zu ihrem Mann. «Nun sei doch nicht so penibel!»

«Genau!», bekräftigt Jonas. Alfred Krohn sieht seine Frau an. «Und wer fragt, wenn unser Sohn nicht um fünf nach zehn zu Hause ist, ob ihm wohl nichts passiert ist, und wer muss um zehn nach zehn auf die Piste, um ihn dann zu suchen?»

«Na ja», gibt Jonas' Mutter zu.

«Um fünf nach zehn», verhandelt Jonas weiter.

«Jonas», die Stimme von Alfred Krohn klingt nach wie vor klar und ruhig, «ich glaube, du hast mich jetzt verstanden!»

«Gut, um zehn», lenkt Jonas ein. «Aber wenn ich im Dunkeln die Uhr nicht ablesen kann?» Der Vater lächelt. «Oder ich noch vor der Bahnschranke halten muss?» Der Vater lächelt immer weiter: «Um zehn, Jonas!»

«Alfred!», ruft Jonas' Mutter aufgebracht dazwischen.

«Um zehn», wiederholt der Vater.

«Jonas, dein Vater ist pedantisch wie seine Mutter!» Mit diesen Worten verlässt sie wütend den Raum. Jonas wechselt die Strategie.

«Und was ist, wenn ich nicht um zehn zu Hause bin?»

«Dann gibt's beim übernächsten Mal discofrei», antwortet der Vater spontan. Jonas lächelt, als ob er ihn verstanden hat.

Am kommenden Freitag geht er in die Disco, verlässt mit den Worten «Bis um zehn!» das Haus. Eine Minute vor zehn kommt er zurück.

Jahre später: Jonas ist mittlerweile 25, es entspinnt sich beim Mittagessen ein Gespräch über Erziehung. Vater und Sohn tauschen Erfahrungen aus, als Jonas nochmals auf die gerade geschilderte Situation zurückkommt: «Das war damals stark von dir. Hätte ich nicht gedacht! Ich wusste, dir bin ich nicht egal. Auf den kannst du dich verlassen. Das war mir da klar!» Alfred Krohn hatte diese Situation längst vergessen. «Und was haben deine Freunde damals gesagt?» – «Die haben mich angemacht, was ich für blöde Eltern habe!» – «Und?», will der Vater wissen.

«Zuerst fand ich das ja auch beschissen von dir! Aber dann hab ich denen gesagt, sie könnten ja nur deshalb so lange bleiben, wie sie wollten, weil sich keiner um sie kümmern würde.»

«Und?»

«Da haben die nichts mehr gesagt!»

«Gute» Worte überhören Pubertierende nicht selten, sie testen ihre Eltern aus, ob sie handeln. Viele Eltern warten zu lange ab, bevor sie klare Grenzen setzen – oft selbst dann noch, wenn die Situation Deutlichkeit und Festigkeit verlangt. Manchmal ist Handeln unabdingbar. Tun Eltern dann nichts, fahren Pubertierende so lange mit dem störenden Verhalten fort, bis Konsequenzen folgen. Es macht allerdings nur dann Sinn, Konsequenzen zu ziehen, wenn man sie in einem ruhigen Ton vorträgt, wenn den Pubertierenden diese *vorher* klar sind und wenn man sie auf der Basis einer partnerschaftlichen Beziehung zwischen Eltern und Heranwachsenden artikuliert.

Androhungen hingegen, gerade wenn sie im Zustand höchster Erregung ausgestoßen werden, ändern nichts. Drohungen führen meist dazu, dass Heranwachsende ihre Eltern weiter provozieren. Und Drohungen können auch Rache- oder Vergeltungsgefühle auslösen: «Mal sehen, wer hier gewinnt!»

«Aber», wendet Maria Baier ein, «gerade mit Drohungen habe ich große Erfolge.»

«Welche?», will ich wissen.

«Wenn meine Söhne etwas nicht erledigt haben, dann drohe ich mit Fernseh- oder Kino- oder Disco-Verbot!»

«Und das funktioniert?»

«Dann geschieht es auf der Stelle, dann hab ich meine Ruhe!»

«Wirklich?»

«Wie meinen Sie das?»

«Wie häufig müssen Sie denn drohen?»

«Jeden Tag! Immer wieder, und in der letzten Zeit immer mehr!»

Strafen ändern nichts am störenden Verhalten der Heranwachsen-

den. Strafen mögen zwar *kurzfristig* eine Situation entspannen –
«Wenn du jetzt nicht aufhörst, dann flipp ich aus» – oder ein Resultat
zeitigen: «Wenn du jetzt nicht aufräumst, gibt's kein Fernsehen!» Das
ist aber nur ein kurzzeitiges Erfolgserlebnis, denn so zeigt man den
Heranwachsenden keine Möglichkeit auf, sich zukünftig anders, vor
allem selbständiger zu verhalten. Elterliche Strafaktionen, die ein Heranwachsender als erniedrigend empfindet, führen entweder zu dem
Wunsch, sich durch weitere Störungen an den Eltern zu rächen, oder
aber zu überangepasstem Verhalten, das vor impulsiven Strafen
schützen soll.

Wer Regeln aufstellt, muss sie einhalten

Mich überrascht manchmal, mit welcher Gutgläubigkeit Eltern meinen, Kinder würden, wenn Eltern Grenzen einfordern, aufspringen
und ganz beflissen Einsicht zeigen – nach dem Motto: «Find ich gut,
wie du das jetzt sagst. Selbstverständlich mach ich das!»

Nein, Jugendliche testen Grenzen aus. Das ist normal – und wer als Er-
wachsener Grenzen andeutet, muss dies wissen. Grenzen fordern Heranwachsende heraus:

- Zum einen wollen Heranwachsende wissen, ob es Eltern mit den Regeln ernst meinen oder ob sie nur aus einer Laune aufgestellt worden
  sind.
- Die Räume jenseits der Grenzen interessieren Heranwachsende. Es ist
  ein Land, das sie noch nicht kennen. Hier lockt der Reiz des Verbotenen.
  Vielleicht warten hier Dinge, die Heranwachsende heimlich auskosten
  und kennen lernen möchten. Unbekanntes reizt Heranwachsende.
- Schließlich gibt es Heranwachsende, die sind nur an Störungen interessiert, weil nur sie bei Grenzüberschreitungen Aufmerksamkeit bekommen. Regelverletzungen garantieren ihnen sozusagen das Überleben (vgl. dazu S. 188 ff.).

Mir fällt auf, dass viele Eltern bei Grenzüberschreitungen nicht an
Konsequenzen denken. Sie verzichten darauf und versuchen stattdessen, mit untauglichen Mitteln Akzeptanz einzufordern. Daraus entsteht meistens ein Erziehungsdrama in vier Akten:

Erster Akt: Wenn Eltern ihre pubertierenden Kinder zum wiederholten Male auf die Einhaltung von Regeln aufmerksam machen, äußern sie häufig den Satz: «Jetzt mach das aber bitte!» Oder: «Bitte, mach das sofort!» Das Wort «bitte» – mehr mit spitzen Lippen gezischt als angemessen artikuliert – steht dazu in merkwürdigem Kontrast zum Klang der Stimme, die drastische Ungeduld verrät. Christian, 16 Jahre, sagte zu mir einmal: «Wenn Mama ständig bitte sagt, ist es halb so schlimm!»

Zweiter Akt: Wenn trotz des «Bitte» der Aufforderung keine Folge geleistet wird, hört man häufig den Satz: «Muss ich es dir zweimal sagen!» Oder: «Wie häufig muss ich es dir noch sagen!» Wer seinem pubertierenden Kind in diesem Moment in die Augen blickt, dem wird angedeutet: «Du wirst es heute noch 20-mal sagen. Und schließlich machst du es doch allein!»

Dritter Akt: Wenn das alles ohne Erfolg bleibt, dann führen Eltern ein nächstes untaugliches Geschütz ins Feld: «Oder muss ich erst böse werden, bevor ihr das macht?» Dieser Satz, zumeist ausgestoßen im Zustand zunehmender Erregung, ändert nichts am Handeln des Pubertierenden, im Gegenteil: Wenn Eltern diesen Satz im Zustand von Zorn, Ärger, zunehmender hormoneller Irritation herausschreien, dann sagen die Augen der Heranwachsenden: «Oh, geil, gleich platzen sie!»

Vierter Akt: Dies ist die Endstufe der Eskalation. Nachdem die Erwachsenen alles versucht haben, flippen sie völlig aus – und formulieren die Sätze mit Ewigkeitsdimensionen: «Du bist nur noch böse!» Oder: «Ich mach dir nie wieder Frühstück!» Oder: «Du siehst nie mehr fern!» Oder: «Du spielst nicht mehr am Computer!» Oder: «Ein halbes Jahr Disco-Verbot!» Wenn Eltern die Kraft hätten, ihre Heranwachsenden in diesem Moment anzusehen, würden sie bemerken, wie diese weise den Kopf schütteln, so als drückten sie aus: «Warum müsst ihr euch immer so gehen lassen!»

Pubertierende wollen authentische Eltern, die zu ihren eigenen Gefühlen stehen. Sie wollen Eltern, die aufrichtig sind und zu dem stehen, was sie sagen. Um hier nicht missverstanden zu werden: Das ist keine Aufforderung, wie ein unsensibler Rambo aufzutreten, zum Panzer zu werden, der Kinder niederwalzt.

Konsequent handeln

Ich plädiere für den Mut zur Unvollkommenheit. Bleiben Sie gelassen! Doch sind gewisse Kriterien zu benennen, mit denen Sie sich und Ihre Motivation überprüfen sollten. Fragen Sie sich, ob die für das Kind aufgestellten Grenzen Ihrer eigenen Bequemlichkeit dienen. Stellen die damit verbundenen Konsequenzen offene oder verdeckte Verbote dar, die den Heranwachsenden letztlich einengen? Oder sind sie der Entwicklung der Heranwachsenden dienlich? Sie verkennen Jugendliche – das gilt insbesondere für jene, die durch Störungen und Schwierigkeiten herausfordern – dann, wenn Sie sie nur unter dem Blickwinkel des «Kannst du denn niemals …?» oder des «Musst du denn immer …?» betrachten. Auch das auffallende Kind hat Persönlichkeitsanteile, die es zu fördern gilt und auf die sich ein positives Selbstwertgefühl aufbauen lässt.

Gerade unsichere, unselbständige und desorientierte Heranwachsende brauchen überschaubare Regeln und Grenzen. Dazu sind Rituale und Routine notwendig, die Sicherheit und Selbstvertrauen geben. Um Grenzen zu erkennen, benötigen Heranwachsende Eltern, die nicht nur Grenzen einfordern, sondern eigene, selbstbestimmte Grenzen einhalten. Nur auf der Grundlage eines Miteinanders lassen sich Grenzen setzen. Häufiger ist hingegen ein Gegeneinander zu beobachten: «Entweder machst du das oder …» Verbreitet ist auch die Besserwisserei: «Ich meine es nur gut mit dir …» Solche Positionen führen in der Regel zu Machtkämpfen, zu Vergeltungswünschen, zur Hilflosigkeit oder zu beleidigtem Rückzug. Wer Grenzen setzt, muss über die Konsequenz beim Regelverstoß nachdenken. Die Heranwachsenden müssen die Folgen bei Regelverstößen einschätzen können. Konsequenzen haben nichts mit Bestrafung zu tun: Konsequenzen bauen auf der Mitarbeit des Heranwachsenden auf, Regelverstöße und Grenzüberschreitungen zukünftig zu verhindern. Strafen sind meist rückwärts gewandt und zielen auf ein «Ich zeig dir, wer hier das Sagen hat!».

Patricia Schulz, Mutter der 14-jährigen Veronika, hat konsequentes Handeln auf anschauliche Weise praktiziert. Ihre Tochter hatte eine klare Order. Sie sollte nach dem Disco-Besuch um 22.00 Uhr zu Hause sein. Auf ihre ständigen zehn- bis zwanzigminütigen Verspätungen reagierte die Mutter zunächst nicht. Doch als die zeitlichen Überschreitungen immer größer wurden, wurde sie allmählich wütend. Auf mütterliche Argumente ging Veronika nicht ein, sie hatte ständig eine Unmenge an Entschuldigungen und plausiblen Ausreden zur Hand. Und als sie schließlich nicht mehr weiterwusste, schleuderte sie ihrer Mutter entgegen: «Du vertraust mir eben nicht mehr und hast mich wohl nicht mehr lieb!»

Eines Morgens nahm die Mutter allen Mut zusammen: «Wenn du nächstes Mal wieder zu spät dran bist, dann ist das Mal darauf die Disco gestrichen.»

Veronika war irritiert: «Was?»

«Du hast mich verstanden. Kommst du morgen zu spät, gibt's beim übernächsten Mal keinen Disco-Besuch.» Veronika versuchte zu widersprechen, war schließlich einverstanden: «Ist o.k.!»

Einige Male erschien Veronika pünktlich, dann verspätete sie sich wieder. Die Mutter sagte ganz ruhig: «Schön, dass du da bist. Aber das nächste Mal bleibst du zu Hause.» Veronika war wie vor den Kopf gestoßen. Sie stieß Beleidigungen aus. Ihre Mutter blieb immer noch ruhig: «Ich denke, du gehst raus und beruhigst dich.» Nach einer Stunde erschien Veronika, entschuldigte sich und sagte: «So kenn ich dich gar nicht! Warst du auf einem Seminar?»

An dieser Geschichte lässt sich das Prinzip der Konsequenz veranschaulichen. Konsequenzen stehen grundsätzlich in Zusammenhang mit dem Tun des Heranwachsenden und müssen ihm *vor* einer Grenzüberschreitung klar sein. Der Heranwachsende hat die Freiheit, die getroffenen Absprachen einzuhalten. Die Konsequenzen treten dann nicht in Kraft. Überschreitet der Heranwachsende jedoch Grenzen, dann weiß er um die Folgen seiner Handlung.

Auch bei den Konsequenzen argumentieren Sie mit einer «Wenn-dann-Formulierung». Ähnlichkeiten zur Strafandrohung sind *sprachlich* unverkennbar. Gleichwohl steht die Wenn-dann-Verknüpfung bei der Konsequenz in einem anderen Zusammenhang. Die Konsequenz baut darauf auf, dass Kinder an der Beseitigung von Störungen mitarbeiten wollen. Es geht nicht um Schuld und Sühne, sondern eine Haltung des gegenseitigen Respekts, die nach Lösungen durch Einsicht sucht. Ein positives Bild vom Heranwachsenden steht im Vordergrund.

Es ist optimal, gemeinsam mit Ihrem Heranwachsenden Konsequenzen zu entwickeln:

- Beschreiben Sie gemeinsam das Problem, und kreisen Sie die Sachlage ein. Achten Sie darauf, Ich-Botschaften zu verwenden. Beschuldigungen sind ebenso zu vermeiden wie unzulässige Verallgemeinerungen: «Du machst nie …»
- Es ist wichtig, dass der Pubertierende die Situation aus seiner Sicht darstellen kann. Aber Verständnis bedeutet nicht Akzeptanz. Lassen Sie sich durch Erklärungen und Beteuerungen nicht ablenken: «Die andern sind schuld» oder «Ich mache nie mehr …» Lassen Sie sich auch durch Beleidigungen oder Nötigungen nicht beeindrucken: «Du hast mich nicht mehr lieb!»
- Konsequenzen werden mit Nachdruck aufgezeigt. Dabei müssen Erwachsene sich vergewissern, dass dem Kind die Konsequenzen klar sind. Ein wichtiges Prinzip ist: Auch Eltern müssen Absprachen einhalten. Es geht darum, nach Konsequenzen zu suchen, die lebbar sind, ohne dass man sich oder die Kinder überfordert.
  Die Vielschichtigkeit, mit der man Konsequenzen im pädagogischen Handeln einsetzen kann, macht die nächste Geschichte deutlich. Und sie macht auch klar, dass Eltern, die konsequent sind, Heranwachsende durch ihr Handeln überzeugen, auch wenn die Absprachen nicht bis in alle Einzelheiten umgesetzt sind.

Rita Schult, allein erziehende Mutter zweier pubertierender Söhne, Lars, 16 Jahre, und Norbert, 14 Jahre, schildert auf einem Elternseminar ihr Problem:

«Die Unordnung im Zimmer meiner Kinder nervt mich nicht besonders», berichtet sie. «Aber wenn die durch die Haustür kommen, bleiben sie stehen, ziehen die Schuhe aus und lassen sie kreuz und quer im Flur stehen. Und die würden dort bis in alle Ewigkeit liegen bleiben, wenn es nicht eine Person gäbe, die sich im Schuheaufräumen verwirklichen würde.» Sie schnauft, deutet auf sich: «Ich!» Und dann erzählt sie die Geschichte ihrer pädagogischen Versuche.

«Letztlich blieb ich in den endlosen Streitereien um die Schuhe im Flur inkonsequent. Die haben mich auch richtiggehend erpresst damit, was andere Mütter alles für ihre Kinder tun würden usw. Und dann mein schlechtes Gewissen wegen der Trennung von meinem

Mann. Manchmal lief es tageweise gut, dann ging alles wieder von vorne los! Wenn sie sich mal positiv verhalten haben, habe ich das auch nicht besonders verstärkt. Das war wohl mein Fehler!» Sie sieht mich an: «Ich will endlich konsequent sein!»

Ob sie eine Idee habe, frage ich.

Sie habe mal bei mir über einen Zaubersack gelesen, der helfen solle, wenn Kinder ihre Klamotten überall herumliegen lassen. Aber wie das umzusetzen sei ... Doch dann hatte sie einen Einfall. «Wenn die beiden Rabauken wieder nicht reagieren, wenn ich sie einmal an die herumliegenden Schuhe erinnert habe, dann stecke ich sie in einen Sack, und den öffne ich erst nach einer Woche.»

«Gut», sage ich, «dann haben beide ein Paar Schuhe weniger. Und was passiert am folgenden Morgen?»

Sie überlegt: «Die haben doch ein weiteres Paar, das sie gerne anziehen!»

«Und wenn die auch nicht aufgeräumt werden?»

«Dann verschwinden die auch», antwortet sie spontan und lacht.

«Und wie läuft das am dritten Morgen ab?», will ich wissen. Kurzes Nachdenken.

«Sie haben ja noch mehr Schuhe, die müssen sie dann anziehen!», schmunzelt sie.

«Wenn Lars und Norbert das aber einfach nicht machen? Weil die zum Beispiel unmodisch oder dreckig sind. Wenn Ihre Kinder dann nicht in die Schule wollen? Die meisten in dem Alter hängen nur an ihren Lieblingsklamotten, die ziehen gar nichts anderes an. Da können sie sehr engstirnig sein.»

Rita Schult sagt mit forscher Stimme: «Gut, dann müssen sie das mit der Schule selber klären. Ich ruf den Lehrer an, klär ihn auf, was ich vorhabe. Der hat auch Chaoten zu Hause, ich denke, der ist einverstanden.»

Ich nicke: «Wer könnte Sie am stärksten von den beiden provozieren?»

Sie überlegt kurz: «Lars!»

«Und was könnte die stärkste Provokation sein? Wann könnten Sie schwach werden?»

«Wenn er in Strümpfen in die Schule geht. Damit hat er schon mal gedroht!»

«Stellen Sie sich vor, wir haben jetzt Winter, es liegt Schnee. Er geht in Strümpfen hinaus …»

«… dann soll er sich drei Paar anziehen oder sich Flügel umschnallen», meint sie entschlossen. «Der wird sich wundern!»

Als sie vom Seminar nach Hause kommt, bittet sie ihre Söhne zu einem Gespräch. «Du bist so anstrengend, wenn du von so einer Laberveranstaltung nach Hause kommst», nölt Norbert, und Lars stänkert: «Du findest den Typen wohl gut, was?» Dann droht er lächelnd: «Schlepp den bloß nicht an. Der hat uns hier gerade noch gefehlt!»

Rita lässt die Attacke an sich abgleiten, stellt ihren Söhnen ihren Ärger mit den achtlos ausgezogenen Schuhen ganz ruhig dar. Dann fragt sie Lars und Norbert, wie sie die Sache sehen würden. Und sie verstehen den Ärger der Mutter schon.

«Ist schon Scheiße, wie wir uns benehmen», meint Norbert zerknirscht.

«Ich werd mir Mühe gehen, ehrlich», sagt Lars mit charmantem Lächeln.

«Habt ihr Vorschläge, wie ihr das hinbekommt, eure Schuhe in den Schrank zu stellen?», will die Mutter wissen. Norbert zuckt mit den Schultern, Lars meint mit nachdenklicher Miene: «Du erinnerst uns einmal, und dann mach ich das.»

«Und wenn nicht?»

«Doch, wir machen das!»

«Und wenn …»

«Wir räumen bestimmt auf. Mama, da kannst du dich auf uns verlassen, ehrlich», verspricht Lars etwas altklug.

«Und wenn nicht?» Beide zucken ratlos mit den Schultern.

Dann stellt Rita ihre Idee mit dem Zaubersack vor, in den sie die Schuhe stecken würde, wenn sie nach einmaliger Aufforderung nicht in den Schrank geräumt sind.

«Was für einen Zaubersack?»

«Na, einen einfachen Sack. Da kommen die hinein. Nach einer Woche habt ihr eure Schuhe wieder!» Beide lachen.

«Habt ihr alles kapiert?» Beide nicken, Lars meint: «Und das probieren wir zunächst für eine Woche aus.» Damit erklärt Rita sich einverstanden.

Am nächsten Abend, Norbert und Lars haben die Absprache schon vergessen, liegen die Schuhe wie üblich herum. Rita erinnert zweimal, doch nichts passiert. Die Schuhe verschwinden im Zaubersack. Der folgende Morgen: Norbert und Lars sind irritiert, sie ziehen ein anderes Paar an, gehen in die Schule. Norbert räumt am Abend seine Schuhe ohne weitere Ermahnung auf. Lars vergisst seine Schuhe wieder, und auch sie verschwinden nach dreimaliger Erinnerung – «Ich wollte ihm eine Chance geben!», so die Mutter – im Sack. Die Situation am folgenden Tag: Beide Lieblingspaare sind einkassiert, Lars flucht, zürnt, poltert, droht, will nicht in die Schule gehen. Rita Schult bleibt ruhig: «Du hast genügend andere Schuhe!»

«Die sind blöd. Da seh ich aus wie ein Clown.»

Dann wechselt er die Strategie: schmeichelt, raspelt Süßholz. Die Mutter bleibt konsequent. Dann wieder Drohgebärden: «Du kommst nie mehr auf ein Seminar. Und ich entzieh dir das Sorgerecht. Oder ich geh zu Papa. Der mag mich sowieso mehr als du.»

Als auch diese Vorwürfe ins Leere laufen, schreit er: «Gut, dann geh ich nur mit Strümpfen zur Schule.»

«Zieh drei Paar an! Draußen liegt Schnee.»

«Du willst wohl, dass ich sterbe …» Lars' Stimme ist eine Mischung aus Weinerlichkeit und Trotz.

«Dann zieh fünf Paar an», schlägt die Mutter vor. Lars rennt in sein Zimmer, zieht sich Strümpfe über, dann geht er zur Haustür. «Ich geh jetzt …», meint er zur Mutter gewandt. «Tschüs!»

«Ich geh jetzt wirklich», wiederholt Lars.

«Tschüs!» Rita geht in die Küche, lacht laut los, klopft sich innerlich auf die Schulter. Lars verlässt – die Tür laut zuknallend – das Haus, kommt am Bauernhof der Großmutter vorbei, die gerade Schnee wegfegt. Sie sieht ihren Enkel, seinen Aufzug, die fehlenden Schuhe, wie er wie ein geschlagener Held durch den Schnee schlurft.

«Lars», ruft sie. «Mein Kind, wie siehst du denn aus!» Sie nimmt ihn in ihre Arme, drückt ihn ganz fest.

«Deine Tochter», säuselt er mit leiser, Mitleid erheischender Stimme. «Deine Tochter will, dass ich sterbe.»

«Mein Junge», tröstet ihn die Oma. «Komm, zieh Opas Gummistiefel über.» Lars wandert mit Stiefeln in die Schule, findet die Aufmerksamkeit seiner Freunde und kreiert so eine neue Mode. Auf dem Nachhauseweg kauft er seiner Mutter ihre Lieblingspralinen und eine rote Rose. Er legt dies an ihren Platz.

«Für mich?», fragt sie vorsichtig. Er nickt. «Und warum?»
«Weil ich dich mag!»

Diese Geschichte verdeutlicht einige übergreifende Gesichtspunkte…

- Es geht bei der Absprache von Regeln darum, die Heranwachsenden anzuregen, anzuleiten und zu unterstützen. Bestrafung und Achtung des anderen schließen sich aus.
- Heranwachsende lernen aus Folgen ihres Tuns. Wichtig ist: Das Kind soll die natürlichen Folgen spüren, sie nicht als Drohung empfinden.
- Der Umgang mit Unordnung ist in vielen Familien ein ständiges Thema. Fordern Sie Ihre Kinder auf, einen Beitrag zur Einhaltung von Ordnung zu leisten. Wenn Heranwachsende nicht die Folgen von Unordnung fühlen, besteht für sie kaum ein Anlass, sich um die Ordnung im Zimmer oder in der Wohnung zu kümmern.

- Sehr häufig wird mit Worten gekämpft. Formulierungen wie «Das hab ich dir schon hundertmal gesagt» stoßen auf taube Ohren. Suchen Sie nach einem Hilfsmittel, das das Alltagsproblem löst. Halten Sie sich nicht bei der Ursachenforschung auf, fragen Sie nicht ständig nach dem Warum, sondern konzentrieren Sie sich auf die pragmatische Lösung. «Warum-Fragen» bringen Kinder schnell in die Opfer- und Verteidigerhaltung, Eltern in die des Besserwissers.

Die Geschichte verdeutlicht noch einen Aspekt, der vor allem Alleinerziehende betrifft. Diese Mutter lässt sich nicht ausspielen, nicht snötigen. Dadurch wird sie einerseits zur Reibefläche, muss einiges aushalten, andererseits verschafft sie sich aber auch einen Spielraum, indem sie ihren Kindern Klarheit vorlebt. Sie wissen so, woran sie bei ihrer Mutter sind. Und sie erfahren, dass Erpressungsversuche keinen Sinn machen.

Wenn es um die natürlichen oder logischen Folgen von Handlungen geht, lassen sich Konfliktsituationen entkrampfen. So zeigen Sie Heranwachsenden, wie weit sie gehen können, und vermitteln zugleich Verlässlichkeit: Logische Folgen sind vorhersehbar, man weiß, woran man ist. Der Umgang mit Regelverstößen wird dann nicht von der Tagesform abhängig, verläuft vielmehr nach erkennbaren Lösungsschritten.

Wenn Grenzverletzungen ohne Folgen bleiben

«Sie schreiben», so der Vater der 15-jährigen Nele, «Konsequenzen würden das störende Verhalten beseitigen. Aber bei meiner Tochter klappt das nicht. Ihre Idee beispielsweise, die mit dem Zaubersack, wenn Sachen nicht aufgeräumt werden, habe ich ausprobiert. Das funktioniert nicht. Es bleibt alles ein Saustall.»

Britta Thomas, Mutter des 13-jährigen René: «Er arbeitet überhaupt nicht mit. Er lässt mich ständig auflaufen, und irgendwann habe ich die Schnauze voll. Dann geht das ganze Spiel von vorne los.»

Tatsächlich lässt sich konsequentes pädagogisches Handeln nur dort produktiv und kreativ umsetzen, wo es um die Klärung eines Sachkonfliktes geht – sei es beim Aufräumen, bei der Bummelei, der Mithilfe im Haushalt, der Ausgehzeit, dem Besuch bei Freunden, der Fernsehdauer, dem Umgang mit dem Computer usw. An der Klärung eines Sachkonflikts sind zumeist alle Beteiligten äußerst interessiert.

Aber nicht immer geht es bei Grenzüberschreitungen um die Klärung eines sachlichen Problems, manchmal verbirgt sich hinter dem Konflikt um eine Sache – z. B. dem aus der Sicht der Eltern maßlosen Computergebrauch – ein Beziehungskonflikt. Anders ausgedrückt, der Pubertierende stört, missachtet – bewusst oder unbewusst – Regeln, um Aufmerksamkeit zu erhalten, um die Unangemessenheit einer Konsequenz aufzuzeigen, oder will sich schlichtweg an den Eltern rächen.

«Aber woran erkenne ich», fragt Arthur Metzger, Vater des 13-jährigen Falk, «ob ich in einem Beziehungsclinch stecke oder ob es mir und meinem Sohn um eine Auseinandersetzung bezüglich einer Sache geht. Seit Wochen gibt es bei uns Streit um die Fernsehdauer. Es gibt Absprachen, dass er spätestens um 21.00 Uhr damit aufhört, dann zu Bett geht. Das funktioniert aber nur noch mit Druck oder einer Konsequenz: Wenn er die Grenzen missachtet, darf er am nächsten Tag weniger sehen!»

«War Falk mit der Regel einverstanden?», frage ich den Vater. Er nickt.

«Wann haben Sie die Absprache getroffen?»

«Vor zwei Jahren!» Er stockt kurz. «Und in der ersten Zeit klappte es hervorragend. Ich war stolz, eine Lösung gefunden zu haben. Aber seit einiger Zeit ist es wie verhext!»

«Was meinen Sie», frage ich den Vater, «kann Ihr Sohn die Grenze nicht einhalten oder will er sie nicht zur Kenntnis nehmen?»

«Er will nicht», sagt er spontan.

«Wenn er das nicht will, was will er denn?»

Er zuckt mit den Schultern: «Wenn ich das bloß wüsste!» Er wirkt irritiert: «Er bekommt doch alles!»

«Ihr Sohn will gewiss nicht alles», sage ich ihm, «er will etwas Bestimmtes, was ihm momentan fehlt!»

«Aber wie soll ich das herausbekommen?» Der Vater runzelt die Stirn.

«Was bekommt Falk, wenn er stört, z. B. länger fernsieht?»

«Na ja, meinen Ärger, meine Wut …»

«… also Aufmerksamkeit, Zuwendung!»

«Aber die hat er doch genug!»

«Ich glaub, Sie haben Recht, Sie geben ihm jede Menge Zuwendung. Aber vielleicht in speziellen Momenten nicht die, die er dann haben möchte! Was meinen Sie, worauf will Falk aufmerksam machen?», will ich vom Vater wissen. Herr Metzger ist ratlos. «Sie haben», so versuche ich ihm auf die Sprünge zu helfen, «die Regel vor zwei Jahren aufgestellt. Da war Falk noch jünger, brauchte mehr Anleitung, Führung, und nun …»

Falks Vater unterbricht mich: «Falk ist gewachsen, größer geworden, selbständiger. Soll ich die Grenze 21.00 Uhr aufgeben? Bin ich da zu hart, zu engherzig?»

«Nur nicht das Kind mit dem Bade ausschütten. Aber vielleicht über eine neue Grenze nachdenken und vor allem Falk an dieser Festlegung beteiligen.»

Ein paar Wochen später erzählt mir Arthur Metzger, man habe vereinbart, dass sein Sohn wochentags nach wie vor um 21.00 Uhr «mit dem Fernsehen aufhört, aber eine begonnene Sendung zu Ende sehen darf. Er kann freitags und samstags länger sehen, aber nur, wenn die Sendung altersgemäß ist.» Nachdem sie diese neue Vereinbarung getroffen hätten, sei es nicht mehr zu diesen Provokationen – «von ein oder zwei Ausnahmen abgesehen» – gekommen. «Und was haben Sie daraus gelernt?»

«Wenn Falk mal wieder seine provokative Tour hat, nicht blind an Konsequenzen festhalten, sondern zu schauen, ob er mir durch sein Handeln etwas sagen will.»

Diese Situation, die sich zweifellos auf manch andere alltägliche konfliktbeladene Erziehungssituation übertragen lässt, enthält wichtige Hinweise auf einen konstruktiven Umgang mit Konsequenzen. Wenn Heranwachsende sich nicht auf Konsequenzen einlassen, vielmehr augenscheinlich an der Aufrechterhaltung einer Störung interessiert sind, dann ist zu fragen: *Kann* der Heranwachsende die Grenze bzw. Konsequenz nicht einhalten? Oder *will* er sie nicht einhalten?

Bejaht man die erste Frage, so ist zunächst über die Angemessenheit der Konsequenz nachzudenken. Wenn Eltern vorschnell mit überzogenen Konsequenzen auf eine Regelverletzung reagieren, dann führt dies bald zur Entmutigung bei Heranwachsenden. So etwas zieht eine «Ist-mir-doch-alles-egal»-Haltung nach sich und endet in gegenseitigen Schuldvorwürfen.

Mario, 12 Jahre, spielt gern am Computer. Diese Zeit ist auf 2 Stunden pro Tag begrenzt. Missachtet er diese Regel, so gilt für zwei Tage das Verbot, den Computer zu benutzen. Sollte er in dieser Zeit gegen die Konsequenz verstoßen, so darf er 14 Tage lang nicht an den Computer. Mario war mit der Absprache einverstanden, ohne sich dabei wohl über die Länge dieses Zeitraums im Klaren zu sein.

Als er gegen die Absprache verstieß, wurde das Computer-Verbot auf 2 Wochen ausgedehnt. In der Folge drehte sich jedes Gespräch in der Familie Beier um den Computer. Es gab kein anderes Thema mehr. Das Familienklima war stark belastet.

Der Versuch der Eltern, sich konsequent zu verhalten, hat hier das Gegenteil bewirkt. Konsequenzen werden dann als Strafe empfunden, wenn sie den Jugendlichen überzogen erscheinen. Aus Marios Sicht kam das konsequente Verhalten seiner Eltern einer Niederlage gleich. Er rächte sich durch ständig neue Regelverletzungen. Am Ende gab es nur Unterlegene.

Bedenken Sie deshalb: Wenn konsequentes Verhalten ein störendes Verhalten nicht beendet, überlegen Sie, ob die Konsequenz sich aus der Sicht Ihres Kindes als überzogen, nicht nachvollziehbar darstellt.

«Aber», so kritisiert Marios Mutter, «mein Sohn war doch mit der Absprache einverstanden!»

«Manchmal», erwidere ich, «übersehen Heranwachsende nicht, welche wirkliche Bedeutung natürliche Folgen haben!»

Deshalb: Halten Sie nicht an Konsequenzen fest, die nicht funktionieren! Setzen Sie nur jene Handlungen fort, die positive Folgen haben. Schließlich sollten Sie vom guten Willen, von der Kooperationsbereitschaft Ihres Kindes ausgehen. Anders ausgedrückt: Deuten Sie es nicht nur und ausschließlich als Provokation und Zeichen des Nichtwollens, wenn Ihr Kind sich an getroffene Absprachen nicht hält.

Kommen Sie allerdings nach sorgfältiger Prüfung zu dem Ergebnis, dass Ihr Kind die getroffene Absprache einhalten kann, es aber nicht will, dann ist es gleichfalls wenig opportun, an Konsequenzen festzuhalten. Offenkundig hat Ihr Kind dann kein Interesse daran, die Regelverletzung abzustellen, will daran festhalten, um auf sich aufmerksam zu machen.

Es ist dann Ihre Aufgabe, herauszufinden, auf was der Heranwachsende durch sein Handeln hinweisen will. Einige Motive kommen besonders häufig vor – zwei sind im Handeln von Falk und Mario deutlich geworden:

- Durch Grenzüberschreitungen und Missachtung logischer Folgen weisen Heranwachsende darauf hin, dass bisherige Regeln nicht mehr passen, Grenzen zu modifizieren sind, mehr Mitsprache und Eigenständigkeit eingefordert werden. Die enormen körperlichen sowie geistig-seelischen Veränderungen, die Pubertierende zwischen dem 11. und 18. Lebensjahr durchmachen, machen ständige Veränderungen bei Absprachen notwendig, wollen diese nicht zu einem starren Regelwerk verkommen, an dem Eltern dogmatisch festhalten.
- Wenn Heranwachsende Absprachen als unangemessen empfinden, etwas nicht nachvollziehen und im Alltag umsetzen können, dann deuten sie Konsequenzen als Strafe und reagieren entmutigt. Das kann sich in überangepasstem Verhalten, beleidigt-gekränktem Rückzug oder wütend-aggressiver Selbstbehauptung zeigen.

- Die Übertretung von Regeln kann ein Versuch sein, auf unbefriedigende und unklare Lebenssituationen hinzuweisen. Störungen stellen einen Machtkampf zwischen Eltern und Heranwachsenden dar.
- Absprachen und die natürlichen Folgen sollten für alle Beteiligten gelten – auch für die Erwachsenen. Empfinden Heranwachsende Konsequenzen als einseitig gegen sie gerichtetes Mittel, werden sie sich nicht darauf einlassen. Partnerschaftlichkeit ist wichtig. Konsequenz in der Erziehung braucht die gemeinsame Anstrengung. Es gilt nicht nur das unangemessene Verhalten des Pubertierenden, sondern auch das der Eltern zu begrenzen.

Heinz Schade, Hauptschullehrer, berichtet von einem 13-jährigen Schüler. «Horst macht so ziemlich jeden Scheiß. Er fällt immer auf. Wenn's bei mir in der Klasse mal ruhig ist, dann fehlt er bestimmt!» Heinz Schade mag den Jungen, weil er kreativ ist, auch sehr sensibel und sozial engagiert.

«Aber wenn der seinen Durchdreher bekommt, dann ist es schlimm, dann erreichst du ihn kaum.» Er verletzt zwar niemanden, aber er knallt dann Türen so, dass sie kaputtgehen, er schreit laut um sich, spuckt in den Flur, sprüht Graffiti. «Diese Ausraster kommen wirklich regelmäßig!» In der Schule hat man schon vieles versucht – «mit klaren Konsequenzen und so, die hält er auch ein. Horst musste Türen reparieren, Graffiti abwaschen – aber am nächsten Tag geht alles von vorne los. Er wird allmählich ein Fall für das Jugendamt. Und das möchte ich nicht!» Ich frage, ob er eine Idee habe, warum Horst so handelt. Heinz Schade meint: «Vielleicht hat es mit der Trennung der Eltern zu tun!» Aber dann überlegt er nochmals und verwirft diesen Erklärungsversuch gleich wieder: «Aber die haben sich in aller Freundschaft getrennt. Der Horst hat's eigentlich gut, weil, mal ist er bei der Mutter, dann beim Vater. Er kann sich das richtig aussuchen! Ich verstehe das nicht, warum er so ist!»

«Wann stört Horst nicht?», will ich wissen. «Gibt es Ausnahmen?»

Der Lehrer überlegt: «Eigentlich stört er immer!» Er bekräftigt diese Einschätzung nach einer kurzen Pause: «Immer!»

Ich bitte ihn, zu überlegen, wann Horst das letzte Mal nicht auffällig war.

«Lassen Sie mich nachdenken ... Vorletzte Woche ging's drei Tage gut! Aber davor war es besonders schlimm. Die Eltern mussten sogar kommen. Da musste eine Grenze her!»

«Die Eltern? Ich denke, die leben getrennt», frage ich nach.

«Ja, schon!», meint der Lehrer. «Wenn's besonders schlimm ist, dann kommen beide!»

Heinz Schade ist der Meinung, dass die Eltern mit Horst zu einem Beratungsgespräch zu mir kommen sollten. Er teilt dies allen Beteiligten mit, die einverstanden sind. Nach zehn Tagen ruft er mich an, die Beratung sei fast überflüssig, Horst störe überhaupt nicht mehr. Er sei wie verwandelt, allein die Ankündigung habe schon eine Veränderung bewirkt. «Der meint wohl, Sie lesen ihm dann die Leviten!» Ich bestehe weiterhin auf dem Gespräch, auch weil die Eltern und Horst dieses unbedingt wünschen.

Als die drei kommen, setzen sich die Eltern auf ein Sofa, Horst sitzt ihnen gegenüber. Ich eröffne das Gespräch: «Glückwunsch, Horst, du bist sehr stark!»

Er ist etwas irritiert: «Wieso?»

«Du schaffst es immer wieder, deine Eltern zusammenzuführen!» Horst lächelt, als ob er sich verstanden fühlt. «Du möchtest, dass sie wieder zusammenleben?» Er nickt: «Die verstehen sich doch so gut.» Er schaut seine Eltern an, die sich ihrerseits irritiert anblicken.

«Warum muss Papa denn kilometerweit weg wohnen, wenn die sich so gut verstehen?», fragt er mich.

Ich breche hier die Schilderung ab. In der Ehe der Schuberts habe es «schon bald nach der Geburt gekriselt. Wir verstanden uns nicht. Waren einfach zu unterschiedlich», erzählt Horsts Mutter. «Aber wir wollten so lange wie möglich zusammenbleiben, wegen Horst. Wir waren der Meinung, dass er später, wenn er erst einmal in der Pubertät ist, unsere Trennung besser verkraften könnte.»

Der Vater ergänzt: «Dann haben wir uns geschworen, uns freundschaftlich zu trennen, kein böses Wort übereinander zu verlieren!»

Als Horst das hört, meint er ganz selbstbewusst: «Und ich hab euch immer gefragt, ob ihr euch noch gern habt. Ihr habt ja nie miteinander gekuschelt. Dafür hab ich immer gesorgt!» Seine Mutter erinnert sich daran, wie schon der kleine Horst Kuschelrituale inszeniert habe, um seine Eltern zusammenzuführen. «Wir haben's mit uns machen lassen!» Sie sieht mich an. «Jetzt fange ich an zu begreifen: Später war's nicht mehr das Kuscheln, da war's dann wohl die Wut!»

Ich wende mich an Horst: «Du sorgst gut für dich!»

«Und wie!», ruft er selbstbewusst.

«Und was sollen wir tun?», fragt die Mutter.

Ich schaue sie an: «Ihm sagen, ihm zeigen, dass Ihr gemeinsamer Weg endgültig zu Ende ist, Ihre Partnerschaft keine Zukunft hat!»

Wir vereinbaren Beratungsgespräche, die Horst zeigen sollen, dass es nicht seine Aufgabe ist, die Ehe der Eltern zu reparieren. Wir erarbeiten Rituale, die Horst die Trennung seiner Eltern begreiflicher machen. Dazu gehört vor allem eine klare Besuchsregelung. Horst wirkt zunehmend erleichtert, ja, es scheint, als sei eine Last von seinen Schultern genommen. Er fühlte sich, wie er erzählte, für das Scheitern der Ehe seiner Eltern schon als kleines Kind verantwortlich. Daher startete er vergebliche Versuche, die Partnerschaft seiner Eltern zu retten.

Die schulischen Störungen ließen allmählich nach, dieses Verhalten hatte seinen Sinn für Horst verloren. Als die Beratung zu Ende ging und wir über den eingeschlagenen Weg nachdachten, meinte Horst: «Meine Eltern hätten es einfacher haben können. Warum haben sie mich nicht für voll genommen und mich wie ein kleines Kind behandelt?» Dann lächelt er mich an: «Aber wenn alle richtig handeln, verdienen Sie ja auch kein Geld!»

Diese Geschichte lässt sich mit ihrer spezifischen Problematik nicht verallgemeinern, aber sie verdeutlicht einen durchaus symptomatischen Aspekt: Wenn Heranwachsende Interesse daran haben, fortdauernd Grenzen zu überschreiten, dann geht es ihnen um Aufmerksamkeit. Unter solchen Bedingungen wirkt sich konsequentes Handeln kontraproduktiv aus. Dann gilt es, danach zu schauen, welche Bedeutung das auffallende Verhalten für den Pubertierenden hat. Oder anders formuliert: Es geht den Jugendlichen darum, angemessene Aufmerksamkeit zu erhalten. Und finden Jugendliche in ihrer Nahwelt keine gültige Antwort, dann fallen sie durch negatives Verhalten so lange auf, bis Geheimnisse gelüftet sind.

Wilhelm Horstmann war mit seinen pubertierenden Söhnen, Bernhard, 13, und Knut, 11 Jahre, auf einem Elternseminar. Herr Horstmann stellte sein Problem vor: Seine Söhne verhielten sich am Tisch wie Schweine: Schimpfworte, ungehemmtes Rülpsen und flegelhaftes Benehmen.

«Macht so 'n Spaß», meint Bernhard, «Papa sieht alles so eng.» Und Knut bemerkt mit Durchblick: «Der denkt, wir machen das bei anderen auch so. Stimmt aber nicht. Der traut uns nur das Schlimmste zu!» Auf meine Frage, wie lange sie das noch so treiben wollen, kommt Bernhards spontane Antwort: «Bis Papa auch mal rülpst!» Und Knut fällt ein: «Papa soll einmal Spaghetti mit den Händen essen!» Wilhelm Horstmann verdreht die Augen, sieht seine sauberen Finger an, schüttelt unmerklich den Kopf. Nach einigen Überlegungen treffen wir eine Vereinbarung: Die Familie absolviert vor dem Essen ein – wie die Söhne es nennen – «Schweineritual»: rülpsen, Schimpfworte sagen. «Dann sind wir sauber», meint Bernhard. «Hoffentlich hilft's!», kommentiert der Vater und bedingt sich aus, nicht beim Ritual anwesend sein zu müssen. – Die Söhne versprachen, dann am Tisch die Störungen zu unterlassen. Einmal in der Woche findet ein «Ritteressen» statt – dort darf so gegessen werden, wie man es den mittelalterlichen Vorfahren zuschreibt. Einzige Bedingung: Die Söhne müssen Küche und Essecke selber reinigen. «Aber ich spiele den vornehmen Grafen», insistiert der Vater. Acht Wochen später erklärt Wilhelm Horstmann, das Essen verlaufe in absolut geordneten Bahnen. Das «Schweine»-Ritual vor dem Essen konnte nach nur 14 Tagen abgesetzt werden, das Ritteressen jedoch erfreute sich nach wie vor großer Beliebtheit.

Während Wilhelm Horstmann seine positiven Erfahrungen darstellt, fällt ihm Uwe Weier unwirsch ins Wort: «Hören Sie bloß auf!» Dieses Mal hat er seine beiden Söhne mitgebracht, Christian, 13 Jahre, und Nico, 11 Jahre. «Ich hab es auch versucht mit diesen Vorschlägen von Herrn Rogge, denn bei uns ging's ja genauso zu wie bei der Familie Horstmann. Also führte ich Schweinerituale und Ritteressen ein. Aber alles wurde nur schlimmer: Meine Söhne rülpsen nicht nur weiter, nun furzen sie auch noch und pöbeln sich an. Das Ganze ist eskaliert. Jeden Tag gab es ein Ritteressen. Ich hab sie durch meine Vorschläge erst auf neue Ideen gebracht. Grauenhaft! Von wegen vornehmer Graf sein, wie Sie eben sagten, Herr Horstmann, ich kam mir vor, als ob ich ständig auf einem Plumpsklo sitze und im Kot wate.» Während Uwe Weier erzählt, grinsen sich seine Söhne an.

«Hat er Recht?», frage ich die beiden. Sie lachen: «Voll!»

«Sie mit Ihrer Konsequenz», entrüstet sich der Vater. «So ein Scheiß!»

«Was muss passieren, damit ihr aufhört?», frage ich Nico und Christian.

«Er muss aufhören, uns beim Essen Vorträge über den Sinn des Lebens zu halten», antwortet Nico wie aus der Pistole geschossen, und sein Bruder ergänzt: «Und nicht immer darüber reden, wie schlecht die Jugend von heute ist und ob wir gar nicht wüssten, wie gut es uns geht!» Ihr Vater sinkt in sich zusammen: «Dabei meine ich es doch nur gut!» Seine Kinder stöhnen laut auf: «Jetzt kommt das Wort zum Sonntag. Wenn wir zu Hause wären, käme Vortragsvariante 21 a: Ich meine es nur gut mit euch!»

Nico und Christian hatten mithin kein Interesse daran, ihre Störungen zu unterlassen, weil sie Mittel zum Zweck waren: Denn wenn sie ruhig wären, würde der Vater ihnen moralische Vorträge halten. Deshalb zeigten sie kein Interesse daran, neue Absprachen und Regeln zu erarbeiten. Sie benutzten die Vorschläge ihres Vaters vielmehr zur Erweiterung ihres Störpotenzials. Erst als ihr Vater während des Essens auf moralische Belehrungen verzichtete und stattdessen seinen Söhnen zuhörte, ließen die Störungen von Nico und Christian an der Familientafel recht schnell nach.

Überlegen Sie, ob es sich bei Ihnen um einen Sachkonflikt – wie bei der Familie Horstmann – oder um einen Beziehungskonflikt handelt. Beziehungskonflikte lassen sich nicht durch konsequentes Verhalten lösen, sondern nur, wenn man nach dem Sinn der Störungen fragt.

Konsequenzen-«Killer»

Konsequenzen-Killer Nummer eins: «Was sagen die anderen wohl über mich?» – «Ich bemühe mich schon sehr darum», sagt die Mutter der 14-jährigen Jessika, «nicht unendlich zu reden und immer zu erklären. Aber es bereitet mir riesige Mühe, konsequent zu sein!» Sie beschreibt eine alltägliche Situation: Jessika hat die Angewohnheit, ihre Kleidung, Pullover, Blusen und Hosen, gleichgültig zu behandeln.

«Sie geht völlig achtlos damit um. Die Kleidungsstücke liegen auf dem Boden herum», erzählt sie weiter, «verschmutzen, zerknittern. Und ich bin die Putz- und Waschfrau meiner Tochter. Ich habe dann die Arbeit.»

«Und wie geht die Geschichte weiter?», frage ich.

«Tja, neulich habe ich zu Jessika gesagt: ‹Jessika, Sachen, die du verschmutzen lässt, wasche und bügle ich ab übermorgen nicht mehr. Das kannst du dann selber machen. Hast du mich verstanden, Jessika?›»

Jessika habe genickt und war offensichtlich einverstanden. «Aber», so die Mutter, «Jessika hat auch so hintergründig gelächelt. Die dachte wohl, ich halte das nicht durch.»

«Wie lange haben Sie das durchgehalten?», frage ich die Mutter.

«Drei Wochen!» Sie schaut verblüfft drein. «Drei Wochen, länger nicht. Als Jessika 14 Tage lang in denselben Jeans, denselben vergammelten Pullovern oder in den abenteuerlichsten Kleidungskombinationen in die Schule rannte oder was weiß ich wohin, da hab ich's nicht mehr ausgehalten, und ich hab ihre Sachen wieder gewaschen und gebügelt.»

Jessika habe sich zwar «artig» für die Bemühungen bedankt, doch in ihrem Dank, so die Mutter, «lag auch Triumph, so als wolle sie sagen: ‹Siehste, Mama, ich hab doch die besseren Nerven!›»

Was sie bewogen habe, frage ich die Mutter, ihr konsequentes Verhalten aufzugeben. Sie weiß das ganz genau: «Was wohl die anderen über mich denken werden. Dass ich eine Rabenmutter bin, dass ich meiner Erziehungsaufgabe nicht nachkomme, was weiß ich …»

Aus meinen Gesprächen mit Eltern Pubertierender weiß ich, dass viele Eltern durchaus bereit sind, konsequent zu handeln, aber dass sie häufig einknicken. Und zwar nicht unbedingt, weil sie sich selbst schlecht fühlen, sondern weil sie sich im erzieherischen Handeln von der Meinung anderer abhängig machen – von den Großeltern, den Schwiegereltern, von den Nachbarn oder den Freunden. Meine Erfahrung ist: Tun Sie das nicht! Tun Sie das auf gar keinen Fall! Tun Sie das doch, dann sollten Sie etwa alle drei Monate umziehen. In diesem kurzen Zeitraum ist der Ruf in der Regel ruiniert. Meine dringende Empfehlung lautet: Bleiben Sie am Ort, und bleiben Sie konsequent. Denn wenn Ihre Kinder erst einmal erkannt haben, dass für Sie die Nachbarn, die Freunde, die Großeltern oder die Verwandten wichtiger sind, dann sind Sie ein Spielball in den Händen der Pubertierenden.

Wenn man sich im erzieherischen Handeln von anderen abhängig macht, hat das problematische Folgen. Auf ein paar will ich hinweisen:

- Wenn Sie im Alltag nicht so handeln, wie Sie es fühlen oder es intuitiv möchten, dann spürt der Heranwachsende: Nicht ich bin wichtig, sondern es sind andere, die für meine Eltern größere Bedeutung haben. Meine Eltern handeln jetzt nur so, weil sie von anderen Anerkennung haben wollen.
- Wer sich in seinem pädagogischen Handeln von anderen abhängig macht, ist häufig darauf aus, möglichst perfekt und fehlerfrei zu wirken, oder will oberflächliches Lob von anderen erhaschen – nach dem Motto: «Seht mal, wie gut ich das mache!» Wer mit Pubertierenden zu tun hat, der hat Glück, wenn er einmal am Tag richtig handelt. In der Regel sind die Tage mit Pubertierenden mehr von den Mühen der Ebene als vom Glück der Höhen gekennzeichnet. Sollten Sie gar zwei oder drei Glücksmomente an einem Tag erleben, dann wäre dies ein Zaubertag, an dem Sie sich abends unbedingt belohnen sollten.

Konsequenzen-Killer Nummer zwei: «Alle anderen dürfen das!» Eltern, die mit dem Blick auf andere pädagogisch handeln, leben ihren Kindern ein problematisches Vorbild vor: Nur wenn du anderen gefällst, bist du anerkannt. Dieses Modell ahmen Pubertierende gern nach. Sie drücken das dann so aus: «Alle anderen dürfen, nur ich nicht!» Oder: «Dann kann ich ja gleich ausziehen!» Mit solchen Sätzen testen die Heranwachsenden ihre Eltern aus. Sie handeln häufig nach dem Modell von Versuch und Irrtum – nach dem Motto: «Mal sehen, was passiert, wenn ich diesen Satz sage!»

Die allein erziehende Mutter des 14-jährigen Thomas genehmigt ihrem Sohn den Disco-Besuch am Samstagabend, erwartet aber eine pünktliche Rückkehr. «Um 10 bist du hier!» Thomas zieht eine ärgerliche Grimasse.

«Um 11!»

«Du hast mich verstanden!», beharrt die Mutter.

«Warum um 10?»

«Ich hab's dir häufig erklärt, weil ich für dich verantwortlich bin!»

Thomas überlegt: «Aber alle anderen dürfen auch!»

«Wer?», fragt die Mutter.

«Na, Anne, Martin, Rita … alle eben!»

«Ich ruf mal Martins und Annes Mutter an. Das möchte ich wirklich von denen hören.»

Thomas' Stimme überschlägt sich: «Du glaubst mir wohl nicht, was? Du glaubst mir wohl nicht? Du bist gemein! Ruf da bloß nicht an!» Thomas redet sich in Rage: «Dann kann ich ja auch ausziehen. Bei Papa darf ich sowieso viel mehr als bei dir!»

Wütend verlässt er den Raum.

Beim Abendessen greift die Mutter die Auseinandersetzung vom Nachmittag auf: «Thomas, ich mag dich! Ich denke, das weißt du. Ich kann dich aber nicht daran hindern auszuziehen. Aber durch diesen Satz fühle ich mich unter Druck gesetzt!»

Sie sieht ihren Sohn fest an: «Ich erwarte dich um 10 Uhr!» Als Thomas das Haus verlässt, verabschiedet er sich mit den Worten: «Bis nachher!» Er war pünktlich um 22.00 Uhr zu Hause.

Konsequentes Handeln bringt keine klebrige Harmonie mit sich. Konsequentes Handeln bedeutet Klarheit und Offenheit und schließt den Konflikt und die Auseinandersetzung ein.

Konsequenzen-Killer Nummer drei: «Du bist ungerecht!» Elsa Friedrich erzählt auf einem Seminar, dass sie sich lange Zeit von einem Satz beeinflussen, ja geradezu tyrannisieren ließ: «Du bist ungerecht, Mama!»

«Wenn ich diesen Satz hörte, versetzte mir das einen Schlag in die Magenkuhle. Ich spulte dann meine ganze Wohltätigkeitsnummer ab. Mit beleidigtem Gesicht zählte ich meinem Sohn auf, warum dieser Satz gemein sei: Ich bin für dich aufgestanden! Ich bügele deine Wäsche! Ich mache Frühstück! Ich fahre dich bei Regen in die Schule! usw. usw. Aber dieses Beleidigte-Leberwurst-Sein zog nicht! Und ich gab wieder klein bei!»

«Und wie haben Sie das geändert?»

«Eines Tages hatte ich die Schnauze voll!» Sie lächelt: «Maik, mein Sohn, sollte nicht so lange bei Freunden sein. Er feilschte mit mir um jede Minute. Und dann schleuderte er mir wieder den leidigen Satz entgegen: ‹Du bist einfach ungerecht, Mama!› ‹Das stimmt›, habe ich ihm gesagt. ‹Vor dir steht die ungerechteste Mutter dieser Stadt!›

Er stutzte und staunte. Und da zog ich aus der Schublade ein Plakat, auf dem stand: ‹Mehr Rechte für die ungerechten Mütter dieser Stadt!› Maik war sprachlos. ‹Damit gehe ich nachher auf die Straße demonstrieren, Verenas Mutter kommt mit, und die Mütter von Juliane und Sven sind auch dabei. Wir stellen uns vor die Kirche. Wir werden einen Riesenzulauf haben!›»

«Du spinnst wohl!», schleudert ihr Maik entgegen.

«Wieso?»

«Was sollen denn die anderen über mich sagen? Die kommen mir dann doch so: Du hast 'ne völlig durchgeknallte Mutter!»

«Was sagt ihr denn jetzt über Mütter wie mich? Wahrscheinlich doch so was: Du musst der nur mit der Gerechtigkeitsnummer kommen, ein bisschen am Helfersyndrom kratzen, und schon schaltet sie ihr Gehirn aus.»

«Mama, sag mal, spinnst du?»

«Ich bin völlig klar. Ich ruf jetzt Verenas Mutter an – und dann geht's los.»

Maiks Gesicht bekommt einen hektischen Ausdruck: «Ich sag das nicht mehr! Ehrlich!»

«Und wenn?»

«Dann darfst du demonstrieren!» Er nimmt das Plakat und will es zerreißen: «Das brauchst du jetzt nicht mehr!»

«Hoffentlich nicht! Aber gib es mir her, ich will es behalten, aber am besten, du hängst es in deinem Zimmer auf, Maik!»

«Dann sehen meine Freunde das doch!» Die Mutter zuckt mit den Schultern. Als Maik das Zimmer verlässt, meint er: «Das war früher mal so einfach hier!»

Heranwachsende wissen um die Reaktionen von Eltern bei störendauffälligem Verhalten. Viele Mütter und Väter handeln impulsivspontan: Sie schimpfen, schreien, leiden mit, trösten, ziehen sich zurück, reagieren beleidigt … Meist sind solche Gedanken verständliche Reaktionen, jedoch nicht dazu angetan, konstruktive Lösungen herbeizuführen. Manchmal kommt es eben darauf an, das Nichterwartete, das für den Heranwachsenden Überraschende zu tun.

Nicht nur die Kinder
kommen in die Pubertät...

Teil II

«Wenn ich mir überlege», so Marga Sommer, «dass ich nun 51 bin, der letzte Sohn ist bald aus dem Haus, dann überkommt einen schon ein mulmiges Gefühl. Das tut doch weh. Irgendwie hast du als Mutter ausgedient.»

Irene Neubert nickt: «Ich hab zwar einen Beruf. Aber das Haus wird leer sein, kein Leben mehr drin. Ich glaub, manchmal werde ich mich nach dem Stress mit meinen drei Kindern zurücksehnen. Aber man muss ja auch was tun, nur sitzen bleiben und traurig sein – das hilft ja keinem.»

Mechthild Franz lacht: «Wir gehören ja nicht zum alten Eisen, obgleich wir nicht mehr die Frischesten sind. Aber ich bin jetzt 52, da hab ich noch 'ne lange Zeit vor mir. Und ich fühl mich auch nicht alt, obgleich die Falten um die Augen schon stärker werden.»

Wenn Eltern über die Pubertät ihrer Kinder, über ihren möglichen Auszug oder die bevorstehende Trennung reden, wird so manchem «schwindelig», wie es ein Vater ausgedrückt hat. Die Pubertät der eigenen Kinder zu beobachten und zu begleiten heißt, in einen Spiegel zu schauen: Eltern begegnen dort einerseits der eigenen Pubertät mit ihren Glücks- und Trauermomenten, mit erfüllten und misslungenen Lebensplänen. Andererseits erleben sie, wie sich körperliche Veränderungen nicht allein beim Heranwachsenden zeigen, sondern zugleich am eigenen Körper sichtbar werden. So wie die körperlichen Veränderungen den Heranwachsenden herausfordern, ein neues Selbstverständnis zu entwickeln oder neue Beziehungen, z. B. zu Gleichaltrigen, einzugehen, so bringen die körperlichen Veränderungen bei den Eltern Aufgaben mit sich, für die vor ihnen liegenden Lebensjahre eine neue Perspektive zu entwickeln.

Wenn auch Eltern in einem vermeintlich festen Rahmen leben, müssen sie ebendiesen Rahmen nun verändern, wollen sie nicht unbeweglich werden. Sonst drohen Stillstand und Leere. Die Entwicklung, die Eltern während der Krise zur Lebensmitte, populär und manchmal arg oberflächlich Midlife-Crisis benannt, durchleben, weist Ähnlichkeiten mit der ersten Pubertät auf. Man kann diese Phase, die die Eltern durchlaufen, auch als *zweite Pubertät* bezeichnen.

Auch wenn es parallele Entwicklungsprozesse gibt, darf man die gravierenden Unterschiede nicht unterschlagen: Während der Heranwachsende auf dem Weg ins Leben ist, werden Eltern mit der Endlichkeit des Seins konfrontiert. Mag man dies verdrängen, aber dann stößt man doch schmerzlich an die Grenzen der körperlichen Leistungsfähigkeit. Der Blick vieler Eltern richtet sich nun zunehmend nach innen, um – wie es die Psychotherapeutin Anna-Maria Hirsch nennt – «die inneren geistig-psychischen Wachstumsreserven» aufzuspüren und auszuleben.

Während in früheren Generationen die zweite Pubertät nicht selten das Altenteil, das Abgeschobenwerden bedeutete, haben heutige Eltern, deren Kinder gerade die Pubertät durchleben, noch Jahre und nicht selten ein Drittel des Lebens vor sich. Wer für diese Zeit den Gesichtspunkt körperlicher Leistungsfähigkeit überbewertet, wird schnell an Leistungsgrenzen stoßen, sie in Verkennung der Tatsachen überschreiten, krank werden oder sich als defizitär bzw. leer vorkommen. Wer diese Zeit nur perspektivlos als Auslauf des Lebens deutet, dessen Entwicklung wird stagnieren. Die sozialpsychologische Altersforschung hat immer wieder auf eine lebenslange Entwicklung des Menschen hingewiesen. Jeder Reifeabschnitt – und die zweite Pubertät kann so betrachtet werden – bringt neue Entwicklungsaufgaben mit sich, die herausfordern, denen es sich zu stellen gilt. Angelehnt an Überlegungen von Anna-Maria Hirsch, lassen sich vier zentrale Entwicklungsaufgaben benennen, die die Eltern in der zweiten Pubertät zu bewältigen haben:

1. die körperlichen Veränderungen zu akzeptieren und für die körperliche Gesundheit zu sorgen;
2. die Partnerschaft zwischen Mann und Frau neu zu bestimmen;
3. Perspektiven für die kommenden Jahre zu entwickeln – nach dem Motto: Bewährtes fortführen – Neues beginnen;
4. Sich von den Kindern zu lösen bedeutet, die Eltern-Kind-Beziehung umzugestalten.

M ein Mann», berichtet Mechthild Franz, die in diesem Buch schon einmal zu Worte kam, «tut immer noch so, als ob er dreißig sei. Er schuftet mehr, als er müsste, er beklagt sich über seine jüngeren Kollegen. Er will ihnen zeigen, dass er's noch mit ihnen aufnehmen kann. Aber es geht eben nicht. Pausen oder Urlaub gönnt er sich nicht. Stattdessen stichelt er über seine jüngeren Kollegen, die ständig ausruhen.» Sie macht eine Pause: «Aber ich bin ähnlich. Ich rackere und rackere, muss es mir beweisen. Es muss alles sofort erledigt werden. Wenn ich meine Tochter sehe, wie langsam die was macht, der kannst du im Gehen die Schuhe besohlen, dann kommt es mir hoch.» Sie stutzt: «Aber ob das nun richtig ist, wie ich es mache – langsam kommen mir da Zweifel.»

«Mein Mann», so Roswitha Beier, «misst sich ständig mit seinen Söhnen: Im Tischtennis gewinnt er nur noch knapp, beim Computer sind ihm die beiden haushoch überlegen. Wenn wir mal wandern, dann gibt er das Tempo vor, aber nachher sitzt er völlig ausgepumpt da. Er will es nicht wahrhaben, dass er einfach langsamer geworden ist, mehr Zeit zum Auftanken braucht.»

«Ich hab jahrelang morgens vor dem Spiegel gestanden», so Georg Steiner, «hab geguckt, ob meine Haare weniger werden. Und als die Schläfen grau wurden, hab ich sie gefärbt. Und wehe, einer machte sich über meinen Haarausfall lustig, dann konnte ich fuchsteufelswild werden.» Er lacht. «Es hat jahrelang gedauert, bis ich mich wieder leiden mochte. Davor habe ich mich verhalten wie ein Teenager, jeden Morgen vor dem Spiegel, um mich zu prüfen.»

Frauen kommen in die Wechseljahre, die Hitzewallungen, Schweiß, Herzrasen und körperliches Unwohlsein mit sich bringen. Bei mancher stellt sich zudem das Gefühl ein, das eine Mutter so auf den Punkt brachte: «Nun bin ich nutzlos, ich kann niemals mehr Kinder bekommen.» – «Das kann», erwiderte eine andere Frau, «doch auch schön sein. Nämlich nicht aufpassen zu müssen, nicht mehr zu verhüten.»

Auch beim Mann sind wechseljahrähnliche Beschwerden feststellbar: Stimmungsschwankungen, eine leichte, nervöse Reizbarkeit, Herz-Kreislauf-Beschwerden oder aufkommende Hitze. Haare fallen aus oder werden grau. Bei Männern wie bei Frauen erschlafft die Haut, sie wird faltig, die Sehkraft lässt nach, sodass manchmal eine Brille unerlässlich wird. Viele scheuen davor zurück, sie zu tragen, weil das ein Zeichen für zunehmendes Alter ist.

Gerade Männer sind vor Ausbruchsversuchen in der zweiten Pubertät nicht gefeit – insbesondere dann, wenn sie sich über Sexualität definiert haben. Gemeinsam mit dem Partner eine auch von Sexualität durchdrungene liebevolle Beziehung zu erhalten stellt eine vordringliche Aufgabe dar. Eltern, die diesen Bereich ausklammern, leben ihren Kindern ein problematisches Modell vor: «Sexualität gehört nicht mehr zu uns.» Eltern, die ihre Sexualität verdrängen, halten Heranwachsende, die sich in der Sexualität ausprobieren, ständig einen Spiegel vor. Die Auseinandersetzungen um dieses Thema haben eben auch damit zu tun, dass sie Verdrängtes wachrütteln.

Heranwachsende fühlen, die Partnerschaft ihrer Eltern sei eine Zweckgemeinschaft, wenn sie bei ihnen keine Zärtlichkeit oder liebevolle Umarmungen beobachten. Dann fällt es ihnen wesentlich schwerer, diese Eltern zurückzulassen, vermitteln sie ihnen doch so etwa das Gefühl, ohne Kinder keinen Lebensinhalt mehr zu haben.

Viele Väter und Mütter sind bei der Kindererziehung völlig in ihrer Rolle aufgegangen, haben sich nur in der Elternschaft wahrgenommen, so als gebe es kein Leben jenseits des Vater- und Mutterseins. Manchmal beobachte ich gar, dass Paare sich nicht mehr mit ihren Vornamen ansprechen – immer häufiger schleicht sich ein, dass Väter ihre Frauen mit «Mutti», Mütter ihre Männer mit «Papa» anreden.

Wenn die Kinder in die Pubertät kommen, so verändern sich die elterlichen Aufgaben. Eltern stellen fest: Erziehung ist nicht alles. Und diese Entdeckung macht manchmal Angst. Man fürchtet sich davor, plötzlich mit leeren Händen dazustehen. Dieser Angst ist nur offensiv zu begegnen, indem man die Beziehung neu gestaltet, als Paar veränderte Umgangsformen entwickelt, sodass aus dem Partner ein Begleiter, aus der Partnerin eine Begleiterin wird. Beide Partner sollten sich vorstellen können, auch den zukünftigen Weg gemeinsam zu gehen, zusammen alt zu werden. Verabschieden sich Eltern nicht von ihrer

Rolle und interpretieren diese neu, stellt sich das Gefühl von Leere ein. Die Perspektivlosigkeit wird durch ein starres Klammern an die Kinder ausgeglichen.

In Beratungsgesprächen fällt mir auf, dass nicht nur die Mütter schwer von ihrer Rolle lassen. Häufig haben Väter Probleme damit, sich dieser Entwicklungsaufgabe zu stellen und die Beziehung zu ihrer Partnerin neu zu gestalten.

«Ich habe letztes Jahr», so Erna Schneider, «mit meinem Mann den ersten Urlaub allein seit zwanzig Jahren gemacht. Die vier Kinder sind jetzt aus dem Haus. Sonst waren ja immer Kinder dabei – zumindest eines. Ich hab die Reise gebucht – acht Tage Teneriffa. Nicht länger. Ich hab mir nicht mehr zugetraut, weil ich richtige Angst hatte, diese Zeit mit meinem Mann gemeinsam auszuhalten. Aber dann war es schön, und wir haben noch eine Woche verlängert. Zuerst war es schon ungewohnt, so ohne Kinder – aber dann ging es zunehmend besser.»

«Wir haben es anders gemacht», ergänzt Rosemarie Willems, «wir haben schon sehr früh begonnen, bestimmte Wochenenden allein, ohne die Kinder, zu verbringen. Später, als sie so zwischen zehn und dreizehn waren, sind wir öfter mal eine Woche allein fortgefahren. Und dies regelmäßig. Wir haben diese Zeit genossen. Und die Kinder auch. Sie konnten dann bei den Großeltern ausleben, was sie zu Hause nicht durften, und hinterher haben wir uns alle gefreut auf das Wiedersehen. Wir sind dafür aber auch angefeindet worden: ‹Wie könnt ihr die Kinder allein lassen!› Wenn ein Kind dann mal krank wurde, hieß es: ‹Das kommt davon, weil ihr Rabeneltern seid.› Wir haben uns davon nicht verrückt machen lassen. Heute – die Kinder sind groß – kommen sie hin und wieder mit in den Urlaub, machen sogar Museumsreisen mit, die sie früher grässlich fanden.»

«Das hört sich schön an», klagt Almut Thewes voller Wehmut. «Bei uns geht nichts mehr. Neulich noch waren mein Mann und ich ohne Kinder im Urlaub – aber es endete wie immer: Wir fetzen uns, schreien uns an, ich renne heulend in den Wald. Unser gemeinsamer Urlaub sieht dann so aus: Jeder geht seiner Wege, wir sehen uns morgens beim Frühstück und dann beim Abendessen. Das nächste Mal fahre ich mit meiner Tochter in die Ferien. Sie macht sich um mich Sorgen, weil ich völlig fertig von den Reisen zurückkomme. Ob mein Mann mitkommt, weiß ich nicht.»

Wenn Eltern in ihrer Rolle erstarren

Heranwachsende haben Schwierigkeiten damit, wenn ihre Eltern in der Erziehung aufgehen. Sie spüren, dass Zuwendung und Liebe nicht bedingungslos, vielmehr mit Verpflichtungen verbunden sind: «Wir haben so viel für dich getan, nun bist du uns zur Dankbarkeit verpflichtet und hast für uns zu sorgen!» Oder: «Wenn es uns schlecht geht, dann bist du schuld. Du kümmerst dich nicht um uns!»

So werden Heranwachsende ans Haus gefesselt. Eltern machen es ihnen dann unmöglich, eigene Fähigkeiten zu entwickeln. Daraus entstehen Unzufriedenheit, Aggression, Zorn und Wut, die zugleich mit Schuldgefühlen verbunden sind.

Heranwachsende haben Respekt vor Eltern, die für sich sorgen und Verantwortung für sich übernehmen. Doch dies gelingt nicht von heute auf morgen. Das ist ein manchmal mühseliger Entwicklungsprozess, wie die nachstehende Situation zeigt:

Sabine Schröter ist 52. Zwei ihrer heranwachsenden Kinder sind schon ausgezogen, die jüngste Tochter, Yvonne, 21 Jahre alt, lebt noch im Hause. Die Mutter ist mit ihrer Tochter in der Beratung, «weil es ständig Krach gibt. Ich verstehe es nicht. Ich tue alles für Yvonne – aber ich glaube, da bin ich auch nicht uneigennützig.» Sie macht eine kurze Pause: «Ich möchte wohl, dass sie noch länger bleibt. Ich verstehe mich nicht, denn eigentlich habe ich es gut. Ein großes Haus, schöne Reisen, viele Gäste und Einladungen, Ansehen im Ort. Und den Kindern geht es prächtig, aber da sind diese Zweifel, diese Sorgen.»

«Welche Sorgen?», will ich wissen.

«Die Sorge, was kommt jetzt! Was bringt die Zukunft! Ich hab meinen Beruf aufgegeben, war Dolmetscherin. Es gab für mich nur die Kinder, die Erziehung. Da lagen auch meine Fähigkeiten. Ich glaube, ich habe meine Aufgabe gut gemacht. Aber nun sind sie groß, nun gehen sie!»

«Wenn Sie Yvonne aus Ihren Händen lassen, was sehen Sie dann in Ihren Händen?», frage ich sie.

Sie blickt auf ihre schlanken Hände und sagt nachdenklich: «Da ist nichts mehr drin. Das macht Angst!»

Yvonne, die bei diesem Beratungsgespräch anwesend ist, lacht ihre Mutter an, meint dann mit ernster Stimme: «Ich hab dir immer gesagt, mach was. Du hast so viele Ideen und Interessen!»

«Yvonne, du weißt, das ging nicht. Ich musste für euch da sein. Ihr solltet es gut haben. Da wollte ich nichts auf mir sitzen lassen!»

Yvonne verzieht ihr Gesicht: «Soll ich dich jetzt anbeten?»

«Yvonne, das verbitte ich mir!» Und zu mir gewandt: «Sehen Sie, so geht's häufig. Es fängt harmlos an, und dann eskaliert die Situation.» Sie wirkt ein bisschen fassungslos. «So ist es immer. Was hab ich nur falsch gemacht?»

Yvonne greift nach der Hand ihrer Mutter: «Du machst vieles richtig. Aber», sie räuspert sich, «ich bin nicht dein Ein und Alles. Ich bin Yvonne, und du bist meine Mutter. Aber du sollst doch nicht nur meine Mutter sein!»

«Was soll denn das schon wieder heißen?» Frau Schröters Stimme klingt unsicher, aber eine gewisse Empörung ist unüberhörbar.

«Was meinst du, warum Papa so viel arbeitet?», beharrt Yvonne. Sie wartet die Antwort ihrer Mutter auf diese Frage gar nicht ab: «Weil er dein ständiges Gerede über Sorgen wegen der Kinder, über mich nicht hören kann. Der will auch mal was anderes hören!»

Frau Schröter ist sprachlos.

Elterliche Selbstaufopferung ist keine Tugend, sie wird von manchen Heranwachsenden, wie von Yvonne, als Nötigung, als gefühlsmäßiges Unter-Druck-Setzen empfunden. Kinder spüren, wenn man sie als Mittel zum Zweck missbraucht. Oder anders ausgedrückt: Nur wenn es Eltern gut geht, geht es den Kindern gut. Dann gehen sie gern aus dem Haus. Und sie kommen gern zurück, um sich Rat zu holen.

Heranwachsende akzeptieren es, wenn Eltern für ihr eigenes Wohlbefinden sorgen, wenn sie ein Recht auf Intimität einfordern und Zeit für sich einklagen. Dann brauchen sich Söhne und Töchter nicht für die Eltern verantwortlich zu fühlen. Wenn sich Eltern nur als Eltern sehen, haben es Kinder schwer, ihre Beziehung zu Vater und Mutter auf eine veränderte Basis zu stellen.

«Haben Sie eine Idee, wie Sie Ihre leeren Hände füllen können?», frage ich Sabine Schröter. Sie zuckt ratlos mit den Schultern.

«Wollen Sie sie überhaupt füllen? Oder sollen sie leer bleiben?» Wieder ein Schulterzucken. Ich lege ihr nahe, darüber nachzudenken, ob sie ein Ziel anpacken möchte. In der nächsten Beratungsstunde berichtet sie, sie habe gemeinsam mit ihrem Mann über die Frage disku- tiert. Es sei ein «tolles Gespräch» gewesen. Und sie hätten sich etwas ausgedacht. Sie würde, weil sie mehrere Sprachen fließend spricht, nun fremdsprachige Stadtführungen machen, «aber nicht unentgelt- lich, ich bin etwas wert!» Ein halbes Jahr später arbeitet Sabine Schrö- ter als Stadtführerin und schreibt an einem Buch über ihr Stadtviertel, und Yvonne steht kurz vor dem Auszug.

Für Marie Weber kam der Auszug der Kinder äußerst abrupt: Ihr äl- tester Sohn, Tom, zog mit 19 Jahren aus, seine Schwester, Tanja, ein Jahr darauf. «Es entstand ein Loch. Ich bin immer noch in die Kinderzim- mer gelaufen. Hab da rumgeschaut, mich hingesetzt und mich an frü- her erinnert. Wenn ich die Bilder an den Wänden sah, habe ich daran gedacht, wie schön es war. Ich hab mich richtig in Selbstmitleid ge- flüchtet.» Marie Weber lebte zunächst so, als ob die Kinder im Hause wohnen würden. Sie veränderte nichts – weder ihren Tagesablauf noch die Aufteilung der Wohnung. Die ausgezogenen Kinder besuchten hin und wieder das elterliche Haus, «und alles war wie früher! Einfach schön! Aber ich war traurig, wenn sie dann wieder gingen!»

Marie Weber hatte nicht wirklich Abschied genommen. Ich machte ihr deshalb einen Vorschlag. «Haben Sie ein Frauenzimmer?», fragte ich sie. «Wie bitte?» Sie klingt einigermaßen irritiert. «Ein Zimmer nur für Sie!» Sie lächelt etwas hilflos: «Das Bügelzimmer, die Kü- che …» Sie schüttelt den Kopf: «Ich habe kein eigenes Zimmer im Haus!» – «Doch!», schmunzele ich: «Das Zimmer Ihres Sohnes!» Sie reagierte darauf spontan: «Aber das geht doch nicht! Der braucht doch seine gewohnte Umgebung, wenn er kommt!» Wie häufig der Sohn denn komme, will ich wissen. «Na, vielleicht alle acht Wo- chen!» Sie stutzt: «Und Sie meinen, ich soll das machen?»

Sechs Wochen später ruft sie mich an. Sie habe Toms Zimmer kom- plett ausgeräumt (er holte die Sachen ab, die er noch brauchte, ein Teil ist zunächst in den Keller gekommen), sie habe neu tapeziert, sich Mö- bel ausgesucht und an die Tür ein Schild gehängt: «Eintritt nur nach vorherigem Anklopfen!» «Und wie geht es Ihnen damit?» «Zuerst war's ungewohnt, jetzt fühl ich mich wohl!», antwortet sie. Sie habe vor, erklärt sie mir weiter, nun das Zimmer von Tanja als Gästezimmer umzugestalten. Wenn die beiden nun kämen, sind sie «gern gesehene Gäste, sie sind dann meine Gäste, die ich gerne umsorge!».

Ich treffe sie nach einem Jahr wieder: Marie Weber wirkt selbstbewusst, hat eine Umschulung begonnen. «Die Kinder kommen. Sie finden das mit dem Gästezimmer ausgesprochen gut. Zuerst war's schon eine Umstellung. Aber dann haute es hin. Allerdings hat Tom gemeint, ich könne alles verändern, nur das gemütliche Abendessen müsse bleiben, wenn er da sei. Er würde es auch zubereiten, wenn ich dazu keine Lust hätte. Aber das Abendessen, das müsse bleiben, sonst sei es nicht mehr wie zu Hause.»

Entwicklungen, die Eltern und Kinder in der Pubertät durchlaufen, bringen Krisen mit sich. Sie sind normal und kaum zu vermeiden. Aber Krisen stellen Herausforderungen dar, sie bieten Chancen für veränderte Lebensperspektiven. Wer die Kinder loslässt, hat die Hände frei für neue Aufgaben. Wer dagegen an eingefahrenen Traditionen festhält, klammert sich an die Kinder. Wenn man die Umgestaltung der Beziehung effektvoll inszeniert, stellt sich die Veränderung für alle Beteiligten sinnfälliger dar.

Ich hatte es betont: Nicht nur Frauen erleben körperliche und seelische Veränderungen der Wechseljahre, Ähnliches gilt für Männer. Nur gehen sie häufig andere Wege, um Kinder nicht gehen zu lassen. Ihr Mann, so erzählt etwa Patricia Meier, Mutter des 18-jährigen Thomas, suche seit mehreren Jahren dauernd den Konflikt mit seinem Sohn. «Thomas kann ihm nichts recht machen, obwohl Thomas einen passablen Schulabschluss machte und sich jetzt in der Lehre recht gut bewährt.» Rudolf, ihr Mann, habe sich lange Zeit aus der Erziehung herausgehalten, «das war meine Domäne, aber als Thomas in die Pubertät kam, meinte mein Mann plötzlich, er müsse sich mehr um alles kümmern. Und dann konnte Thomas ihm nichts mehr recht machen. Es gab nur Streit. Das ist bis heute so. Irgendwann hat Thomas dagegengehalten. Fürchterlich. Der Zank hält sie zusammen.» Und seit einiger Zeit, so beobachte sie, provoziert ihr Sohn nun seinen Vater. Sie wisse nicht mehr weiter.

Während – wie im Falle von Yvonne – bei Müttern Selbstaufopferung häufig Mittel zum Zweck ist, ihre heranwachsenden Kinder an sich zu binden, zwingen Väter die Pubertierenden nicht selten in einen nervenaufreibenden Machtkampf. Diese langatmigen Reibereien enden häufig auf beiden Seiten in Gefühlen von Ohnmacht und Hilflosigkeit und ziehen alle Beteiligten in noch stärkere Bindungen. Wenn sich Eltern und Pubertierende nur bekämpfen, dann machen sie sich durch den Konflikt auch voneinander abhängig.

Sich den Entwicklungsaufgaben zu stellen ist eine gemeinsame Aufgabe der Eltern – nicht allein, wie ich es in den Beratungs- und Seminargesprächen allzu oft erlebe, nur eine Aufgabe der Mütter. Väter grenzen sich häufig aus und versuchen sich in einer Last-Minute-Erziehung, die nicht selten neue Probleme statt Lösungen produziert. Das Beispiel Thomas macht dies deutlich. Je früher Männer in eine Erziehungsbeziehung zu ihren Kindern treten, umso stabiler und tragfähiger stellt sie sich dar. Dann können sich alle Beteiligten etwas zumuten.

Die Herausforderung der Väter

Mein Mann», so erzählt mir die Mutter einer Tochter im Grundschulalter, «hält sich völlig aus der Erziehung heraus, weil er der Meinung ist, Väter würden erst später wichtig werden.»

«Das ist typisch», entrüstet sich daraufhin Susanne Müller, Mutter zweier pubertierender Söhne: «Jahrelang hat sich auch mein Göttergatte aus der Erziehung ausgeklinkt. Höchstens im Urlaub hat er eine pädagogische Show abgezogen. Und wenn ich Krach mit meinen Jungen hatte, fühlte er sich manchmal gedrängt zu schlichten.» Sie stockt: «Und dann ging's meistens gegen mich! Nun pubertieren meine Söhne auf höchstem Niveau, und er meint, Versäumtes nachholen zu müssen, und spielt sich als Oberlehrer auf. Wollen Sie das Ergebnis wissen?» Ich nicke. «Er kriegt einen Wutanfall nach dem anderen, weil seine Söhne nicht so wollen, wie er es will. Und wer ist schuld, dass nichts klappt?» Sie gibt sich selbst eine Antwort: «Ich natürlich, weil ich in der Erziehung versagt habe.»

Aus Beobachtungen in Seminaren und Beratungen kann ich als Trend bestätigen, was in den beiden Äußerungen anklingt: Geht es um Erziehungsprobleme im Kleinkindalter, sind Väter in der absoluten Minderheit. Erst wenn das Thema Pubertät ansteht, treten die Männer verstärkt in Seminaren in Erscheinung. Wobei sie nicht selten von ihren Frauen «mitgeschleppt» werden. Entsprechend verunsichert und trotzig reagieren sie dann.

Dabei ist das väterliche Mittun in der Erziehung in allen Entwicklungsstufen eines Kindes von herausragender Bedeutung. Väter müssen ihre Erziehung und Beziehung zum Kind auf das jeweilige Entwicklungsstadium abstimmen. Und was noch wichtiger ist: Die elterlichen Fähigkeiten, in eine Erziehungsbeziehung zum Kind zu treten, müssen erlernt, müssen erworben und ausprobiert werden. Wer sich jahrelang aus der Kindererziehung – aus welchen ernst zu nehmenden oder vorgeschobenen Gründen auch immer – heraushält, dem fehlen später nicht selten Kompetenzen, sich in ein älteres und selbständigeres Kind einzufühlen.

«Sie schreiben», erzählt mir Herbert, Vater der 8-jährigen Maike und der 9-jährigen Daniela, «man muss sich ständig neu auf Kinder einlassen. In jedem Lebensalter braucht das Kind eine veränderte Zuwendung. Das Kind fordert ständig neu heraus. Aber woran erkenne ich, wie sich mein Kind verändert. Ich hab da große Schwierigkeiten.» Andere Väter aus der Gesprächsrunde pflichten ihm bei. Alfred, Vater von drei Mädchen, bringt die Unsicherheiten schließlich auf den Punkt: «Ich will die Kinder nicht mit meinen Negativerfahrungen verunsichern, Dinge sagen, die sie nicht hören wollen. Ich will auch nicht zu autoritär sein. Aber auch nicht zu weich. Also ehrlich, ich schwimme da gewaltig.»

Diese väterlichen Verunsicherungen sind nun freilich kein geschlechtsgebundenes Problem – auch Mütter haben häufig genug Probleme damit, die manchmal rasch wechselnden Entwicklungsstadien des Kindes wahrzunehmen und anzuerkennen. Aber Mütter stehen – da sie sich nach wie vor für Kinder- und Familienerziehung verantwortlich fühlen bzw. gemacht werden – nicht selten in näherem Kontakt zum Kind, beobachten genauer, nehmen auch kleinste Veränderungen wahr und handeln deshalb kompetenter, getragen von einer Portion Sicherheit.

Doch wollen Kinder auch Begleitung und Unterstützung durch ihre Väter, weil das eine notwendige Ergänzung, vielleicht sogar ein Korrektiv zur mütterlichen Erziehung sein kann. Aber sie wünschen sich Väter, die ihre Erziehungsaufgabe nicht als lästiges Muss durchführen, die während der gemeinsamen Zeit ganz bei ihnen sind. Die wachsenden Ansprüche der Kinder fordern heraus. Vor allem dann, wenn mehrere Geschwister in der Familie leben, die ihre unterschiedlichen Wünsche mal lautstark, mal zornig, mal destruktiv zum Ausdruck bringen.

Es ist ein schmaler Grad, auf dem Väter (aber auch Mütter) da wandeln: Zu starkes Engagement stört, weil es, dem Töpfer gleich, zu formend oder zu bevormundend ist, ein zu schwaches Engagement wird schnell als Rückzug gedeutet.

«Mein Vater arbeitet sehr viel. Deshalb ist er wenig zu Hause. Er kann sich nicht so viel um mich kümmern», erzählt die 12-jährige Kathrin. «Trotzdem merke ich, dass er sich für mich interessiert. Natürlich interessiert sich meine Mutter auch, aber irgendwie anders.»

«Meine Mutter arbeitet. Mein Vater arbeitet. Sie haben nicht so viel Zeit für mich», berichtet Sven, 13 Jahre alt. «Aber ich fühl mich nicht verlassen oder allein gelassen oder so. Meine Mutter ist in unserer Familie mehr für das Gefühl zuständig. Sie ist irgendwie wärmer. Mein Vater ist so ein bisschen wie mein Freund. Er fällt nicht immer gleich in Ohnmacht, wenn mal wieder was Gefährliches lief.»

«Also, meine Mutter umsorgt mich. Das ist meistens schön, aber dann nervt es auch hin und wieder, weil sie dann kein Ende findet», beschreibt die knapp 13-jährige Julia ihre Situation. «Papa weiß nicht immer alles, was läuft, weil er weniger da ist. Aber er will auch nicht alles wissen. Aber wenn ich ihn brauche, dann hat er Zeit für mich.»

Jugendliche erkennen schnell, ob hinter der väterlichen (oder auch mütterlichen) Zeitknappheit Desinteresse an Heranwachsenden oder eine manchmal nicht zu vermeidende sachorientierte Distanzierung steht. Spüren Jugendliche Desinteresse, interpretieren sie dies als Gleichgültigkeit und Alleingelassenwerden. Störendes, auffallendes, nicht selten grenzverletzendes Verhalten ist die Folge mit dem Ziel, elterliche Aufmerksamkeit und Zuwendung zu bekommen.

Väterliche Distanz wird dagegen – auf der Basis einer gefühlsmäßig stabilen und festen Beziehung und Bindung – durchaus als angenehm empfunden. Denn Distanz schafft Raum, gibt Heranwachsenden eine Chance, Persönlichkeitsanteile ohne Beobachtung und Kontrolle auszuleben. Distanz kann Konflikte um alltäglichen Kleinkram reduzieren. Dazu nochmals ein kurzer Gesprächsausschnitt mit Anja, 14 Jahre, und deren Mutter.

Anja: «Papa sieht nicht jeden Mist. Das macht ihn großzügiger. Aber wir fetzen schon häufig miteinander. Dann lohnt es sich auch. Mit Mutti artet jede Kleinigkeit in Dauerstress aus!» «Aber in letzter Zeit nicht mehr», verteidigt sich Anjas Mutter. «Ist 'n bisschen besser geworden», räumt Anja ein. Was denn anders geworden sei, will ich wissen. Anjas Mutter erzählt mir, dass sie es satt hatte, «ständig der Fußabtreter zu sein und zu den Verlierern zu gehören. Und mein Mann gab den Oberguru ab, der alles in Ruhe löst. Das brachte mich auf die Palme. Der war ja nicht kompetenter, der war nur distanzierter als ich.» Und sie lächelt gelöst: «Ich hab dann für mich gesorgt. Arbeiten konnte ich wegen der jüngeren Kinder nicht, aber ich hab mir ein Freizeitprogramm zugelegt. Ohne Kinder und ohne Mann. So bekam ich Distanz zu der alltäglichen Wurstelei und zu dem Generve. Mit einem Mal konnte ich meine Kinder anders sehen. Und die mich. Diese Distanz hat uns allen gut getan.» Anja nickt bestätigend: «Irgendwie sind Papa und Mama anders. Zum Beispiel spielen wir mit Papa anders als mit Mama. Und mit Mama können wir über anderes reden als mit Papa. Der will manches gar nicht hören.»

Heranwachsende erkennen, bewerten und benutzen die unterschiedlichen Rollen, die Väter und Mütter im Familienleben einnehmen bzw. die ihnen von Kindern zugeschrieben werden. Mutter und Vater haben spezifische Erziehungs- und Kommunikationsqualitäten. Dabei weisen Heranwachsende den Vätern besondere Aufgaben zu:

- Sie schätzen an den Vätern die spielerischen, sportlichen, vor allem außerhäuslichen Unternehmungen. Dies gilt insbesondere für die Phase der Vorpubertät. Doch auch hier gilt: Es nützt wenig, eine Aktivität aus schlechtem Gewissen anzuzetteln. Kinder spüren, ob dies mit ganzem Herzen erfolgt.

- Gespräche mit den Vätern drehen sich mehr um zukünftige Fragen, zum Beispiel die Berufsausbildung. In diesem Zusammenhang kommt den Vätern eine besondere Verantwortung zu. Pubertierende wollen ernst genommen werden. Haben sie das Gefühl, stellvertretend unerfüllte Wünsche und Bedürfnisse ihrer Väter ausleben zu müssen, dann sind Machtkämpfe vorprogrammiert.

- Die väterliche Distanz kann die Loslösung der Pubertierenden vom Elternhaus erleichtern. Väter können Vorbild für eine Beziehung sein, in der Distanz respektiert und in der Freiräume möglich sind. Aber Distanz darf nicht als Freibrief missverstanden werden, sich aus den Beziehungen zu Kindern mit dem Hinweis auf den anstrengenden Job zu verabschieden.

Wenn Vater und Mutter sich nicht einig sind

Zank und Streit können – unbewusst – zum Mittel werden, um sich stärker aneinander zu binden, geradezu zu verhaken. Dies gilt insbesondere dann, wenn unterschiedliche Erziehungsstile zwischen Vätern und Müttern zu unüberbrückbaren Meinungsverschiedenheiten führen.

Während eines Familienseminars erzählt die Mutter des 16-jährigen Thomas, sie habe in manchen Erziehungsfragen eine andere Auffassung als ihr Mann. Als ich das Elternpaar auffordere, diese Differenzen zu konkretisieren, schildert sie eine Situation: «Probleme gibt es in der letzten Zeit bei schulischen Angelegenheiten, vor allem bei der Erledigung der Hausaufgaben. Ich habe mit Thomas vereinbart, dass er den Zeitpunkt dafür selbst bestimmen kann. Ich meine, er ist groß genug.»

«Damit ist er absolut überfordert», wirft Thomas' Vater ein, «das siehst du ja. Oder du willst es nicht sehen. Er ist doch nur aufs Vergnügen, den Spaß aus. Dann macht er seine Aufgaben nicht oder spät in der Nacht.» Er blickt seine Frau vorwurfsvoll an: «Du hilfst ihm noch dabei, wenn er was nicht schafft. Du unterstützt seine Schlamperei, und die Folgen sind schlechte Schulleistungen. Willst du das etwa leugnen? Bei mir gibt's so was nicht. Erst die Arbeit und dann das Vergnügen. Damit bin ich gut gefahren. Und du schließlich auch!»

Thomas' Mutter hört ihrem Mann geduldig zu: «Ich denke, es hat schon funktioniert. Aber du machst mit deiner impulsiven Art vieles schwieriger. Nun weiß der Junge nicht mehr, woran er ist. Ich spreche mit ihm etwas ab, dann kommst du nach Hause und wirfst alles über den Haufen. Aber eben auch nicht immer. Das hängt letztlich davon ab, wie du gelaunt bist.» Sie lächelt: «Dass Thomas das ausnutzt, ist doch klar. Wir machen es ihm relativ leicht.»

Thomas' Mutter hat hier einen wichtigen Gesichtspunkt angesprochen. In elterlichen Auseinandersetzungen über unterschiedliche Erziehungsstile steht schnell die Frage im Mittelpunkt, welche Haltung denn die «allein richtige» sei oder wer «Recht habe». Man streitet sich und übersieht dabei: Kinder und Jugendliche können mit unterschiedlichen Erziehungsauffassungen sehr wohl umgehen. Es ist sogar eine zentrale Entwicklungsaufgabe, dass Heranwachsende lernen, sich verschiedenen Menschen gegenüberzusehen, die spezifische Einstellungen haben. So erfahren Kinder im Kindergarten, Hort oder in der Schule, dass manches von dem, was zu Hause möglich ist, dort nicht läuft. Oder sie erleben: Der Kontakt zu den Eltern ist ein anderer als zur Kindergärtnerin oder zum Lehrer, der zu den Großeltern ein anderer als der zu Bekannten. Das Kind vergleicht Erziehungsstile, es bewertet sie. Die Begegnung mit differierenden Erziehungsstilen macht Heranwachsende lebenstüchtig, sie bildet Selbstbewusstsein und -vertrauen aus, sich in unterschiedlichen Alltagssituationen zurechtzufinden. Dies trifft auch dann zu, wenn es um Unterschiede in den Erziehungsauffassungen von Vater und Mutter geht.

Doch müssen Heranwachsende sicher sein, an wen sie sich in bestimmten Situationen halten können. Es muss klar sein, wer die Verantwortung in der konkreten Alltagssituation trägt. Dies stellt das entscheidende Problem bei Thomas' Eltern dar. Die Mutter trifft Absprachen, ist mithin die Verantwortliche, der Vater schmeißt ihre Zuständigkeit – inkonsequent, weil je nach Tagesform – über Bord, fühlt sich dann aber nicht mehr zuständig. Dazu Thomas' Mutter: «Dann schreit mein Mann rum. Mein Sohn schließt sich im Zimmer ein, und ich versuche, die Stimmung in der Familie zu verbessern. Ganz schlimm ist es, wenn mein Mann Thomas damit droht, ihm eine Woche lang das Fernsehen zu verbieten. Und ich soll dann seine Strafe auch noch kontrollieren.» Ganz trotzig fügt sie hinzu: «Mach ich aber nicht!»

Wechselt die Verantwortlichkeit in einer Erziehungssituation, geht sie – ohne Absprache und für Heranwachsende uneinsichtig – von einer Person zur anderen über, ist Orientierungslosigkeit die Folge. Heranwachsende nutzen elterliche Uneinigkeit aus, sie spielen die Beteiligten gegeneinander aus. Um nicht missverstanden zu werden: Ich plädiere nicht dafür, auf die Austragung von Meinungsverschiedenheiten vor Kindern unbedingt zu verzichten. Das können sie dann sehr wohl aushalten, wenn ihnen die elterlichen Positionen klar sind und wenn sie versöhnliche Konfliktlösungen erleben. Wenn man mit der Erziehungshaltung des Partners oder der Partnerin nicht einverstanden ist, kann man dies in einer ruhigen Minute im Nachhinein diskutieren. Auseinandersetzungen in der konkreten Situation führen jedoch meist nur zu Schuldzuweisungen oder ergebnislosen Rechtfertigungen.

Unterschiedliche Einstellungen dürfen nicht dazu missbraucht werden, sich beim Heranwachsenden einzuschmeicheln: «Bei mir darfst du mehr als bei …», oder eine andere Person emotional herabzusetzen – «Ich bin netter zu dir als …» Dies bringt Kinder in große Loyalitätskonflikte. Unterschiedliche Einstellungen sollten ebenfalls nicht dazu eingesetzt werden, sich als besserer Erzieher, der Strengere, der Konsequentere etc. gegenüber dem Partner oder der Partnerin darzustellen. Dieses trifft auf Thomas' Vater zu, der versucht, durch seine Erziehungshaltung sowohl Macht über seinen Sohn wie über seine Frau auszuüben. Er funktionalisiert seinen Erziehungsstil für sein spezifisches Machtinteresse.

Die Folge sind Machtkämpfe auf verschiedenen Ebenen. Seine Frau hat dies so ausgedrückt: «Aus jeder Kleinigkeit wird bei uns gleich ein großer Streit, eine wirkliche Lösung ist da nicht möglich.» Es geht Thomas' Vater vor allem um Besserwisserei und um Belehrung. Die daraus resultierenden Konflikte verschlechtern das Familienklima und führen zu gestörten Eltern-Kind-Beziehungen. Diese Störungen haben nichts mit einem differierenden Erziehungsstil von Vater und Mutter zu tun, sie sind Ausdruck von Machtkämpfen in der Partnerschaft.

Unterschiedliche Erziehungsstile können nur auf der Grundlage von gemeinsam verbindlichen Grundprinzipien in der Erziehung praktiziert werden: etwa Partnerschaftlichkeit, klare Grenzen, Festigkeit, Achtung des Kindes, ein angemessenes Verhältnis von Nähe und Distanz.

Zur partnerschaftlichen Erziehung gehört es, sich in seiner Persönlichkeit gegenseitig zu achten und zu respektieren und dies auch einzufordern.

Haltgeben hat nichts mit Festhalten und Loslassen nichts mit Rückzug oder fehlenden Gefühlen zu tun. Wer festhält, verhindert Veränderungswünsche der Pubertierenden, überträgt ihnen keine Verantwortung für ihr Tun. Ein Rückzug und eine zu schwache emotionale Reaktion lässt dagegen Bindung und Nähe nicht entstehen.

Wie Kinder sich zu Erwachsenen entwickeln

Ich bin», so die 14-jährige Henriette, «einfach hin- und hergerissen. Ich spüre schon den Druck, der auf meinen Schultern lastet. Alle wollen etwas von mir. Und ich möchte ja auch etwas tun. Nur weiß ich nicht, ob ich das auch schaffe.»

David nickt, als er das hört. Auch er ist 14 Jahre alt: «Ich kann schon viel erreichen, wenn ich nur will. Aber das kostet auch Kraft. Und dann bin ich unsicher, ob das richtig ist, was ich mache. Es ist ein ewiges Hin und Her. Trotzdem ist das eine geile Zeit!»

«Stimmt», fällt Ronald ihm ins Wort. «Du kannst Pläne machen. Deine Pläne. Irre Pläne. Aber dann wirst du auch auf den Boden der Tatsachen geholt. Aber das ist manchmal auch gut so.» Er zögert etwas: «Nur zur Schule, da habe ich momentan keinen richtigen Bock drauf. Das kommt einem alles so klein vor, diese Schule. Ich will doch die Welt bewegen!»

Auch wenn Pubertierende verschiedenen Einflüssen unterliegen, sind sie den Umwelteinflüssen, den elterlichen oder schulischen Anforderungen, den medialen Reizen, der Aufdringlichkeit der Konsumwelt, den Ansprüchen des Freundeskreises keineswegs passiv ausgeliefert – Heranwachsende sind produktive Deuter und Architekten ihrer Lebenswelt. Sie nehmen Aufgaben und Erwartungen wahr, die die Umwelt an sie heranträgt. Sie wählen aus und erproben Konzepte. Dies bedeutet: Heranwachsende werden mit Problemen und Konflikten konfrontiert, um sie zu bewältigen.

Ich habe verschiedentlich mit dem Begriff «Entwicklungsaufgabe» argumentiert. Dieser geht auf den amerikanischen Soziologen Havighurst zurück. Entwicklungsaufgaben sind charakteristisch für bestimmte Lebensabschnitte, ja, sie sind an sie gebunden. Solche Entwicklungsaufgaben setzen intellektuelle, moralische, gefühlsmäßige und soziale Fähigkeiten voraus, sie sind bedingt durch biologisches Wachstum und psychische Reifungsprozesse, nicht zuletzt aber auch geprägt durch Erwartungen, die die Gesellschaft und die Kultur an Heranwachsende stellen. Eltern reagieren auf die Entwicklungsaufgaben, denen sich ihre heranwachsenden Kinder zu stellen haben, häufig ängstlich, manchmal gar überfürsorglich und anklammernd. Manche versuchen – dies allerdings vergeblich –, die anstehenden Aufgaben für ihre Kinder zu lösen.

Eltern könnten vertrauensvoller die Entwicklung ihrer Heranwachsenden begleiten, wenn sie um den positiven Ausgang wüssten. Doch es gibt keine Garantie, dass der Heranwachsende seine Aufgaben so erfolgreich meistert, wie es in Lehrbüchern steht. Jeder Jugendliche muss Lösungen entwickeln, die seinen Möglichkeiten, seiner Lebenssituation, seinen persönlichen Bedürfnissen entsprechen. Deshalb fallen die Lösungen so verschieden aus, deshalb ist das Tempo, mit dem Sie angegangen werden, nicht zu vergleichen. Eltern haben die Individualität ihres Kindes unbedingt zu respektieren, sollten auf Vergleiche verzichten, mit denen sie alle Beteiligten nur unter Druck setzen.

Den eigenen Körper akzeptieren. « Jetzt mag ich mich wieder leiden », erzählt Mareike, die knapp 18 Jahre alt ist, «aber als ich anfing zu wachsen, das war fürchterlich. Ich war die Größte in der Klasse und hatte lange Arme wie ein Affe.»

«Ich hab meinen Busen versteckt. Und dann hab ich gebetet, dass die Regel nicht kommt», berichtet Antje, 16 Jahre. «Und dann war ich doch wieder froh, dass ich sie hab. Ich war schließlich die Letzte in der Klasse.»

«Als ich größer wurde», so Jonathan, 16 Jahre alt, «als ich gewachsen bin, das war schon gut. Bei mir ging das sehr spät los, das war gar nicht gut. Die haben mich in der Schule laufend gehänselt, aber dann war ich auch andauernd krank.»

«Manchmal ging es schon gemein zu damals», meint Frederik, jetzt 18 Jahre alt, «als wir unter der Dusche standen und unseren Penis verglichen haben. Als ich meinen nicht steif bekam, haben alle nur gelästert. So könnte ich nie ein Mädchen bumsen!»

«Blöd waren auch», so Heike, 17 Jahre, «diese dummen Kommentare der Erwachsenen: ‹Wie siehst du denn aus! Bist du aber gewachsen!› Und wenn die dann noch ihre Witze gemacht haben!»

Diese Aussagen von Heranwachsenden, die die erste Phase der Pubertät, also die Zeit zwischen dem 11. und 13. Lebensjahr, bereits hinter sich haben, machen deutlich, wie sich körperliche Entwicklungsschritte in typischen Etappen vollziehen.

Bei *Jungen* fangen erste körperliche Veränderungen (Gestalt, Gewicht) ungefähr mit dem 10. Lebensjahr an: Der Penis vergrößert sich, das Längenwachstum beginnt und hat seinen Höhepunkt im 14. Lebensjahr. Die Behaarung der Oberlippe, die Schambehaarung sowie eine stärkere Schwellung der Brustdrüsen kann man vom 13. Lebensjahr an beobachten. Etwa zwei Jahre später kommt es zum Stimmbruch. Hoden und Penis entwickeln sich weiter, geschlechtsreife Spermien bilden sich aus. Bis zum 19. Lebensjahr hat sich eine Stirnhaargrenze entwickelt. In dieser Zeit kommt es schließlich zum Wachstumsstillstand.

Bei *Mädchen* fängt das Längenwachstum etwa zwei Jahre früher als bei Jungen an – etwa zwischen dem 8. und dem 10. Lebensjahr. Parallel dazu reift die Schleimhaut der Vagina. Beginnend mit dem 11. Lebensjahr wachsen die äußeren wie inneren Genitalien. Diese Veränderung zieht sich bis in das 17. Lebensjahr hinein. Der stärkste Wachstumsschub erfolgt bei Mädchen zwischen dem 12. und 13. Lebensjahr. Dann kann die erste Regel einsetzen. Ein Jahr später hat sich eine regelmäßige Monatsblutung ausgebildet. Das Wachstum der Mädchen kommt schließlich um das 17. Lebensjahr zum Stillstand.

Nun gibt es – ich hatte darauf hingewiesen – keinen ursächlichen Zusammenhang zwischen körperlicher Entwicklung und geistig-seelischen Prozessen. Es scheint vielmehr, dass die Entwicklungen, die der Körper in der Pubertät durchmacht, die Voraussetzungen für psychische und gefühlsmäßige Veränderungen schaffen. Dennoch ist es unübersehbar, dass Wachstumsschübe mit

- einer psychischen Destabilisierung,
- einer gesundheitlichen Belastung sowie
- Leistungsabfall in Schule und Beruf

einhergehen.

Die Veränderungen der Körperproportionen gehen keinesfalls harmonisch vor sich. Ehe Venus oder Apoll sich entwickelt hat, werden Stadien durchlaufen, die keinem Schönheitsideal entsprechen. Arme und Beine wachsen schneller, passen nicht zum Körper, die Bewegungen sind ungeschickt-tapsig, der Gang schaukelnd. Zudem wachsen Hände und Füße zuerst, erst dann folgen Hüfte, Brust und Schulter. Vieles wirkt – vorsichtig formuliert – wie nicht im Lot, sieht ungleichmäßig verteilt aus. Und da zudem die Gesichtsknochen schneller wachsen als der knöcherne Schädel, streckt sich das Gesicht. Nicht selten scheinen Nase und Unterkiefer besonders groß, einfach nicht ins Gesicht zu passen.

Dies führt zum ständigen Gang vor den Spiegel, um sich einer genauen Prüfung zu unterziehen. Manche Jugendliche ziehen sich in dieser Zeit zurück, andere schminken sich grell, tragen überdimensionierte Ohrringe, verzieren sich Nase und Unterlippe, lieben bizarre Frisuren oder eigenwillige Kleidungskombinationen. All dies sind Methoden, um vom Äußeren abzulenken oder innere Zerrissenheit darzustellen. Der aus der Balance geratene Körper lässt Heranwachsende schaudern, sie an ihrer Normalität zweifeln.

Hinzu kommt, dass sich Pubertierende ständig miteinander vergleichen und man schon geringe Normabweichungen überbewertet. Zweifel, Unzufriedenheit, Zukunftsängste und Weltschmerz sind ebenso unverkennbar wie Erschöpfungs- und Ermüdungszustände, die allerdings mit Phasen der Euphorie und einer Kraftmeierei wechseln. Doch auch Einschlaf-, Magen- und Darmprobleme, Schwindel und Kopfschmerz können die Folge von körperlichen Wachstumsprozessen sein. Knapp die Hälfte aller Mädchen und mehr als ein Drittel der Jungen sorgen sich um das körperliche Aussehen: Während für die männlichen Heranwachsenden Kraft, sportliche Vergleiche und eine muskulöse Gestalt wichtig sind, ragen für die Mädchen Figur, Gesicht und Haut hervor. Diese positiv besetzten Eigenschaften sind zwischen dem 11. und 15. Lebensjahr mit einem Mal infrage gestellt.

Die Größe der Geschlechtsmerkmale bringt für Jugendliche weitere Probleme mit sich. Sie wird aus Sicht der Jungen – zu Unrecht – in Zusammenhang mit Männlichkeit und Potenz gebracht. Etwa ein Jahr nach Beginn des Hodenwachstums kann es zum ersten Samenerguss kommen. Er tritt in der Mehrzahl nicht als «zufälliges» nächtliches Ereignis auf, sondern wird durch Masturbation herbeigeführt. Damit ist meist ein Orgasmus verbunden.

Bei Mädchen spielt die Menstruation *die* entscheidende Rolle. Sie stellt sich um das 13. Lebensjahr herum ein, kann jedoch auch schon früher (vom 10. Lebensjahr an) auftreten. Andere Mädchen haben ihre erste Regel erst zwischen dem 15. und 16. Lebensjahr. Die Menstruation ist ein herausragender Einschnitt, der keine Entsprechung im Pubertätsverlauf der Jungen findet. Die Menstruation weist auf beginnende erwachsene Sexualität und Fruchtbarkeit hin.

Bei der Ausbildung von sekundären Geschlechtsmerkmalen (Wachstum der Brust, Schambehaarung) kann man geschlechtsgebundene Unterschiede beobachten. Während Mädchen auf entsprechende Veränderungen häufig mit Scham reagieren, interpretieren Jungen solche Entwicklung mit Stolz, deuten sie dies als beginnende Männlichkeit. Mädchen machen sich Sorgen, die Brust entwickele «sich nicht richtig», ja, ihnen macht manchmal eine ungleiche Entwicklung der Brust Angst. Auch bei Jungen kann es zu einer Vergrößerung der Brustdrüsen kommen, die fälschlicherweise als Verweiblichung interpretiert wird. Scham- und Gesichtsbehaarung sind für Jungen aus psychosozialen Gründen wichtig. Männliche Pubertierende, bei denen dies verspätet einsetzt, werden nicht selten gehänselt, als «Milchbubis» verspottet.

Der Stimmbruch hat mit der Vergrößerung des Kehlkopfs zu tun, der ebenfalls durch den Wachstumsschub ausgelöst wird. Der Stimmbruch äußert sich bei Jungen stärker, ist mit erheblichen Schwankungen in der Stimmlage verbunden. Zieht sich der Stimmbruch über längere Zeiträume hin, kann er von Pubertierenden als belastend erlebt werden, weil er nicht selten als Anlass zur Häme und zum Spott genommen wird.

Die körperlichen Veränderungen kommen bei Jungen wie auch bei Mädchen durch ein Zusammenspiel von Sexual- und Wachstumshormonen zustande. Alle Hormone und Drüsenfunktionen sind auf die Umgestaltung des Körpers ausgerichtet, die einer Art zweiter Geburt gleichkommt: Die Pubertierenden lassen einen kindlichen Körper zurück, entwickeln eine erwachsene Gestalt. Dies kostet Kraft und Energie, die aus anderen Bereichen abgezogen wird. Kein Wunder, wenn es in dieser Phase zu Leistungsabfällen in der Schule, zu einem Rückzug aus der Welt kommt. Die Körper der Heranwachsenden sind wie eine einzige «Chemiefabrik»: Während bei Jungen die Produktion von Testosteron die Wachstumsschübe anregt, bewirken bei Mädchen das Östrogen und das Progesteron, hergestellt in den Eierstöcken, die körperlichen wie seelischen Veränderungen.

Die angegebenen Lebensalter, in denen sich körperliche Veränderungen zeigen sollen, stellen nur Richtwerte dar. Es kann zu erheblichen Abweichungen kommen. Dann sorgen sich Eltern, zeigen sich ebenso bedrückt wie die Heranwachsenden. Mein Eindruck ist, dass viele Eltern nur wenig Informationen über die körperlichen Entwicklungsabläufe besitzen. Diese Wissenslücken führen zu manchen Fehleinschätzungen und Handlungsunsicherheiten. Manche Eltern reagieren über, wenn körperliche Veränderungen vermeintlich zu spät oder verfrüht einsetzen, andere verfallen in Trübsal ob der Stimmungsumschwünge, die ihre Sprösslinge durchleben. Oder es macht sie ratlos, wenn der Leistungsabfall in der Schule mit einer schrillen Inszenierung des Körpers einhergeht.

Doch bedenken Sie: Pubertierende entwickeln ein eigenes Tempo, um sich zu entwickeln. Dabei haben sie nicht nur den Vorwärtsgang eingeschaltet. Stillstand und Rückwärtsgehen gehören – so nervend es ist, dies nicht nur einmal zu beobachten – dazu.

Und führen Sie sich vor Augen: Hormone verändern nicht nur den Körper, sie sind auch für seelische Schwankungen verantwortlich. Die Palette reicht von Selbstzweifeln, Weltschmerz, Weinerlichkeit und überzogenen Wünschen nach Eigenständigkeit bis hin zu Ängsten, beleidigtem Schweigen und plötzlichen Wutausbrüchen oder ständigem Herummosern.

Eltern, die auf solche Art Gefühlsschwankungen ironisch – «Du hast wohl deine Launen!» oder «Du hast wohl deine Tage!» –, die darauf machtorientiert – «Stell dich nicht so an, es wird gemacht, was ich sage!» – oder unbeherrscht-überzogen – «Halt den Mund!» oder «Mir geht dein Getue auf den Wecker!» – reagieren, dürfen sich nicht wundern, wenn sie mit ihren pubertierenden Kindern in kürzester Zeit in einen Machtkampf verwickelt sind.

«Meine Tochter schminkt sich absolut überzogen», stellt die Mutter der 12-jährigen Anja fest. «Sie sieht aus wie ein Clown. Aber ich sage nichts.»

«Wenn mein Sohn», so der Vater des 13-jährigen Klaus, «gut drauf ist, dann sieht sein Gesicht rein aus, ist er schlecht drauf, hat er nur Pickel. Und wehe, man will ihm irgendwelche Hilfestellung geben, dann eskaliert die Situation sofort!»

«Ich sehe, wie meine Tochter vor dem Spiegel steht, sich die Pickel ausdrückt und leidet», so die Mutter der 13-jährigen Svenja. «Wenn ich sie aber in den Arm nehmen will, streicheln möchte, trösten will, stößt sie mich brutal weg. Neulich habe ich ‹Arme Svenja› gesagt, da hat sie gefaucht: ‹Ich bin nicht arm, ich bin hässlich.›»

So wie dem Hummer ein größerer und schönerer Panzer wächst, so legen Jugendliche die Kinderhaut ab und schlüpfen in eine Erwachsenenhaut. In dieser Zeit macht die Haut zahlreiche Veränderungen durch, sie ist pickelig, fettig, unrein, voller Akne. Vom Zustand der Haut lässt sich etwas ablesen – es spiegeln sich innere und äußere Befindlichkeiten. Die Haut grenzt nach außen ab und bietet Schutz davor, zu tief ins Innere zu blicken. Eine Haut, die keine Berührung, nicht einmal eine Annäherung erlaubt, signalisiert Abgrenzung und Lösung, Distanz und ein Bedürfnis nach In-Ruhe-gelassen-Werden. Mögen Eltern solche – manchmal schroff inszenierte – Abgrenzungen auch als lieblos empfinden, für Heranwachsende stellt das eine Schutzmaßnahme dar.

Es ist nicht leicht, Pubertierende bei der Bewältigung dieser Entwicklungsaufgabe zu unterstützen, zumal sie den Weg und das Ziel allein finden müssen. Wenn sich Eltern als Begleiter verstehen, sollten sie einige Grundsätze beherzigen:

- Halten Sie sich als Gesprächspartner zur Verfügung. Aber stellen Sie es Ihrem Sohn oder Ihrer Tochter anheim, ob er oder sie das Angebot annehmen möchte. Geben Sie die Informationen, die Ihr heranwachsendes Kind haben möchte. Halten Sie keine Vorträge, sondern achten Sie auf die Fragen, die Ihnen gestellt werden. Bagatellisieren hilft ebenso wenig wie Dramatisieren. Wichtiger ist ein Normalisieren, soll heißen: dem Pubertierenden Informationen zu geben, damit er seine körperlichen Veränderungen genauer einschätzen kann – seien es nun Informationen über das Wachstum der Bart- und Schamhaare, die Veränderung der Stimme, die Vergrößerung der Geschlechtsorgane, die Entwicklung der Brust oder den Ablauf der Menstruation.

- Respektieren und achten Sie die seelischen Veränderungen, die mit den körperlichen Entwicklungsprozessen einhergehen. Deuten Sie Stimmungsschwankungen, Selbstzweifel, Aggressionen nicht automatisch als gegen Sie gerichtet. Wenn Ihr Kind Ruhe wünscht, so lassen Sie ihm diese Ruhe. Bedenken Sie aber auch: So unnahbar sich Heranwachsende manches Mal geben, so wünschen sie sich doch hin und wieder gefühlsmäßige Nähe zu ihren Eltern. Manchmal entwickeln Jugendliche geradezu kleinkindhafte Kuschelbedürfnisse.
- Jedes Kind hat einen eigenen Fahrplan, mit dem es die Pubertät durchläuft – einige starten zu früh, andere spät, einige halten überall, nehmen jede Bahnstation mit, andere halten sich an einigen Bahnhöfen besonders lange auf, manche fahren im ICE-Tempo, manche wie eine Zahnradbahn, und wieder andere fahren nicht nur vorwärts, sie fahren zurück, um zu schauen, woher sie gekommen sind.

Veränderungen im Denken

Eine weitere Entwicklungsaufgabe liegt darin, das geistig-seelische, intellektuelle und soziale Denken neu zu bestimmen. Auch dieser Prozess verläuft keineswegs frei von Widersprüchen. Eltern machen sich Sorgen wegen der unbeherrschten Gefühlsausbrüche, einer Alles-oder-Nichts-Haltung. Jugendliche neigen zum Schwarweißdenken und lehnen schroff ab, was ihre Eltern meinen, sagen oder planen.

Die produktive Auseinandersetzung mit den Eltern – die in der beginnenden Pubertät auch viele destruktive Züge hat – ist für Heranwachsende immens wichtig. Er setzt sich nicht allein von den Eltern ab, er setzt sich mit ihnen auseinander, ohne die gefühlsmäßige Bindung völlig aufzugeben. So paradox es klingt: Die Ablehnung und Herabsetzung der Eltern, die manchmal gemein ist und wehtut, gelingt Pubertierenden nur dann, wenn es ein Urvertrauen zwischen Eltern und Heranwachsenden gibt, ein Band, das Spielraum ebenso zulässt wie starke Anspannung aushält.

Diese Auseindersetzungen resultieren vor allem aus unterschiedlichen Wahrnehmungen von Problemen und auch daraus, dass Eltern wie Heranwachsende sich auf unterschiedlichen Etappen des Lebensweges befinden.

Die Absetzung von den Eltern eskaliert nur dann ins Bösartige, wenn sie ihre Eltern als klammernd und überbehütend erleben. Jugendliche reagieren krass und oft mit Provokationen darauf, wenn sie einem starren Erziehungsstil ausgesetzt sind, der ihren sozialen Veränderungswünschen keine Rechnung trägt.

Und das Auffallenwollen ist nicht selten eine Ausdrucksform, um auszuprobieren, wie weit man gehen kann und darf. Disziplinlosigkeit und andere störende Verhaltensmuster sind genau zu beobachten – und dann sollte man gegebenenfalls mit Konsequenz und unmittelbarer Konfrontation reagieren.

Doch nicht immer agieren Pubertierende nach außen orientiert, manch ein geheimnisvoller Blick wendet sich nun nach innen. Die Pubertät ist die Zeit des Tagebuchs, in dessen Mittelpunkt Selbstreflexionen stehen, in dem Größenphantasien zum Ausdruck kommen, Hypothesen gebildet und kausales Denken ausprobiert wird: Da heißt es im Tagebuch des 14-jährigen Paul:

«Paul ist eines der gesündesten Kinder, so scheint es auf den ersten Blick. Paul trainiert täglich eine Stunde seinen Körper in verschiedenen Kampftechniken und Ausdauer. Außerdem geht er jeden zweiten Tag seinem Fitness-Programm nach. Er hat dieses Fitness-Programm selbst ausgearbeitet. Paul ist im Besitz hervorragender Energie. Paul hat seinem Freund sein Fitness-Programm mal gezeigt. Er hat gestaunt. Es ist eines der besten auf der Welt. Paul hat eine niedrige Körpertemperatur, ca. 35,3°C. Pauls Körper kann sehr viel Hitze ab. Er duscht morgens und abends sehr heiß. Paul hat an seinem linken Arm viele Narben. Pauls rechtes Bein ist ca. 2 cm kürzer als das linke. Sein rechtes Bein hat außerdem einen dünneren Umfang als das linke. Paul hat seine stärksten Muskeln in den Beinen. Pauls Wirbelsäule ist krumm. Durch den krummen Rücken hat Paul eine Hühnerbrust bekommen. Pauls Geist ist sehr ideenreich. Pauls Körper braucht täglich nur 5 Stunden Schlaf. Paul ist eine richtige Kampfmaschine, aber er kämpft nur gegen ‹böse Personen›. Paul kennt alle Seiten des Lebens: Angst, Tod, Trauer, Liebe. Pauls Freunde sind meistens jünger, da sie alles sehen und wieder finden möchten, was in seiner Kindheit fehlte. Sein bester Freund ist 11 Jahre alt. Paul sucht sich seine Freundin nach dem Herzen aus. Er geht nicht nach dem Aussehen. Paul versucht mit seinem Leid immer alleine zurechtzukommen. Er birgt viel Angst in sich. Paul hat sich nach dem Tod seines Opas zurückgezogen. Seitdem ist er auf eine bestimmte Zeit, allein zu sein, angewiesen, ohne sie kann er nicht mehr auskommen. Paul führt ein risikoreiches Leben. Er möchte später Kinderpsychologe werden. Paul hat viel Streit zu Hause. Paul ist wie Robin Hood, er rettet den Regenwald. Auf Paul wartet die ganze Welt!»

Dieser Tagebuchausschnitt gibt ein anschauliches Zeugnis von einem egozentrischen Weltbild, wie es für die beginnende Pubertät normal ist.

Diesen Egozentrismus muss der Pubertierende aufgeben und lernen, sich in andere Menschen hineinzuversetzen, sich von außen zu betrachten, eigene Überlegungen anzustellen und Modelle zu entwerfen, realistische Ideen zu konzipieren, nach dem Lebenssinn und Lebensperspektiven zu suchen. Nicht allein die konkret-unmittelbare Wirklichkeit ist nun wichtig, in der Pubertät wird die abstrakte Wirklichkeit bedeutsamer, die mit formal logischen Operationen und systematischem Denken zu durchdringen ist.

Zunehmend verfügen Heranwachsende über eine kritisch-analytische Fähigkeit, und diese setzen sie vehement im Streit und in den Auseinandersetzungen mit den Eltern ein: Widersprüche in ihrer Argumentation werden aufgedeckt, den Dingen auf den Grund gegangen, elterliche Kompetenz hinterfragt, ihre vermeintlichen Irrtümer benannt. So wie die «Warum»-Fragen des dreijährigen Kindes Eltern auf unendliche Geduldsproben stellen, so ähnlich gilt es in der beginnenden Pubertät, Geduld und starke Nerven zu bewahren.

Die theoretische Annäherung an die Realität, die mehrdimensionale Anschauung der Wirklichkeit bringt Probleme mit sich: Vieles wirkt auf den Heranwachsenden bedrohlich, die Zukunft erscheint wie ein schwarzes Loch, Resignation und Selbstzweifel entstehen genauso wie Wünsche nach Vereinfachung. Deshalb haben extreme Gruppierungen oder Sekten mit vereinfachenden Weltbildern eine besondere Anziehungskraft für Heranwachsende. Die Illusion von Geborgenheit wird zum problematischen Angebot, auf das mancher Heranwachsender abfährt, weil er die Spannung zwischen Prometheus, der die Welt neu erschaffen will, und der alltäglich erlebten Ohnmacht nicht aushält.

Freundschaft mit Gleichaltrigen

Um sich diesen Herausforderungen zu stellen, brauchen Pubertierende das Gefühl, emotional aufgehoben zu sein. Eltern genügen nun nicht mehr den Ansprüchen. Der Kontakt zu Gleichaltrigen wird zum unverzichtbaren Experimentierfeld. Viele Eltern sehen dies mit Skepsis und Unbehagen. Manche Eltern betrachten die Freunde ihrer Kinder geradezu als unbequeme, lästige Gegenspieler, als gefährliche Verführer.

«Ich hatte ein gutes Verhältnis zu meiner Tochter. Aber seit sie ihre beiden Freundinnen hat, ist sie weniger offen. Sie zieht sich mit ihnen zurück!»

«Mein Sohn hat einen problematischen Freund, der ist älter, den bewundert er maßlos. Jetzt habe ich Angst, dass er auf die schiefe Bahn kommt.»

«Seit mein Sohn die Freunde hat, ist nichts mehr wie früher. Er ist frecher, führt viele Widerreden, schaut sich Videos an, die absolut nichts für ihn sind. Ich meine, er raucht auch, weil seine Sachen nach Rauch stinken.»

«Es tut mir schon weh, wenn ich sehe, wie sich meine Tochter mir verweigert. Sie kommt zwar noch gerne. Aber das wirkliche Leben spielt sich für sie jetzt woanders ab.»

Die Hinwendung zu Gleichaltrigen und die Distanzierung zu den Eltern gehen Hand in Hand. Die Aufnahme von Freundschaften ist eine wichtige Station auf dem Weg in die Eigenständigkeit und primär nicht gegen die Eltern gerichtet. Im Gegenteil: Nur auf einem sicheren emotionalen Fundament ist eine vorbehaltlose Hinwendung zu Freunden möglich, die von den Eltern als Konkurrenten angesehen, für Reibereien im Alltagsleben verantwortlich gemacht werden. Und zweifellos kann eine Clique Streit innerhalb einer Familie auslösen oder verstärken.

Doch steht hinter den zunehmenden Konflikten ein viel zentraleres Motiv: Pubertierende wollen sich von ihren Eltern kulturell, sozial und normativ abgrenzen. Bestimmte Themen werden, sobald Freunde auftreten, aus der Eltern-Kind-Kommunikation ausgeklammert.

Wenn die Offenheit sinkt, stellt dies kein Misstrauensvotum gegenüber den Eltern dar. Heranwachsende betrachten sich als eigenständige Personen, die sich ihre Kommunikationspartner nach ihren Kompetenzen aussuchen. So bereden sie Dinge des Alltags, des Konsums, der Medien, der Freizeit und Freundschaftsangelegenheiten häufig mit Gleichaltrigen, denn (nicht zu Unrecht) haben sie bei den Eltern doch das Gefühl, sie würden bei diesen Themen kontrollierend eingreifen.

Demgegenüber stehen Eltern bei Zukunftsangelegenheiten, bei Diskussionen über Beruf und bei ethisch-moralischen Fragen hoch im Kurs. Deshalb ist Gelassenheit angesagt, wenn es um Freundschaften geht, aber Gelassenheit darf nicht mit gleichgültigem Gewährenlassen verwechselt werden. Wer aber mit Antipathie auf die Freunde von Tochter oder Sohn reagiert, darf sich nicht wundern, wenn das Band der Freundschaft nicht nur intensiver wird, sondern zugleich die Bedeutung der Freunde wächst, die Sie als «schlimm» empfinden. Konflikte sind dann vorprogrammiert.

Ein Verbot, bestimmte Freunde aufzusuchen oder zu treffen, macht diese nur noch wichtiger und führt fast zwangsläufig dazu, dass es zu Heimlichkeiten kommt.

«Aber», so fragt eine Mutter, die sich während einer Beratung über die Freundin ihrer Tochter beklagt, «darf ich denn gar nichts mehr sagen, muss ich alles klaglos hinnehmen?»

«Was behagt Ihnen nicht an der Freundin Ihrer Tochter?», will ich wissen.

«Meine Tochter will dort übernachten. Die Freundin ist älter, schminkt sich schon. Ich glaube, sie hat auch Freunde!» Sie macht eine Pause. «Aber alles, was sie macht, findet meine Tochter in Ordnung. Und mich findet sie spießig!»

«Welche Ängste haben Sie?»

Sie sieht mich ernst an: «Die Mutter der Freundin hat keinen guten Ruf. Bei der sollen die Männer ein und aus gehen. Sie soll als Prostituierte arbeiten …»

«Und Sie sehen Ihre Tochter schon verführt. Wie alt ist Ihre Tochter?»

«Doch erst fünfzehn!»

«Ich verstehe Ihr Unbehagen, Ihre Unsicherheit. Aber Verbote helfen nicht!»

«Und was soll ich denn machen?» Ihre Stimme klingt ratlos und verzweifelt.

Mit ihrer Tochter über die eigenen Sorgen reden, die fragliche Freundin zu sich einladen und – falls sie das beruhige – auch mit der Mutter der Freundin reden – offen und klar. Ihre Tochter antwortet zur Überraschung ihrer Mutter:

«Meinst du nicht, ich habe mich vorher informiert, wie das dort ist? Ich bin schon vorsichtig, du hast mich doch schließlich erzogen. Oder meinst du, das habe ich wegen der Freundin vergessen?»

Machen Sie keine Stimmung gegen die Freunde und Freundinnen Ihres Kindes, aber äußern Sie Ihre Sorgen und Ängste! Vertreten Sie Ihre Meinung! Doch vertrauen Sie auch auf das emotionale Band, das Sie mit Ihren Kindern vereint.

Freundschaften sind ein bedeutsames Experimentierfeld für eigenständiges Verhalten. Sie bedeuten eine Gegenwelt zum familiären Rahmen, in der man elterliche Ansichten, Werte und Normen konterkarieren kann.

Im Kontakt mit Gleichaltrigen können Jugendliche Kompetenzen zeigen, Verantwortung übernehmen und Anerkennung erhalten. Man kann sich an Gleichaltrigen, in der Auseinandersetzung mit Freunden behaupten. Jugendliche müssen sich durchsetzen, manchmal Führungsaufgaben übernehmen, dann wieder die zweite Geige spielen, mithin verschiedene Rollen durchspielen.

Doch auch hier gilt ein individueller Rhythmus: Die Heranwachsenden suchen sich die Freunde aus, manchmal früher, manchmal später – einige Jugendliche haben viele, andere wenige Freunde. Und dann gibt es nicht zuletzt Zeiten, wo der Pubertierende für sich allein sein will.

Freundschaften sind für die Entwicklung nur dann problematisch, wenn sie Emanzipation und Eigenständigkeit verhindern, d. h. in neue Abhängigkeiten führen. Dies betrifft insbesondere Heranwachsende, die in überbehütendem oder im Laisser-faire-Stil groß wurden. Überbehütete Kinder geraten nicht selten aus einer Abhängigkeit in die nächste. Gefühlsmäßig verwahrlosten Kindern kann die Clique zum Familienersatz werden.

Die Suche nach eigenen Werten

Die Pubertät ist eine Zeit des Experimentierens mit Wertvorstellungen und Haltungen: Jugendliche äußern nicht selten Extremes, schockieren und provozieren ihre Eltern mit gewaltverherrlichenden und menschenverachtenden Meinungen. Sie inszenieren ihr Anderssein am Körper, attackieren ihre Eltern als Spießer und Kleinbürger. Viele Mütter und Väter haben am Ende den Eindruck, ihre ganzen Erziehungsbemühungen seien umsonst gewesen. Doch gemach: Um zu einer bewussten Sicht auf die Wirklichkeit zu gelangen, müssen sich Heranwachsende in das Land der Schatten und des Grauens begeben und sich einen Begriff des Bösen machen. Wer nur die Harmonie, das Gute kennen lernt, bleibt ein armer Mensch, spürt, dass ihm etwas vorenthalten wurde.

Auch bei der Berufsfindung ist der Rat Außenstehender nicht selten hilfreicher als die Meinung der Eltern, die von Heranwachsenden häufig vorschnell als Zwang gedeutet wird. Heranwachsende brauchen Zeit, um Vorstellungen davon zu entwickeln, wo ihre Interessen und Schwerpunkte liegen. Manchmal sind Auszeiten zwischen Schulabschluss und dem beruflichen Einstieg wichtig, um sich treiben zu lassen.

Wenn Eltern ihren Kindern dann Rat erteilen, ist es wichtig, sich zu fragen, ob die Kinder elterliche Aufstiegswünsche erfüllen sollen. Entscheidend ist aber nicht, was Eltern möchten, wichtiger ist, was der Heranwachsende will.

Loslassen der Eltern

Die zuvor genannten Entwicklungsaufgaben laufen auf die Loslösung des Pubertierenden vom Elternhaus hinaus. Aus einer in der frühen Kindheit symbiotischen Beziehung ist im Laufe der Zeit eine losere, aber immer noch feste Bindung geworden. Die Kinder waren auf die Eltern angewiesen, Eltern trugen die Erziehungsverantwortung, sie übernahmen die psychische und physische Versorgung der Kinder, boten die emotionale Grundversorgung. Daraus wird in der Pubertät eine partnerschaftliche, auf gegenseitige Anerkennung gründende Erziehungsbeziehung.

Pubertierende lernen nun, für sich zu sorgen, übernehmen Verantwortung für ihr Tun. Dies gelingt zunächst durch eine negative Abgrenzung: Jugendliche lehnen die Eltern, ihr Handeln, ihre Überzeugungen ab. Sie machen alles anders als Vater und Mutter.

Ablösung und Verbundenheit gehören eng zusammen. Was für kleine Kinder, die die ersten Schritte in die Welt machen, zutrifft, gilt auch in der Pubertät: Nur im Gefühl von Schutz und Geborgenheit können Kinder loslassen.

Das Loslassen hat schließlich auch eine materielle Seite. Je schneller ein Ausbildungsplatz vorhanden ist, je eher ein Pubertierender eigenes Geld verdient, umso eigenständiger stellt er sich dar.

Auf die persönlichen Probleme, die Eltern mit dem Loslassen haben, bin ich schon mehrfach eingegangen. Doch es gibt auch objektive Hindernisse, denn das Loslassen hat eine innere und eine äußere Seite. Und hier haben sich – wie der Jugendforscher Helmut Fend feststellte – Widersprüche aufgetan: Einerseits kann man eine frühere körperliche Reifung der Heranwachsenden, ja eine rapide Beschleunigung der Entwicklung feststellen. Andererseits bedeuten längere Ausbildungszeiten in Schule und Beruf eine zunehmende Abhängigkeit des Heranwachsenden von der Familie. Innere Unabhängigkeit und äußere Abhängigkeit bringen Probleme und Spannungen mit sich: Heranwachsende können häufig nicht so, wie sie möchten, müssen Persönlichkeitsanteile unterdrücken, was sich nicht selten in psychosomatischen Beschwerden ausdrückt: Kopf- und Rückenschmerzen, Kreislaufprobleme, Nervosität und Konzentrationsstörungen, von Magen-Darm-Problemen ganz zu schweigen. Psychosomatische Beschwerden sind damit auch ein Ausdruck von Spannungen, die sich aus den Widersprüchen des Ablösungsprozesses ergeben.

Eine eigene Identität entwickeln

Zur Ausbildung eines eigenen Ichs gehört ein inneres Gleichgewicht, das von außen durch Rollen- und Aufgabenzuweisungen gestärkt wird. Die Heranwachsenden bekommen durch ihr Tun und Handeln Erfolgserlebnisse, positive Verstärkung und Ermutigung. So sind sie bereit, sich auf Neues einzulassen, zu experimentieren, neue Wege zu gehen.

Doch bevor es zu einer Neuorientierung und Stärkung des Ichs kommt, müssen Jugendliche viele Irrwege, Sackgassen und Umleitungen durchwandern. Denn die Ich-Bildung vollzieht sich nicht geradlinig. Stete Veränderungen bringen für alle Beteiligten große Anstrengungen mit sich: Manche Eltern zweifeln am Verstand ihrer Kinder, sehen sie in der Gosse oder Psychiatrie landen. Manche Jugendliche leiden still vor sich hin, andere stellen ungeschminkt und grell ihr Leid öffentlich dar.

Zur Identitätsbildung gehört es, dass Heranwachsende sich in ihrer Unvollkommenheit und Fehlerhaftigkeit annehmen lernen. Sie müssen die damit einhergehenden Spannungen aushalten. Die Ausbildung einer neuen, erwachsenen Identität stellt sich also als längerer Prozess dar, der durch Kontinuität und Bruch gekennzeichnet ist.

Wenn Eltern diese Zeilen lesen, werden manche einwenden: Der hat gut schreiben. «Leben Sie einmal mit einem Größenwahnsinnigen unter einem Dach», sagt eine Mutter, und ein Vater ergänzt: «Er besucht das Gymnasium und redet nur noch Scheiß. Ein Wahnsinniger!» «Einmal ist meine Tochter eine absolute Ziege», klagt eine Mutter, «zickig, meckerig, mit der ist nicht mehr auszukommen. Sie spuckt Gift und Galle. Und dann will sie mit einem Mal auf den Schoß. Die ist doch nicht ganz richtig im Kopf!»

Ich verstehe den Unmut, die Irritation, die Unsicherheit vieler Eltern, wenn der Heranwachsende in der Vorpubertät beginnt, Gewohntes über Bord zu schmeißen, aber noch keine neuen Segel hat, um zu neuen Ufern aufzubrechen. Denn Umbruchphasen gehen mit heftigen emotionalen Krisen einher, mit Zorn und Wut, mit Trauer und Tränen, stellen hohe Anforderungen an die Eltern. Aber Krisen sind Zeichen für eine Auseinandersetzung, die Heranwachsende mit sich und der Welt führen müssen. In dieser Zeit ist der Pubertierende schutzlos – wie der Hummer ohne Panzer. Jetzt braucht er Begleitung und Unterstützung, keine Besserwisser oder unsensible Scharfmacher.

Typisch für die Umbruchphasen, die der Neustrukturierung des Ichs vorausgehen, sind ein überzogener Egozentrismus und erhöhter Narzissmus. Heranwachsende beziehen alles auf sich, sehen nur sich, lassen anderes und andere nicht gelten:

- Eine geringe Kompromissfähigkeit geht mit einem fundamentalistischen Dogmatismus und Schwarzweißdenken einher.

- Größenphantasien treten genauso auf wie Verhaltensregressionen, d. h. die Rückkehr in frühkindliche Formen von Bedürfnisbefriedigungen (z. B. Kuscheln, emotionale Nähe).
- Eine verstärkte Wendung nach innen, Selbstzweifel, Misstrauen, Minderwertigkeitsgefühle, Zukunftsängste, Weltschmerz, Rückzug von Eltern und Freunden.

Durch dieses Tal der Tränen muss der Heranwachsende hindurch. Beim Aufbau einer eigenen Identität ist der Weg das Ziel. Alles ist im Fluss. Ein neues Selbstkonzept gibt es nicht umsonst. Wie ein Märchenheld am Ende seiner Reise wird auch der Pubertierende gestärkt heimkommen: Krisen auszuhalten gibt Kraft für Gegenwart und Zukunft. So gewinnt man Zutrauen zu sich, Freude am Leben.

Zweifelsohne kann die Identitätsbildung durch einige Faktoren behindert werden:

- wenn ein überbehütender oder machtorientierter Erziehungsstil Jugendliche festhält;
- wenn bei der Flucht in Cliquen, die zum Familienersatz werden, Autonomiewünsche nicht ausgelebt werden;
- wenn Heranwachsende Wünsche der Eltern ausleben müssen und ihnen keine eigene Identität zugestanden wird;
- wenn es Heranwachsenden in der Realität an positiven Vorbildern fehlt und sie in die Welt von Medien und Phantasie fliehen, um dort Defizite auszugleichen.

Der überwiegende Teil der Heranwachsenden – laut Angaben von Jugendforschern (z. B. Fend, Dreher, Olbrich) zwischen 80 und 90 Prozent – bewältigt die Entwicklungsaufgaben. Wichtig ist, dass die Lebenswelt Halt gibt, anregt und Selbstverantwortlichkeit vermittelt. Wichtig ist, dass Heranwachsende von Gleichaltrigen, Eltern, älteren Jugendlichen oder anderen Erwachsenen, z. B. Lehrern, in der Entwicklung begleitet werden.

Die Gleichaltrigen dienen dazu, sich auszutauschen, Standpunkte zu entwickeln, Meinungen zu bilden, Rollen und Verantwortung zu übernehmen. Die älteren Jugendlichen und Erwachsenen können aufgrund ihres Erfahrungsvorsprunges beraten.

Die Meinung der Eltern ist äußerst bedeutsam. Sie werden dann gesucht, wenn sie nach dem Grundsatz handeln: «Hilf mir, aber zeig mir nicht, dass du hilfst!» Diese Grundhaltung zeigt sich

- in einer bedingungslosen Annahme des Heranwachsenden,
- in Ermutigung und Übertragung von Verantwortung bzw. darin, Heranwachsenden Selbständigkeit zuzutrauen,
- in der Stärkung des Selbstbewusstseins,
- in einer Gesprächsbereitschaft sowie
- darin, Kinder nicht ständig mit anderen zu vergleichen.

Eltern leben Kindern ein persönliches Modell vor. Sie vermitteln ihnen z. B. eine Einstellung zur Sexualität, ethische Normen und Werte. Sie können ihre heranwachsenden Kinder bei Planungen unterstützen, wobei ihnen letztlich die eigenständige Entscheidung überlassen werden sollte.

So wichtig die Begleitung der Eltern ist, die eigenen Beiträge der Jugendlichen stehen im Vordergrund. Drei von den Heranwachsenden zu erbringende Leistungen erscheinen mir besonders wichtig:

- Die Auseinandersetzung mit dem Gestaltwandel und dem Wachstum führt zur Ausbildung einer körperlichen Identität: Die Heranwachsenden lernen, sich so anzunehmen, wie sie sind, sie übernehmen Verantwortung für die Körperpflege (z. B. Hygiene, Schlaf, Ernährung).
- Der Heranwachsende baut einen eigenen Bekannten- und Freundeskreis auf und gestaltet die Beziehungen zu den Eltern um. Es gibt erste intime Kontakte. Die Pubertierenden treffen Entscheidungen über die Freizeitgestaltung und über die Ausgabe des Taschen- bzw. selbst verdienten Geldes.
- Es gilt selbständige Überlegungen zur eigenen Lebensgestaltung anzustellen, eigene Überzeugungen zu vertreten, Standpunkte zu erwerben und zu verteidigen. Und es ist wichtig, Verantwortung für sich und sein Handeln zu übernehmen. Zudem beweist der Heranwachsende seine Zugehörigkeit zur Familie und zur sozialen Umwelt, indem er sich aktiv engagiert und sich einbringt.

Heranwachsende, die schon in jüngeren Jahren Mitverantwortung tragen, die eigenständig und selbstbewusst leben, lösen Entwicklungsaufgaben selbstverantwortlicher, mutiger und getragen von einem

Urvertrauen. Weil sie durch häufige Erfolgserlebnisse ermutigt sind, scheuen sie auch vor neuen Aufgaben, ja vor Krisen nicht zurück, sondern betrachten sie als Herausforderung.

Klassische Konflikte
im Familienalltag

Teil III

Die kompetente Erfüllung von Entwicklungsaufgaben kann durchaus mit depressiven Verstimmungen, mit Traurigkeit, mit Rückzug, mit Unsicherheit, mit Selbstzweifel, mit sich widerstreitenden Gefühlen oder Spannungen in den Beziehungen zu den Eltern einhergehen. Dies irritiert und verwirrt Erwachsene. Besorgte Eltern greifen vorschnell in Bewältigungsstrategien der Heranwachsenden ein, obwohl die sich solche Interventionen gar nicht wünschen.

Nicht nur Auffälligkeiten treiben Eltern Sorgenfalten in die Stirn. Auch Verhaltensregressionen, also das Zurücksinken in frühkindliche Formen der Weltwahrnehmung, oder eine aufgesetzte Betriebsamkeit vermitteln Eltern den Eindruck, die Tochter oder der Sohn werde von Problemen erdrückt. Aber der Umgang mit dem Kuscheltier von früher, der Rückgriff auf das Sorgenpüppchen im Bett, das Hervorholen und Blättern in Kinderbüchern von einst, eine fast kleinkindhafte Freude an Zeichentrick- und Tierfilmen sind Begleiterscheinungen der Pubertät. Verhaltensregressionen sind genauso normal wie endlose Telefongespräche mit Gleichaltrigen, die sich am Tag mehrere Male wiederholen können, oder ständige Fest- und Discobesuche oder Ausflüge in die nahe Großstadt.

Auch wenn die Mehrzahl der Heranwachsenden ihre Entwicklungsaufgaben bewältigt, darf man risikobeladene Pubertätsverläufe nicht übersehen. Es gibt Krisen, in die problembelastete Heranwachsende geraten können, die nicht zu verharmlosen sind. Solche Jugendlichen befinden sich nicht selten in einer äußerst schwierigen Situation, da es ihnen an Fähigkeiten fehlt, Probleme aktiv anzugehen und diese zu bewältigen. Eine schwierige Beziehung zu den Eltern, fehlende Freunde oder Minderwertigkeitsgefühle lassen ein Urvertrauen nicht zu. Es kann dann zu einer Anhäufung von Problemen kommen, die die Erfüllung von Entwicklungsaufgaben nachhaltig behindert. Risikoreiches Verhalten im Straßenverkehr, Konsum von legalen bzw. illegalen Drogen, gefühlsmäßige oder soziale Verwahrlosungstendenzen, Delinquenz oder Selbstmordgefährdung können – müssen jedoch nicht! – auf Unsicherheit, Misserfolgserlebnisse, auf zahlreiche, sich anhäufende Negativerfahrungen in Alltag und Familie hinweisen. Man kann verschiedene Faktoren anführen, die sich negativ auf die Bewältigung von Entwicklungsaufgaben auswirken können:

- ein überbehütender Erziehungsstil, der Kinder festhält,
- Erziehungsbeziehungen, die Konflikte ausschließen und auf das Prinzip «Harmonie um der Harmonie willen» setzen,
- Eltern, die die Veränderung ihrer Kinder nicht wahrnehmen oder wahrhaben wollen und die ihnen keine Eigenständigkeit zumuten,
- überforderte Eltern, die übersehen, wie wichtig von gegenseitiger Achtung geprägte Erziehungsbeziehungen sind. Überforderte Erwachsene muten ihren Kindern häufig eine emotionale Leere zu, in der Streit in persönlicher Herabwürdigung endet,
- Eltern, die mit Befehl und Strafe Unterwürfigkeit und Gehorsam erzwingen können, die Erziehung als Zurichtung des Heranwachsenden missverstehen,
- problematische Lebensereignisse wie Trennung, Scheidung, Umzug, Krankheit oder Tod wichtiger Bezugspersonen können zu einer Belastung werden.

In der Pubertät kann man problematische Einflüsse nicht völlig ausschließen. So bleibt Unsicherheit, die viele Eltern ängstlich werden lässt. Sie verfallen dann schnell in eine Pädagogik der Bewahrung. Gleichwohl lässt sich das Risiko eingrenzen, wenn man für schützende Rahmenbedingungen sorgt:

- Hierzu zählen Halt gebende Lebenswelten durch die Eltern – was freilich nicht mit Überbehütung zu verwechseln ist.
- Dem Heranwachsenden Eigenständigkeit und Eigenverantwortlichkeit für das eigene Tun und Handeln zu übertragen. Dies führt zur Selbständigkeit und Selbstvertrauen. Zudem ermutigen Erfolgserlebnisse, den begangenen Weg weiter zu beschreiten.
- Wichtig ist auch die Bedeutung von Freunden und die Einbindung in die Gruppe Gleichaltriger, weil die Heranwachsenden hier nicht selten Normen und Werte kennen lernen, die denen der Familie entgegengesetzt sind. Nur in der Auseinandersetzung erfährt der Heranwachsende einen eigenen Stand.

■ Nicht zuletzt die Auseinandersetzung mit den Eltern, um Konflikt-management zu erlernen. Sich Konflikten zu stellen bedeutet eine Herausforderung, wer Konflikten dagegen aus dem Weg geht, wird kein autonomer Mensch. Und deshalb suchen Heranwachsende die Auseinandersetzung mit den Eltern. Sie wollen von ihnen lernen, sie möchten ihre Eltern an Worten und Handlungen erkennen. Und wo sonst sollten sie dies erfahren, wenn nicht auf dem gefühlsmäßigen Fundament, das ihnen die Eltern anbieten?

Miteinander reden – miteinander streiten

Mein Vater», so Michael, 15 Jahre, «hört gar nicht richtig zu, wenn ich mit ihm rede. Der ist mit seinen Gedanken ganz woanders. Neulich habe ich ihn ausgetestet. Ich habe gesagt, ich hätte Hasch ge-raucht. Der hat nur gesagt: Ach so! Hat nämlich in seiner Zeitung gelesen. Eine Stunde später ist er in mein Zimmer gestürmt und hat gefragt: ‹Nimmst du Hasch?› ‹Klar!›, habe ich geantwortet. Da hat er einen Tobsuchtsanfall bekommen!»

«Wenn ich meinen Eltern gegenübersitze», so die gleichaltrige Mona, «dann komme ich mir vor wie im Gericht. Die wissen alles bes-ser. Absolut! Und dann die Vorträge von meinem Vater. Ganz der Staatsanwalt. Meine Mutter ist etwas sanfter. Doch ihr Urteil ist knall-hart, aber sie spricht wie ein Engel!»

«Meine Mutter ist ähnlich», so Nadine, «die hat einen Kursus über Gesprächsführung mitgemacht. Die versucht, mich auszutricksen. Aber das gelingt ihr nicht. Und dann fängt sie an zu säuseln, fährt die Gefühlsschiene. Wenn's dann immer noch nicht so klappt, wie sie will, ist sie beleidigt und schreit dann doch!»

«Ich erzähl nichts mehr von meinen Sorgen», verrät Nadja. «Meine Mutter fällt dann immer gleich in Ohnmacht. Die ist absolut über-ängstlich.»

«Wenn meine Mutter bei mir nicht mehr weiterkommt», so Stefan, 16 Jahre, «kommt sie mit der Tour: ‹Ich erzähl's dem Papa heute Abend.

Dann wirst du schon sehen, was du davon hast.› Aber der hat genügend eigene Sorgen, der will meine Probleme gar nicht wahrhaben.»

«Also geredet wird», empört sich Traudel, «bei mir zu Hause nur über Zensuren und die Schule. Und gefragt wird nur nach den Hausaufgaben. Ich kann das alles nicht mehr hören. Ich bin für meine Eltern nur noch eine Schülerin, aber keine Tochter.»

«Sie lassen einen nicht ausreden, haben für alles gleich eine Patentlösung», erklärt Lisa, «aber so richtig Interesse daran, was ich denke, welche Probleme ich habe, das haben sie eigentlich nicht.»

Kommunikationslosigkeit, Gesprächsarmut, der beleidigt-wortlose Rückzug nach einem Streit, das Nicht-zuhören-Können kennzeichnet viele Beziehungen zwischen Eltern und Kindern. Dabei haben Heranwachsende durchaus den Wunsch, mit ihren Eltern in Kontakt zu bleiben, auch wenn gleichaltrige Freunde und Bekannte in diesem Lebensabschnitt immer wichtiger werden. Viele Eltern deuten den Rückzug und die Abkapselung ihrer Kinder als Abbruch der familiären Beziehungen. Sie glauben, das sei das Ende von Erziehung. Welch Irrtum! Es ist für die Entwicklung des Jugendlichen wichtig, mit den Eltern im Gespräch, in Kontakt und in Beziehung zu bleiben.

Befragt man Jugendliche, was sie sich von ihren Eltern wünschen, dann fallen einige Aspekte auf:

- Gespräche brauchen Ruhe und Zeit. In Hektik und Trubel lässt sich nichts besprechen, lassen sich keine Konflikte lösen.
- Heranwachsende wollen sich angenommen fühlen. Dieses Gefühl entsteht, wenn man Zeit füreinander hat und Kontakt aufnimmt. Der entsteht eben nicht nur durch Sprache, sondern über Augenkontakt, persönliche Zuwendung oder eine vertrauensvolle Atmosphäre.
- Heranwachsende wünschen sich eine klare und deutliche Sprache. Sie möchten wissen, woran sie sind. Wenn sich Eltern Sorgen machen, wenn sie ärgerlich oder sauer sind, dann ist es unverzichtbar, diese Gefühle auszudrücken, ohne sie hinter Anschuldigungen, Ermahnungen oder Moralpredigten zu verstecken.
- Wichtige Grundvoraussetzung für Achtung und Respekt im Gespräch ist das Zuhörenkönnen, ohne vorschnell zu unterbrechen oder loszupoltern. Zum Zuhören gehören Nachfragen – aber kein penetrantes Ausfragen. Wenn Heranwachsende aus der Schule kommen und ge-

fragt werden: «Wie war's heute in der Schule?», können Eltern nur schwerlich eine wirkliche und genaue Antwort erwarten. Der elterliche Wunsch nach Kontaktaufnahme kann anders formuliert werden, z. B. indem man über den eigenen Vormittag berichtet oder eine Zeit ausmacht, wann die Schule Thema ist.

■ Manche Gespräche enden in lautstarken Auseinandersetzungen. Die Gefühle gehen allen Beteiligten durch. Nur lassen sich im Zorn keine Konflikte lösen. Dann ist es sinnvoller, sich für eine Zeit zurückzuziehen (z. B. den Raum zu verlassen), um dann – nervengestärkt – gemeinsam mit dem Pubertierenden nach Wegen der Verständigung zu suchen. Sollten im Streit unbedachte Äußerungen gefallen sein, dann zeugt es von Souveränität, sich zu entschuldigen oder vorschnell angesetzte Strafen zurückzunehmen. Und bedenken Sie: Auch Pubertierende brauchen Zeit, ehe sie sich für unbedachte Äußerungen entschuldigen können. Gleichwertigkeit im Gespräch gelingt nur auf der Grundlage gegenseitigen Respekts und gegenseitiger Achtung.

In Kontakt treten – Atmosphäre herstellen

Es ist eine paradoxe Situation: Oft bemühen sich Eltern, mit den Kindern in eine partnerschaftliche Beziehung zu treten, versuchen, ihre Bedürfnisse und Wünsche zu respektieren. Gleichzeitig nehmen Kommunikationsstörungen zwischen Eltern und ihren heranwachsenden Kindern zu. Manchmal beobachte ich, dass Eltern es schlicht und einfach verlernt haben, mit ihren Töchtern und Söhnen zu reden. Sie labern und schütten sie mit Wortkaskaden zu. Eltern nehmen nicht zur Kenntnis, was Pubertierende ausdrücken wollen, übersehen oder überhören die deutlichen Signale, die ihre Kinder setzen.

Wer mit Heranwachsenden zu tun hat, sollte drei Grundsätze berücksichtigen:

1. Überschätzen Sie nicht die Wirksamkeit Ihrer Worte! Wer mit Jugendlichen redet, muss in Kontakt mit ihnen sein, muss körperlich und geistig präsent sein.
2. Gespräche haben mit In-Beziehung-Treten zu tun. Wenn Gespräche häufig misslingen, dann überprüfen Sie, ob Mimik, Gestik und der Klang der Stimme vielleicht widersprüchliche Botschaften vermitteln.

3. Labern Sie nicht! Wortschwallduschen machen nur die Eltern nass – nicht aber Heranwachsende. Lernen Sie von Ihren Kindern, die nicht reden, sondern handeln.

«Aber was heißt denn das?», will Viktor Meins, Vater eines 14-jährigen Sohnes wissen. «Vor nicht allzu langer Zeit hieß es: Reden Sie! Seien Sie nicht autoritär! Erklären Sie alles! Und nun das: Handeln Sie!»

Es geht nicht darum, das Kind mit dem Bade auszuschütten oder von einem Extrem in das andere zu rutschen. In bestimmten Konfliktsituationen – wenn es darum geht, Anweisungen zu erteilen, Absprachen umzusetzen – hilft eine ruhige, vor allem kurze Ansprache. Sollten Ihre Kinder mit Ihrer Position nicht einverstanden sein, werden diese nachfragen, genauere Informationen einfordern, die Sie dann auch unverzüglich geben sollten. Sehr häufig haben Heranwachsende zu Recht das Gefühl, dass Eltern nur deshalb umständlich ihre Beweggründe erklären, um ja nicht als autoritär zu erscheinen. Sie deuten das als schlechtes Gewissen ihrer Eltern.

Christian, 12 Jahre, hatte seinen Vater längst durchschaut. Hans Holler ist – wie er selbst sagt – «ein Erklärungsvater. Ich möchte, dass mein Sohn Einsicht zeigt und deshalb etwas tut. Nicht, weil ich es sage!»

«Und?»

«Er zeigt keine Einsicht und macht, was er will!»

Christian schmunzelt, als sein Vater dies in einem Elternseminar anspricht. Sie hätten eigentlich wenig Stress miteinander, nur beim abendlichen Zubettgehen gebe es täglich Streit.

«Ich möchte, dass er um 21.00 Uhr einschläft. Er braucht viel Schlaf, zehn Stunden, denn er muss um 7.00 Uhr aufstehen. Und wenn er später ins Bett geht, dann ist er nicht ausgeschlafen!»

«Und wie sieht der Stress aus?» Ich bin neugierig.

«Na ja, er geht einfach nicht ins Bett. Er fragt: Warum muss ich zehn Stunden schlafen?»

Ich sehe Christian an, er nickt bestätigend: «Stimmt!»

«Und wie geht's weiter?»

«Ich frage einfach weiter. Warum muss ich zehn Stunden schlafen?» Christian grinst mich an.

«... und ich Depp antworte geduldig!», ergänzt ein sichtlich genervter Vater.

«Seine Argumente kenne ich», schmunzelt Christian. «Die sind in Ordnung, die treffen für alle zu, nur für mich nicht. Ich komme mit acht Stunden Schlaf aus!»

«Stimmt gar nicht», ruft der Vater. «Na ja, ich rede und hoffe, dass irgendwann bei ihm der Groschen fällt!»

«Wie lange diskutieren Sie schon?»

«Nicht diskutieren, reden, Herr Rogge, reden, überzeugen, reden, überzeugen», verbessert mich Christian und hebt den Zeigefinger, «mein Vater ist Vollzeitpädagoge, morgens in der Schule ist er Lehrer, nachmittags macht er es bei meiner Mutter, und abends bin ich dran!»

«Deine Mutter?»

«Er will sie auch von den zehn Stunden überzeugen, aber irgendwann setzt sie ihre Kopfhörer auf.» Christian stockt. «Und wenn sie dann nichts mehr hört, dann bin ich dran!»

«Und wie lange reden Sie?» Ich schaue den Vater an.

«Na, so bis elf, dann schleicht sich Christian entnervt von dannen. Ohne Einsicht!»

«Um elf? Jeden Tag?»

Christian nickt breit grinsend. «Herr Rogge, und so schlaf ich jeden Tag nur acht Stunden!»

Heranwachsende wissen zu unterscheiden, ob man sie manipulieren will oder ob man ihnen Zeit lässt, sich mit den Überzeugungen ihrer Eltern auseinander zu setzen. Hin und wieder sind sie auch für klare Anweisungen dankbar, wenn ihnen nicht der Wille gebrochen oder Befehle aufgezwungen werden.

Besonders empfindlich reagieren Heranwachsende freilich darauf, wenn Fragen bereits klare Festlegungen enthalten. Dann ist ein Machtkampf die logische Folge. Viele Eltern konfrontieren ihre pubertierenden Kinder mit rhetorischen Fragen, wenn sie die entsprechenden Entscheidungen längst gefällt haben, etwa: «Wollen wir nicht mal wieder Oma besuchen?» Oder: «Wollen wir nicht mal wieder eine Wanderung machen?» Dann bleibt den Heranwachsenden ein angepasst-unterwürfiges «Ja!», ein gleichgültiges «Meinetwegen!» oder der offene Widerstand.

Die Mutter von Franz wandte sich an mich, weil sie nicht mehr weiterwisse. Jeden Morgen gebe es heftigen Streit zwischen ihr und ihrem Sohn. Er ließe sie jeden Morgen auflaufen. Sie bittet um eine Beratung. Aber zum verabredeten Zeitpunkt kam nicht sie – sondern der 12 Jahre alte Junge. Wuschelhaar, große braune Augen, höflich-zurückhaltend, aber selbstbewusst im Auftreten.

Als ich ihn nach seiner Mutter frage, meint er lächelnd: «Die hat mich hier abgesetzt, ist dann weggefahren. Sie meint, ich sei das Problem!»

«Was für ein Problem?»

«Na ja, das mit dem Streit am Morgen. Hat Ihnen das meine Mutter nicht erzählt?»

«Doch. Aber weshalb, meinst du, sollen wir uns unterhalten?»

«Weil ich meine Mutter jeden Morgen hochgehen lasse wie eine Rakete!»

Ich nicke: «Hat deine Mutter gesagt!» Doch bevor ich weiterreden kann, meint Franz:

«Aber es muss sein, Herr Rogge, es muss sein!»

Ich muss lachen. «Verstehe ich nicht, Franz! Ich will morgens auch meine Ruhe haben, keinen Stress!»

«Ich auch!»

«Aber was ist denn der Grund für deinen morgendlichen Theaterauftritt?»

«Auftritt ist gut», lacht er. «Starker Auftritt. Da müssten Sie mal Mäuschen spielen!»

«Deine Mutter macht sich große Gedanken!»

«Viel zu viele. Die will die beste Mutter sein!»

Ich zucke mit den Schultern.

«Sie kennen sie nicht», klärt Franz mich auf. «Sie will die beste Mutter sein, aber sie ist ein Morgenmuffel. Sie steht nur auf, um mir das Frühstück zu machen, damit ihr keiner sagen kann, sie wäre eine schlechte Mutter. Aber ich bin morgens schon gut drauf. Ich lache, ich pfeife. Aber Sie müssen meine Mutter mal sehen. Hexe hoch drei. Der absolute Morgenvampir!» Er redet sich ein bisschen in Rage. «Ich habe ihr schon tausendmal gesagt, sie braucht mir kein Frühstück zu machen. Aber sie macht es.» Er stockt kurz: «Dann komme ich in die Küche, lächelnd, fröhlich pfeifend, sage freundlich: Guten Morgen!»

Er ahmt seine Mutter nach, spitze Lippen, schmale Augen: «Morgen!», ahmt er sie ärgerlich nach, «Morgen!»

«Ich sag dann ganz ruhig: ‹Hast du was?›»

«Nein!», schreit er förmlich hinaus, seine Mutter imitierend. Dann lacht er mich an: «Dann geb ich ihr noch eine Chance!»

«Und wie sieht die aus?»

«Ich frage: ‹Hast du wirklich nichts?›»

«Nein!», faucht sie.

«Tja», sagt er weise lächelnd, «da nerv ich drei Minuten, nörgele über den kalten Kakao oder die zu süße Marmelade. Dann fängt sie an zu kochen.» Er strahlt: «Und dann platzt sie, und ich denk, siehst du, Franz, hast du wieder Recht gehabt: Sie ist heute schlecht drauf!»

«Du kannst ja richtig fies sein!»

«Nein, nicht fies, Herr Rogge, aber warum müssen es uns die Eltern so schwer machen? Wenn ich frag: ‹Hast du was?›, braucht Mama doch nur kurz zu antworten: ‹Mir geht es nicht gut›!»

Franz formuliert hier intuitiv, was die Kommunikationspsychologie durch zahlreiche Untersuchungen belegt hat: 55 Prozent der Kommunikation laufen über Körpersprache, über Gestik und Mimik, 38 Prozent laufen über den Klang der Stimme und die Art des Sprechens, lediglich 7 Prozent vermitteln sich über den Inhalt und den Sinn der Worte. Missverständnisse in der Eltern-Kind-Kommunikation haben ihre Ursache häufig in der Unklarheit, mit der viele Eltern Absichten formulieren.

Hinzu kommt ein anderer, häufig übersehener bzw. wenig beachteter Aspekt. Eltern überschätzen nicht nur die Wirksamkeit ihrer Worte und Anweisungen. Sie unterschätzen zugleich, wie wichtig es ist, sich dem Kind zuzuwenden, Kontakt zu ihm aufzunehmen, wenn sie ihm etwas mitteilen wollen. Heranwachsende – und Erwachsene natürlich auch! – wünschen, angesprochen zu werden, sie wollen sich angesprochen *fühlen*. Wenn Eltern Jugendlichen Grenzen setzen wollen, sollten sie beachten: Zuerst Kontaktaufnahme mit den Augen, danach Körperkontakt bzw. Nähe geben, und erst dann eine eindeutige Sprache.

Wilma Meister erzählt über ihre Tochter Isabell, die 13 ist. Es gab Absprachen über die Mithilfe im Haushalt: «Aber meine Tochter tat nichts. Ich musste reden und reden. Aber sie hat sich immer noch nicht gerührt. Das Ende vom Lied ist: Ich musste nach wie vor alles selber machen! Doch dann habe ich die Taktik geändert.»

«Wie haben Sie denn reagiert, wenn Isabell sich nicht an die getroffenen Absprachen gehalten hat?»

«Früher hab ich sie ständig ermahnt: ‹Bring endlich den Mülleimer hinaus!› Jetzt gehe ich zu ihr ins Zimmer, klopfe vorher an, baue mich richtig vor ihr auf, Auge in Auge, auf gleicher Höhe: ‹Isabell, ich möchte, dass du den Mülleimer sofort hinausbringst!› Meistens klappt das, manchmal fragt sie: ‹Gleich?› Dann antworte ich: ‹O. k., in zehn Minuten ist alles erledigt!› Isabell findet mich anstrengend. Aber das geht an mir vorüber. Das Labern hat aufgehört.»

Die Mutter von Isabell hat ihre Priorität auf ein klares, für die Tochter verständliches Handeln gelegt. Sie fühlt, die Mutter redet nicht «um den heißen Brei», sie sagt, was sie will.

Klarheit in der Sprache und Festigkeit im Gefühl lassen gegenseitigen Respekt entstehen. Partnerschaftlichkeit und Gleichwertigkeit in Beziehungen können gewiss nicht in allen Situationen gleichermaßen gelebt werden – sie sind das Ergebnis andauernder Bemühungen.

Situation: Sonntagmorgen, Fabian, 14 Jahre, sitzt mit seinen Eltern, Monika und Walter Haas, zusammen.

«Wo warst du gestern Abend?», will der Vater wissen. «Du bist zwar pünktlich nach Hause gekommen, aber du hast nach Rauch gestunken!»

«Fabian, warst du wieder bei diesem Philipp? Du weißt, er ist keine gute Gesellschaft für dich. Und das Rauchen ist auch nicht gut für dich. Du hast es dann schnell mit den Bronchien. Das weißt du doch!» Auch die Stimme der Mutter hat einen besorgten Klang.

«Philipp ist in Ordnung!» Trotz liegt in Fabians Stimme.

«Wenn ich das höre», erregt sich sein Vater. «Wenn ich das höre! Wie der aussieht! Ein Ring durchs Ohr, einen in der Augenbraue …»

«… lass ich mir auch machen!»

«Fabian!», ruft die Mutter entsetzt. «Das gibt doch Wunden. Dann kann man sich leicht anstecken. Bitte lass das!»

«Also, so 'n Ding im Gesicht, und du brauchst gar nicht mehr nach Hause zu kommen. Ich mach mich doch nicht lächerlich mit dir!»

Und zu seiner Frau gewandt: «Du warst zu sanft mit ihm. Das haben wir nun davon!» Er atmet tief aus, Fabian wirkt unbeteiligt.

«Und was hast du bei Philipp gemacht?», fragt der Vater.

«Geredet!»

«Was? Geredet?»

Fabian nickt.

«Aber man redet doch nicht drei Stunden?»

«Doch!»

«Und worüber habt ihr geredet?», versucht es die Mutter besänftigend.

«Über alles!»

«Was ist alles?» Walter Haas ist ungeduldig.

«Über alles eben!»

«Und dann habt ihr auch geraucht?», fragt die Mutter vorsichtig.

«Ich nicht!»

«Und getrunken?» Ein unsicherer Klang liegt in ihrer Stimme.

«Ja!»

«Was habt ihr getrunken?», fragt der Vater.

«Cola!»

«War da etwa Alkohol drin?»

«Nein!»

«Wenn du uns nicht mehr erzählen willst oder das etwas ausführlicher machst, dann ist mit deinem Philipp Schluss. Schließlich sind wir deine Eltern», poltert der Vater los – lauter, als er es wohl vorgehabt hat.

Monika Haas will die Hand von Fabian streicheln, aber er zieht diese reflexartig zurück. «Wir meinen es doch nur gut mit dir.» Sie sieht ihn an: «Philipp ist doch nun wirklich kein Umgang für dich!»

Jetzt springt Fabian auf: «Ach, lasst mich. Ihr mit euren Sorgen. Das nervt. Ich will Freunde, die mir passen.» Er läuft mit den Worten «Jetzt habe ich die Schnauze voll!» aus dem Wohnzimmer.

«Aber, Fabian», ruft die Mutter ihm hinterher.

«Lass ihn», wütet der Vater, «mal sehen, wer hier zum Schluss die besseren Argumente hat!»

Die Situation veranschaulicht nochmals, was viele Jugendliche am Gesprächsverhalten ihrer Eltern kritisieren:

1. Eltern können nicht richtig zuhören. Sie konzentrieren sich nicht auf das, was der Heranwachsende vorträgt, haben vorgefasste Antworten im Kopf, wollen nur die eigene Meinung sagen, obwohl dies von Jugendlichen nicht immer gewünscht wird.

2. Nachfragen der Eltern empfinden Heranwachsende häufig als Verhör. Sie bohren nach, wollen alles wissen, spüren nicht die Grenzen, die ein Heranwachsender setzt. Je weniger Jugendliche das Gefühl haben, nicht alles sagen zu müssen, desto freier drücken sie sich häufig aus, desto mehr geben sie preis, was sie mitteilen möchten. Anders ausgedrückt: Je intensiver Eltern mit ihren Fragen in den Heranwachsenden eindringen, umso schneller machen sie dicht und ziehen sich zurück.

3. Heranwachsende wollen die Diskussion, die Auseinandersetzung; wenn sie aber das Gefühl haben, bekehrt zu werden, oder man von ihnen verlangt, sofort Einsicht zu zeigen, dann gehen Heranwachsende auf Konfrontationskurs.

4. In vielen elterlichen Kommentaren und Bewertungen erkennen Jugendliche versteckte oder verdeckte Vorwürfe. Sie fühlen sich nicht an- und ernst genommen. Sätze wie «Was hast du denn schon wieder angestellt?» oder «Fürchterlich! Bei diesen Freunden gehst du ein und aus!» oder «Das hätte ich von dir nicht gedacht!» lassen Offenheit und Vertrauen nicht entstehen.

5. Jugendliche haben das Gefühl, dass Eltern, wenn sie sich sorgen, mehr an sich denken – «Was sagen wohl die anderen, dass ich dieses Kind habe!» Jugendliche wollen Anteilnahme und Mitgefühl, aber keine überzogen-übertriebene Fürsorge.

Das höre sich ja alles gut an, meinte einmal ein Vater, aber es sei doch eben verdammt schwierig, mit Jugendlichen zu reden. Dieser Vater verdient Zustimmung: Manchmal kann man es Jugendlichen überhaupt nicht recht machen. Hin und wieder ist es fast unmöglich, dann nämlich, wenn Jugendliche nicht verstanden werden wollen und sich selber ein Rätsel sind, das ungelöst bleiben soll.

Ich-Botschaften sind keine Moralpredigten

Nicht nur Heranwachsende, auch Erwachsene können mit pauschalen Vorwürfen schlecht umgehen. Sätze wie «Du räumst nie auf!», «Du bummelst nur!», «Du kommst immer zu spät!», «Du wirst nur noch frech!» entmutigen Heranwachsende nicht nur, sie bringen Erwachsene dazu, Heranwachsende nur noch unter bestimmten negativen Gesichtspunkten zu betrachten. Kinder entwickeln umgekehrt Minderwertigkeitsgefühle, Wünsche nach Rache und Vergeltung. Sie treten mit den anklagenden Eltern in einen Machtkampf ein, machen das familiäre und häusliche Zusammenleben zur Hölle.

Vorwürfe, die mit «nie», «immer», «nur» daherkommen, sind unzulässige Verallgemeinerungen, sie enthalten nicht selten direkte oder indirekte Beschuldigungen. Solche Formulierungen sind ein Ausdruck dafür, dass Kindern bestimmte Verhaltensweisen zugeschrieben werden.

Nun brauchen Eltern nicht jede Verhaltensweise des Heranwachsenden hinzunehmen, vor allem dann nicht, wenn gegen Absprachen verstoßen oder die persönliche Integrität der Eltern verletzt wird. Entscheidend ist mithin, *wie* Eltern Störungen thematisieren. Vorwürfe, verallgemeinernde Anklagen helfen Heranwachsenden nicht.

«Das ist unmöglich, dass du ständig unpünktlich bist», schimpft Verena Heinz mit ihrer Tochter Rebecca, 14 Jahre. Sie verspätet sich tatsächlich häufig.

«Hab's vergessen», versucht Rebecca zu beschwichtigen.

«Du vergisst fast alles. Es ist einfach unmöglich.»

«Immer, wenn du nicht gut drauf bist, meckerst du gleich», kontert Rebecca.

«Bis eben hatte ich gute Laune.»

«Stimmt doch gar nicht, alles war schon beleidigt an dir, als ich zur Tür hereinkam.»

«Kein Wort mehr!» Die Stimme der Mutter klingt scharf.

«Morgen komme ich noch später, dann muss ich dich nicht so lange aushalten!»

Mit diesen Worten verlässt Rebecca den Raum.

Nicht der Sachkonflikt – das Unpünktlichsein – steht im Mittelpunkt dieser Auseinandersetzung, sondern eine «Beziehungskiste». Die Mutter greift ihre Tochter direkt an. Diese empfindet den Satz «Das ist unmöglich!» als «Du bist unmöglich!». Rebeccas Mutter ist verzweifelt: «Aber wie kann ich vermeiden, dass es ständig zu diesen Auseinandersetzungen kommt?»

Die Zauberformel lautet: Formulieren Sie Ich-Botschaften. Lernen Sie, sich so auszudrücken: «Ich finde es nicht in Ordnung, wenn du länger als abgesprochen wegbleibst. Ich mache mir dann wirkliche Sorgen.» Sind vorher Absprachen getroffen worden, dann könnte so fortgesetzt werden: «Wir hatten abgesprochen, dass du anrufst, wenn etwas dazwischengekommen ist. Und ich hatte gesagt, dass du morgen deine Freundin nicht besuchen kannst, wenn du das nicht machst. Und du warst damit einverstanden.»

Ich-Botschaften haben folgende Eigenheiten:
- Eine Person artikuliert ihren Standpunkt. Sie beschreibt die Situation, wie sie sie sieht, spricht ihre Gefühle an.
- Sie beschuldigt die andere Person weder direkt noch indirekt, trennt somit die Sache von der Beziehung.
- Gestik, Mimik, Stimme und Sinn der Worte stimmen überein.

Mir fällt auf, dass viele Eltern Ich-Botschaften missbrauchen und darin versteckte Anklagen unterbringen oder dass sie mit ihren Pubertierenden in einen «Therapeutischen Dialog» verfallen.

Wenn jemand dem Heranwachsenden mit sanfter Stimme und freundlichem Blick ein «Ich bin wütend, weil du zu spät kommst» hinsäuselt, dann sendet man eine doppelte Botschaft. «Ich bin ganz traurig, wenn du das machst», klagt eine Mutter mit Tremolo in der Stimme ihre Tochter an, die zum wiederholten Male ihre Freundin besucht und nicht ihre Hausaufgaben macht, obwohl sie schlechte schulische Leistungen aufweist. Hier stimmen Ton, Körperhaltung und Mimik nicht überein. Die Traurigkeit, die Betroffenheit wirkt aufgesetzt, eine versteckte Anklage ist eingebaut, mit Liebesentzug wird gedroht.

Spüren Pubertierende, dass ihre Eltern unklar bleiben, fühlen sie, wie man sie unter Druck setzt, dann revoltieren sie und lassen ihre Eltern auflaufen. Bedenken Sie: Ein gutes Gespräch gelingt nicht immer. Vieles hängt von der Tagesform ab. Manchmal ist man schlecht drauf, ein anderes Mal verpasst man den richtigen Zeitpunkt zum Gespräch, oder man rutscht wieder in altgewohnte Formen der Schuldzuweisung und Besserwisserei. So etwas kann passieren!

Deshalb: Legen Sie nicht Ihre ganze persönliche Energie in die Vermeidung von Fehlern. Es ist ebenso produktiv wie spannend, sich so zu akzeptieren, wie man ist. Wer sich und seine Fehler annimmt, der kann auch Pubertierende mit ihren Fehlern annehmen. Und für Jugendliche ist es ermutigend, mit Menschen aus Fleisch und Blut zusammenzuleben und nicht mit pädagogischen Obergurus, die alles wissen und können und die die Schuld, sollte das Erziehungsprogramm nicht funktionieren, niemals bei sich, sondern grundsätzlich beim Pubertierenden suchen. Nach dem Motto: Wenn du nicht so böse wärst, dann könnte ich auch gut sein!

Viele Eltern können besser mit Pubertierenden reden, als sie glauben, weil sie intuitiv einige Grundsätze für Streitgespräche beherzigen:

- Heranwachsende wollen als Person mit einer eigenen Meinung akzeptiert und respektiert werden. Bringen Sie ihnen Achtung und Respekt entgegen! Geben Sie ihnen das Gefühl, jederzeit mit Problemen und Sorgen zu Ihnen kommen zu können.
- Gespräche – gerade Auseinandersetzungen über Konflikte – brauchen Zeit und eine angenehme Atmosphäre. Sollte ein Gespräch in hitzigem Streit und gegenseitigen Vorwürfen enden, nehmen Sie sich eine Auszeit, unterbrechen Sie das Gespräch, und kommen Sie nach einiger Zeit, in der man zur Ruhe gekommen ist, wieder zusammen. Akzeptieren Sie dieses Handeln auch beim Pubertierenden!
- Gerade bei einem Konflikt- und Streitgespräch geht es um zukunftsorientierte Anregungen, um Lösungen und nicht darum, in der Vergangenheit zu wühlen. Dies führt allzu häufig nur dazu, sich gegenseitig Schuldvorwürfe zu machen oder sich gegenseitig die Rolle des Sündenbocks zuzuweisen.
- Bleiben Sie im Gespräch bei sich: Reden Sie nicht wie ein Jugendlicher, gleiten Sie nicht in autoritäres Gehabe ab. So sind Sie kein Vorbild, erzeugen höchstens Widerstand, der im Machtkampf endet.
- Nehmen Sie sich zurück, wenn der Pubertierende redet, hören Sie ak-

tiv und kritisch zu. Lassen Sie ihn ausreden, auch wenn er Meinungen äußert, die Sie nicht teilen. Fassen Sie – wenn nötig – seine Ansichten mit eigenen Worten zusammen, um zu überprüfen, ob Sie ihn verstanden haben.

- Halten Sie sich mit langatmigen Vorträgen zurück, unterlassen Sie moralische Belehrungen («Das macht man nicht!»), spielen Sie Probleme nicht ständig herunter («Das ist halb so wild!»), drücken Sie aber auch Ihre Gefühle aus (z. B. «Ich bin verärgert …», «Ich bin verletzt …»), wenn es nötig ist. Sprechen Sie in Ich-Botschaften, missbrauchen Sie diese aber nicht, um den Heranwachsenden unter Druck zu setzen!

- Wenn Ihre Meinung gefragt ist, dann seien Sie aufrichtig, nennen die Dinge beim Namen, auch wenn Ihr Kind anderer Meinung ist. Bedenken Sie: Heranwachsende wollen sich orientieren, dazu bedarf es der Reibung und der Auseinandersetzung.

- Stellen Sie Fragen, die Heranwachsende zum Sprechen bringen, die Meinungen hervorlocken, die Interesse an ihrer Person, ihrem Denken, ihren Gefühlen, ihren Intentionen zeigen.

- Sprechen Sie konkretes Verhalten und Handeln an, unterlassen Sie Verallgemeinerungen. Vor allem: Bleiben Sie beim Thema!

- Bedenken Sie: Gerade Streit- und Konfliktgespräche gelingen nicht immer. Sind Sie über das Ziel hinausgeschossen, dann entschuldigen Sie sich beim Gesprächspartner – aber ehrlich gemeint und nicht, weil «man» es macht. Gelingt Ihnen ein konstruktives Gespräch, so genießen Sie das Gefühl und denken darüber nach, warum es gelungen ist, und beherzigen dann den Grundsatz: Tue mehr von dem, was funktioniert!

Wie man Konfliktgespräche führt

Befragt man Eltern, dann nennen sie immer wiederkehrende Themen, die zum Anlass von Konflikten werden:

- die Unordentlichkeit in den Zimmern der Jugendlichen bzw. deren Neigung, die Schlamperei auf den ganzen Wohnbereich auszudehnen,

- die fehlende Mithilfe im Haushalt bzw. die Nichterledigung von vereinbarten häuslichen Pflichten,

- die Ausgehzeiten am Nachmittag und am Abend,
- die Freizeitwünsche bzw. -gestaltung,
- die Freunde und Freundinnen, die die Jugendlichen von ihrem Elternhaus entfernen und die möglicherweise einen problematischen Einfluss haben,
- Kleidung, Haarschnitt, Aussehen, die extrem übertriebene oder die nachlässige Körperpflege,
- Schule, vor allem Hausaufgaben und Leistungsverhalten, die außerschulische Ausbildung,
- Rauchen, Alkohol, Drogen.

Weil diese Auseinandersetzungen so alltäglich sind, ist es im Grunde höchst verwunderlich, dass sie schnell ins Grundsätzlich-Allgemeine abgleiten und nicht selten in wortgewaltigen Ausbrüchen und beleidigter Sprachlosigkeit enden.

Das muss nicht sein, auch wenn es keine Patentrezepte für Krisen- und Konfliktgespräche gibt. Deren Verlauf hängt nicht allein vom guten Willen aller Beteiligten, sondern häufiger und ganz banal von der Tagesform ab: Ist man gut drauf, geht alles wie von selbst. Ist einem eine Laus über die Leber gelaufen, fällt ein Reizwort, kann es schnell zur Eskalation kommen. Aber es gibt einige Grundsätze, die dazu beitragen können, um Konflikt- und Krisengespräche nicht ins Gefühlschaos oder in den Beziehungsclinch abgleiten zu lassen.

Solche Gespräche brauchen Zeit. Meist will man in einer Krisensituation ein Problem lösen, sich über etwas auseinander setzen. Unter Anspannung und Stress kommt kein Ergebnis heraus. Aus-ein-an-der-setzen – dies wird von den Beteiligten häufig nicht praktiziert, sondern die Beteiligten bleiben in der Hitze des Wortgefechts zusammen. Solche Nähe ist kontraproduktiv und lässt Chancen für Lösungen nicht zu, weil man sich verhakt oder verklebt hat. Lösung – dieses Wort – ist zunächst wörtlich zu nehmen: Wenn man nicht weiterkommt, besteht die Gefahr, vom Hundertsten ins Tausendste zu springen. Es ist dann nicht mehr möglich, konstruktiv zu sein. Dann heißt es, sich erst mal räumlich zu trennen. Sie sollten sich Distanz zumuten und möglichst am gleichen Tag einen neuen Anlauf unternehmen – beruhigt, bereit, den anderen anzuhören, sich in ihn hineinzuversetzen.

Konfliktgespräche scheitern oft, weil sie rückwärts gewandt sind. D. h., man hält nach Ursachen und Schuldigen Ausschau, anstatt sich intensiver um die Lösungen zu bemühen. Lösungen liegen manchmal näher, als viele meinen, denn in fast allen Familien gibt es Zaubertage. Das sind Ausnahmen, an denen alles optimal läuft. Hier können Sie nach den Gründen suchen. Eltern sollten freilich bedenken: Verlangen Sie nicht die sofortige Einsicht Ihres Kindes. Jugendliche, die in einem Konfliktgespräch sofort Verstehen signalisieren und auf jede Absprache eingehen, reagieren allzu beflissen und angepasst. In der Folgezeit setzen sie jedoch die Vereinbarungen nicht oder nur selten um. Heranwachsende benötigen Zeit, um das Gehörte zu verarbeiten, und sie müssen ihr Gesicht wahren. Wenn Jugendliche eine Vereinbarung sofort akzeptieren, können sie das auch als Niederlage, als Bevormundung empfinden, was Rache- oder Vergeltungsphantasien gegenüber Eltern auslösen kann.

Heranwachsende kritisieren gern, Eltern verallgemeinern schnell und unterstellen viel. Und tatsächlich ist es so: Viele Konfliktgespräche verlaufen deshalb so unproduktiv, weil alle Beteiligten – insbesondere die Eltern – sich nicht an zwei wichtige Grundregeln halten:

1. Es geht im Gespräch um die Klärung nur eines Problems. Das Aufarbeiten mehrerer Probleme führt dazu, sich zu verzetteln. Wer die nichtgemachten Hausaufgaben zum Anlass nimmt, mit seinem pubertierenden Sohn zu reden, und schnell über ausufernde Discobesuche oder die «schlimmen» Freunde spricht, darf sich nicht wundern, wenn das Gespräch angeheizt wird.
2. Viele Eltern beschreiben den Sachverhalt nicht, sondern sie unterstellen ihrem pubertierenden Kind eine Unart. Sätze wie «Du bist faul!», «Du ziehst dich immer mehr zurück!» oder «Du bist depressiv!» rufen beim Heranwachsenden häufig Gegenreaktionen hervor. Formulierungen wie «Ich finde, du nimmst das mit der Schule zu leicht!», «Ich finde, du bist sehr nachdenklich in der letzten Zeit!» oder «Du bist sehr still!» orientieren sich mehr an den Befindlichkeiten des Heranwachsenden.

Konfliktgespräche sollten mit konkreten Absprachen enden, die man – falls notwendig – auch schriftlich fixieren kann. Man sollte diesen

Zettel so aufhängen, dass alle Beteiligten ihn sehen, man an die Vereinbarung erinnert wird.

«Schon eine falsche Formulierung», so eine Mutter, «und meine Tochter, die Annabel, geht hoch.»

«Wenn du aber auch so einen Mist redest und mich nicht für voll nimmst», kontert die 14-jährige Tochter. Der Konflikt zwischen Mutter und Tochter endet ständig in «heißen» Auseinandersetzungen. Auslöser ist meist die Zeit, wann die Tochter zu Hause zu sein hat. Wenn die Mutter sagt: «Du bist heute um sieben zum Abendessen zu Hause!», dann platzt die Tochter vor Wut und empört sich: «Ich komme, wann ich will. Ich bin groß genug!»

«Aber ich möchte doch nur», sagt die Mutter zu mir, «mit ihr zu Abend essen und sie daran erinnern!»

Hier liegt ein typisches Missverständnis in der Kommunikation vor. Während die Mutter eine Formulierung gebraucht, in der sie nur verklausuliert ihre Bedürfnisse artikuliert, empfindet die Tochter diesen Satz als Angriff auf ihr selbst bestimmtes Handeln. Ein Satz wie «Du bist um sieben zum Abendessen zu Hause!» kann viele Botschaften transportieren:

- Der Sachaspekt: «Ich möchte, dass du um sieben zu Hause bist!»
- Der Appellcharakter: «Und verspäte dich nicht, so wie du dich häufig verspätest!»
- Der Beziehungszusammenhang: «Ich bestimme, wann du zu Hause bist!»
- Der Ausdruck eines Gefühls: «Ich sorge mich, wenn du nicht um sieben da bist!»

Entscheidend für den weiteren Verlauf des Gesprächs ist, mit welchem Ohr die Tochter hört, soll heißen, auf welchen der Gesichtspunkte sie antwortet: Nimmt sie den Sachaspekt («Ich muss um sieben zu Hause sein!»), den Appellcharakter («Mist, ich muss immer so früh zu Hause sein. Gerade wenn wir mitten im Gespräch sind, muss ich gehen!»), die Beziehungsdimension («Dauernd werde ich kontrolliert!») oder den emotionalen Ausdruck («Ich pass auf mich auf! Ich kann schon allein!») wahr?

Zu Missverständnissen – wie im vorliegenden Fall – kommt es immer dann, wenn sich die Beteiligten auf unterschiedlichen Ebenen unterhalten. Der angeführte Konflikt zwischen Annabel und ihrer Mutter zeigt es: Während die Mutter in diesem Fall den Sachaspekt in den Vordergrund rückt, glaubt sich Annabel auf der Beziehungsebene angesprochen. Sie fühlt sich von ihrer Mutter bevormundet, daher können sie sich nicht verständigen. Drücken Sie sich klar aus, und artikulieren Sie Ihre Gefühle! So helfen Sie sich und Ihrem Kind, angemessen und verständlich miteinander ins Gespräch zu kommen.

Konflikte und alltägliche Reibereien gibt es mehr als genug. Jede Familie hat bestimmte Situationen, in denen die Beteiligten regelmäßig und intensiv aneinander geraten. Der Ablauf dieser Auseinandersetzungen ähnelt einem eingeschliffenen Ritual, das sich mit genau verteilten Rollen, einer bestimmten Dramaturgie und vorauszusehendem Ausgang vollzieht: Eltern bestehen auf Regeln, die die Heranwachsenden anders sehen. Die mehr oder minder expliziten Anforderungen der Eltern lösen bei Jugendlichen Blockaden aus. Sie verweigern sich nach dem Motto «Jetzt erst recht!» oder «Jetzt nicht!».

Viele Eltern lassen sich schnell in die Rolle eines Gegners drängen, reagieren dann mit fast kindischem Trotz – wie unter der Überschrift: «Wir wollen doch mal sehen, wer hier gewinnt!» –, während die Pubertierenden denken: «Ich habe den längeren Atem!»

Andere Eltern geben in solchen Situationen rasch nach oder tragen sich mit schlechtem Gewissen: «Hab ich nicht zu viel verlangt?» – «Mein Gott – autoritär sein, das ist das Letzte, was ich sein möchte.» Gerade Heranwachsende spüren schnell, dass sich ihre Eltern nicht wohl fühlen, wenn sie sich als Vor- oder Leitbild darstellen. Gleichwertigkeit in der Beziehung zu pubertierenden Kindern bedeutet aber keineswegs Gleichrangigkeit oder «Gleichmacherei» – Eltern sind Heranwachsenden in mancherlei Hinsicht an Erfahrung und Wissen überlegen. Sie können Gefahren abschätzen, vorausschauend handeln. Dieser Hintergrund kann konstruktiv wirken oder hemmend, wenn der elterliche Erfahrungsüberschuss als Besserwisserei missverstanden wird. Eltern *verkörpern* Wissen, das Pubertierende erst erwerben müssen. Eltern bieten Bindung und damit Sicherheit. Pubertierende fühlen um diese Qualität des «Mehr», sie verlangen dieses «Mehr» geradezu von ihren Eltern – wenn auch nicht kritiklos.

Bedenken Sie: Wenn Heranwachsende Ihre Aussagen nicht widerspruchslos hinnehmen, dann zeugt das auch von Selbstbewusstsein. Für mich sind diese Reibungen natürlicher und altersgemäßer als Reaktionen, die elterliche Anweisungen mit einem «Jawohl, Mama!» oder «Jawohl, Papa!» beantworten. Pubertierende verrennen sich in bestimmte Sichtweisen: «Ich muss immer machen, was ihr wollt.» – «Ich darf nie.» Doch ist das nicht ihr Vorrecht, auch Erwachsene entwickeln nicht selten eine Sicht der Dinge, die nur schwer zu verändern ist.

Mir ist es wichtig, in der Beratung nicht allein nach den Gründen von Fehlhandlungen Pubertierender zu fragen, sondern von dem Umstand auszugehen, dass Jugendliche so handeln, wie sie es tun, und ihre Eltern diese Handlungen bewerten. Dabei fällt auf: Es sind häufig nicht die Handlungsmuster, die Eltern verunsichern. Es sind vielmehr die elterlichen Vorstellungen von diesen Handlungsmustern, die beunruhigen. Wie können Eltern zu einer angemesseneren Sicht der Dinge kommen?

Sarah Bertram hatte Stress mit ihrem 12-jährigen Lars. Das Thema waren die Hausaufgaben, die jedes Mittagessen zur Hölle machten.

«Ich frage ganz friedlich nach der Schule und den Hausaufgaben. Dann geht das Theater schon los. Er mault über das Essen, provoziert, wo er nur kann. Es ist, ehrlich gesagt, zum Kotzen.» Lars bestätigt dies: «Ich komme nach Hause. Und schon kommt die erste Frage: ‹Was habt ihr auf?› Und wenn ich dann was antworte, stellt sie schon fest: ‹Na, nicht so viel. Dann kannst du es ja gleich nach dem Mittagessen machen usw.› Und wenn ich dann dieses freundliche Gesicht von meiner Mutter sehe. Aber es ist ja nicht freundlich. Wenn ich nicht mache, was sie will, jault sie rum oder ist beleidigt!»

Ich unterhalte mich allein mit Lars.

«Was, glaubst du, wäre anders», frage ich, «wenn du nach Hause kommst, und es ist ein Wunder geschehen. Deine Mutter ist verzaubert. Woran würdest du das merken?»

«Daran, dass sie freundlich lächelt, mich in den Arm nimmt und von sich erzählt», meint Lars.

«Und woran würde deine Mutter bemerken, dass sich bei dir etwas verändert hat?», will ich wissen.

«Ich lass mich in den Arm nehmen und meckere nicht über das Essen!»

Als ich der Mutter diese Wunderfrage stelle, die auf den Therapeuten de Shazer zurückgeht, meint sie:

«Lars brüllt nicht ‹Mistessen› oder so etwas, wenn er die Haustür öffnet, oder: ‹Hier riecht es wieder so eklig!›»

«Und woran bemerkt er Ihre Veränderung?» Sie überlegt. Dann: «Ich frage nicht sofort nach der Schule!»

Ich vereinbare mit beiden, am nächsten Tag so zu tun, als sei ein Wundertag.

Als Lars nach der Schule die Haustür öffnet, findet er die Mutter nicht, die ansonsten im Flur steht und wartet, um ihre Fragen loszuwerden. Sie sitzt im Wohnzimmer, liest, sieht von der Zeitung auf und sagt: «Na, schön, dass du da bist.»

Lars sagt: «Scheiß Hausaufgaben. Was gibt's zu essen?»

«Spaghetti!»

«Deshalb riecht es so gut!»

Diese Situation verdeutlicht eine ungewöhnliche Methode.

- Viele Eltern bewerten nicht die Handlungen, die sie sehen, sie bewerten die Handlungen auf der Grundlage von Meinungen, die sie von diesen Handlungen haben. So hatte Lars kaum Chancen, sich dem mütterlichen Beobachtungsraster zu entziehen. Positive und soziale Persönlichkeitsanteile ihres Sohnes konnte die Mutter aufgrund der Fixierung auf das eine Thema gar nicht mehr wahrnehmen.

- Es geht bei der Veränderung der Wirklichkeitssicht nicht darum, Schuld anders zu verteilen – nach dem Motto: «Nicht das Kind hat die Probleme, sondern die Erwachsenen.» Vielmehr möchte ich den pädagogisch Handelnden veränderte Handlungsperspektiven zeigen. Wenn man versucht, die Wirklichkeit anders, d. h. angemessener zu betrachten, kann es gelingen, neue Lösungen für problematische Konfliktsituationen zu finden.

Der Ausgangspunkt für ein lösungsorientiertes Vorgehen ist die folgende Annahme: Pubertierende handeln so, wie sie handeln. Deshalb ist es bedeutsam, die Spielregeln zu erkennen, nach denen sie ihre Aktivitäten vollziehen. Nur wenn ich diese erkenne und mich zugleich als Element des Spiels betrachte, dann habe ich die Lösungsmöglichkeiten selber in der Hand.

Manchmal sind unorthodoxe Wege äußerst hilfreich. Waltraud Rüdiger hatte Beziehungsstress mit ihrer 18-jährigen Tochter Marlene, die nicht aufräumte und Unordnung im ganzen Haus verbreitete. Die Mutter räumte immer wieder auf, doch dies führte nicht dazu, dass ihre Tochter eigenständiger wurde. Als es der Mutter schließlich zu bunt wurde, suchte sie das Gespräch. Sie bemühte sich redlich, Marlenes Unart genau zu beschreiben und nicht in Verallgemeinerungen abzugleiten. Aber sie kam auch ohne Umschweife auf Veränderungswünsche zu sprechen. Sie bat Marlene um Mithilfe dabei, die Schlamperei anzugehen.

«Aber warum ich?»

«Ich habe es dir vorhin erklärt. Ich bin berufstätig. Und du hast dich entschieden, bei mir im Haushalt zu leben. Zu Papa wolltest du nicht. Und nun erwarte ich deine Mithilfe!»

«Aber ich bin abends abgespannt von meiner Ausbildung und müde. Ich brauche meine Ruhe!»

«Das beobachte ich. Aber ich habe dir meine Überlegungen erklärt!»

«Aber ich hab sie nicht verstanden!»

«Ich habe sie dir ein paar Mal sehr genau erklärt, und du hast durch dein Nicken gezeigt, dass du mich verstanden hast!»

«Aber keine aus meiner Klasse muss mithelfen, nur ich!»

«Das mag stimmen», antwortet die Mutter ruhig. «Aber du kennst meine Meinung!»

Die Mutter bleibt klar, wiederholt ihre Position, der Ton ist gelassen, sie lässt sich auf keine Provokation ein und nicht in einen Machtkampf hineinziehen. Am nächsten Tag sucht Marlene ihrerseits das Gespräch, will die Mutter weich klopfen, doch die bleibt bei ihrer Linie.

«Und wenn ich es nicht mache?»

«Marlene, du weißt, ich mag dich, aber ich habe es satt, dass wir deswegen streiten. Ich bin nicht deine Putzfrau!»

«Dann stellen wir eine Putzfrau ein», ruft Marlene.

«Die bezahle ich nicht. Und du kannst es nicht!»

«Dann lass uns die ganze Sache vergessen. Ich gebe mir schon Mühe! Es wird schon werden!»

«Ich habe viel versucht. Ich hab mit dir ständig geredet, aber den schwarzen Peter habe immer ich bekommen.» Sie sieht ihre Tochter fest an: «Marlene, dann suche ich mir einen Untermieter, und du ziehst aus! Du bist alt genug!»

Marlenes Unterkiefer klappt herunter, ihr fehlen die Worte. «Du magst mich nicht mehr», schluchzt sie mit einem Mal los.

«Doch. Aber dieser Stress, den ich mit dir habe, der belastet mich.»

«Du warst früher auch schlampig!», drückt Marlene mit tränenerstickter Stimme heraus, «du warst auch schlampig!»

«Stimmt, aber ich habe mich geändert, als ich eine eigene Wohnung hatte!»

Marlenes Verhalten änderte sich nicht, die Unordnung blieb. Nach drei Wochen gab die Mutter – wie sie Marlene als Konsequenz ihres Tuns angekündigt hatte – eine Annonce in der Zeitung auf – mit Chiffre-Nummer. Es kamen zahlreiche Anfragen. Als Marlene die Briefe auf dem Tisch herumliegen sah, flippte sie völlig aus, zog sich zwei Tage maulend und beleidigt in ihr Zimmer zurück. Dann eröffnet sie ihrer Mutter: «Ich ziehe zu Papa, dessen Freundin räumt wenigstens auf!»

«Marlene, ich kann dich nicht aufhalten. Ich bin damit nicht einverstanden, aber ich denke, du weißt, was du tust, wenn du zu Papa ziehst!»

Fluchend, die Tür zuschlagend, verlässt Marlene das Zimmer – und beginnt aufzuräumen.

An dieser Situation kann man noch einmal die Phasen von Konfliktgesprächen verdeutlichen:

■ Die Lage bzw. der Sachverhalt wird geklärt. Dazu zählt der Verzicht auf Vorwürfe, dazu gehört eine genaue Beschreibung. Eine Einigung kann nicht gegen den Pubertierenden erfolgen, vielmehr sollten Sie Ihr Kind um Mithilfe bei der Konfliktlösung bitten. Häufig gelingt dann schnell eine Absprache. Falls sie nicht zustande kommen sollte, kann man das Gespräch vertagen – mit der Auflage, dass alle Beteiligten sich zwischenzeitlich um eine Lösung bemühen. Dem Pubertierenden muss freilich klar sein, dass die Eltern an der eingeschlagenen Linie festhalten.

- Kommt man erneut zusammen, dann ist die elterliche Position mit Klarheit zu wiederholen. Dabei sollten Sie sich nicht auf Provokationen einlassen, auf Nachfragen nur kurz eingehen, vor allem gelassen bleiben. Notfalls hilft eine Auszeit.
- Halten sich Ihre Kinder nicht an gemeinsame Absprachen, sollten Konsequenzen folgen, die allen Beteiligten vorher bekannt sein müssen, die aber auch ein bisschen verrückt sein dürfen. Bedenken Sie: Konsequenzen sind einzuhalten! Inkonsequenz bedeutet aus der Sicht der Heranwachsenden, sich auf Eltern nicht verlassen zu können.
- Bei Konfliktlösungen kann man auch von Heranwachsenden lernen! Deren Kompetenzen sind genauso ernst zu nehmen. Tun Sie ihre Ideen, ihr Handeln nicht vorschnell als minderwertig oder zweitrangig ab.

Manchmal sehen Eltern freilich Probleme, die für Heranwachsende überhaupt keine sind. Eltern konstruieren Konflikte und wundern sich dann, wenn ihnen keine Lösungen einfallen.

Marlies Schrader, Mutter zweier Töchter, Beate, 12, und Bianca, 7 Jahre, erzählt mir, sie hätte einen Vortrag von mir zum Thema Aggressionen gehört. Am anderen Morgen am Frühstückstisch habe Beate gefragt, wo sie gestern gewesen sei.

«Auf einem Vortrag!»

«Was für ein Vortrag?», will Beate wissen.

«Na, ein Mann hat etwas über Aggressionen gesagt!»

«Was ist Aggression?» Beate klingt neugierig. Die Mutter überlegt: «Das ist, wenn du dich mit deiner Schwester fetzt, wenn ihr euch in den Haaren liegt, anbrüllt, bespuckt!»

«Und was hat der Mann dazu gesagt?»

«Ich soll mich da raushalten, wenn es so ist!»

Beate grinst breit: «Und was sag ich dir immer dazu!»

Der Nachmittag desselben Tages. Im Kinderzimmer eskaliert die Situation. Die Mutter stürzt herein.

«Beate! Bianca!», schreit sie mit lauter Stimme. Beate löst sich kurz von ihrer Schwester: «Mama, was hat der Mann zu dir gesagt!», und sucht dann die Haare ihrer Schwester, um fest daran zu ziehen.

Über Sexualität sprechen

Mit jungen Menschen in der Pubertät über Sexualität zu sprechen bedeutet für viele Eltern eine Gratwanderung zwischen Aufklärung und Einmischung. Es gibt Themen, die man ganz schnell mit der Pubertätsphase in Zusammenhang bringt: Gewalt, Trotz, Aussehen, Veränderung des Körpers, Stimmungsschwankungen, nicht zu vergessen: die Sexualität. Gespräche darüber sind – allen Beteuerungen («Damit habe ich überhaupt kein Problem!» – «Wir gehen absolut locker miteinander um!» etc.) und Aufklärungskampagnen zum Trotz – vielfach geprägt von Unsicherheiten, von Hemmungen, von Ausweichen, von Ängsten, etwas Falsches zu sagen oder zu tun.

«Mein Sohn zieht sich mehr und mehr zurück», erzählt die Mutter des 13-jährigen Sven. «Früher redeten wir über alles, über Mädchen, über Freundschaften. Ich hab ihn behutsam aufgeklärt, als er so etwa fünf Jahre alt war. Ich denke, er weiß Bescheid. Aber nun fragt er nicht mehr. Hab ich da was falsch gemacht? Ich komme nicht mehr an ihn heran!»

«Julia kapselt sich völlig ab», erzählen ihre Eltern, «seit sie ihren Busen bekommen hat und ihre Regel. Wir dürfen nicht mehr ins Badezimmer, sie zeigt sich nicht mehr nackt. Sie ist völlig anders. Manchmal habe ich den Eindruck, dass sie uns nicht mehr mag. Wir dürfen sie nicht einmal mehr anfassen.»

«Ich hatte mir vorgenommen», erinnert sich der Vater der 12-jährigen Sarah, «anders zu sein als meine Mutter früher. Die hat meine Schwestern mit ihren Ängsten zur Sexualität richtig terrorisiert. Aber ich merke, ich mache mir nun auch Sorgen. Ich will doch nicht, dass ihr etwas passiert oder dass sie irgendwann mit einem Kind ankommt und sich die Zukunft verbaut. Sie sieht älter aus, als sie ist, und richtig hübsch, findet aber keinen Freund. Sie leidet darunter. Hoffentlich schmeißt sie sich nicht irgendeinem an den Hals – aus einer Panik heraus oder weil der Gruppendruck so stark ist.»

«Ich ging», so beschreibt die Mutter des 14-jährigen Thomas verlegen eine Situation, «neulich in sein Zimmer, um aufzuräumen. Das mach ich einmal die Woche. Und da bin ich an eine Schublade gekommen. Seine Geheimschublade, das wusste ich. Die stand einen Spalt offen. Tja, da habe ich sie ganz geöffnet. Ich war neugierig. Das war nicht richtig. Und drinnen lagen die übelsten Pornos, richtig eklig, einfach verächtlich. Und dann noch 'ne Packung Kondome. Ich bin völlig verzweifelt. Was soll ich nun machen?»

Diese kurzen Aussagen zeigen schon, wie wenig selbstverständlich es ist, mit Heranwachsenden über Sexualität ins Gespräch zu kommen. Die Pubertät bedeutet für alle, die diese Phase durchleben und durchleiden, nicht nur eine radikale Veränderung in der körperlichen Entwicklung (die Ausbildung sekundärer Geschlechtsmerkmale, die erste Regelblutung, der Samenerguss), es kommt zu erheblichen seelischen Veränderungen und zu Brüchen in den Eltern-Kind-Beziehungen. Pubertierende ziehen sich zurück oder gehen – durch Mode, Haarschnitt, Aussehen – aus sich heraus. Pubertierende kapseln sich von Eltern und Geschwistern ab, suchen das Gespräch in der Gruppe Gleichaltriger. Pubertierende reiben sich an elterlichen Wertvorstellungen und Grenzen. Kein Thema scheint da geeigneter, weil provozierender, mehr Aufmerksamkeit zu erregen als die beginnende Sexualität, die ersten Liebesbeziehungen, die Auseinandersetzungen mit sexuellen Normen.

Mir fallen in diesem Zusammenhang zwei elterliche Deutungsmuster auf, die problematisch sind:

- Die manchmal «coole», wie selbstverständliche Art, mit der Pubertierende Sexualität thematisieren und darstellen, führt häufig zu einer ersten Fehleinschätzung. Erwachsene meinen dann, Jugendliche wüssten genau Bescheid, brauchten keine aufklärenden Gespräche, keine wertenden Feststellungen mehr. Jede Altersstufe und jede Entwicklungsetappe bringt jedoch – aus der Sicht des Heranwachsenden – andere Fragen mit sich, die Eltern herausfordern und neue Antworten notwendig machen. Sexualerziehung ist eben niemals abgeschlossen. Möchten jüngere Kinder noch wissen, woher denn kleine Kinder kommen, so bringen spätere kindliche Entwicklungsphasen andere Belastungen, Ängste und Unsicherheiten mit sich. Um es salopp zu formulieren: Es geht nicht um die Fragen des «Woher», sondern möglicherweise um ungewollte Schwangerschaften und den Schutz davor.
- Viele Erwachsene interpretieren die Abkapselung Pubertierender als einen (wenn auch vorübergehenden) Abbruch von Beziehungen. Wenn sich Heranwachsende in der Pubertät jedoch zurückziehen, dann nur deshalb, weil sie sich letztlich auf das gefühlsmäßige Funda-

ment zu den Eltern verlassen wollen. Begegnen Eltern nun der Abschottung ihres pubertierenden Kindes mit Gleichgültigkeit, dann können schwerwiegende Beziehungsstörungen die Folge sein. Der Heranwachsende fühlt sich allein gelassen, nicht angenommen. Deshalb: Bleiben Sie gesprächsbereit, auch wenn sich Ihr Kind zurückzieht. Und: Deuten Sie nicht jede Grenzüberschreitung (z. B. Verwendung obszöner Worte, Gebrauch pornographischer Schriften) als Niederlage in Ihren Erziehungsbemühungen. Aber zeigen Sie dann Ihre persönlichen Grenzen auf, falls Sie sich verletzt fühlen. Formulieren Sie Ihre Position selbst dann, wenn Sie möglicherweise als «altmodisch», «verkalkt» oder «vergreist» tituliert werden. Denken Sie daran: Gespräche mit Freunden, die Sexualaufklärung in der Schule sind für Ihr Kind hilfreich und wichtig, decken aber nur Teilbereiche ab. Jugendliche haben manchmal erhebliche Wissensdefizite in sexuellen Angelegenheiten, auch wenn sie nach außen als aufgeklärt erscheinen.

Einige Grundsätze sollten Sie bei aller Gesprächsbereitschaft beachten:

- Geben Sie keine ungefragten Ratschläge. Solche Ratschläge – selbst die gut gemeinten – sind manchmal Schläge der besonderen Art und enden nicht selten im Beziehungsstress. Haben Sie den Mut, abzuwarten, bis Ihr Kind kommt. Zeigen Sie Offenheit. Achten Sie zugleich auf versteckte Fragen und Gesprächsangebote. Das kann eine geöffnete Schublade ebenso sein wie ein liegen gelassener Liebesbrief. Und manchmal erzählen Heranwachsende Geschichten von anderen Jugendlichen, Geschichten, die aber die eigene Situation betreffen.
- Beantworten Sie Fragen, und halten Sie keine Vorträge. Denken Sie daran, was Ihnen in der Pubertät geholfen hat und was nicht. Hin und wieder ist es sinnvoll, eine Frage an den Jugendlichen zurückzugeben, um den Sinn der Frage zu erkennen (z. B. «Was meinst du damit?» – «Was ist denn deine Meinung zu dieser Frage?»). Eine ehrliche Antwort ist passender als eine perfekte. Wer ständig umfassend und perfekt daherkommt, entmutigt Heranwachsende. Im Gespräch zu bleiben schließt ein, keine letztgültigen Antworten zu formulieren. Fragen zur Sexualität verändern sich, und genauso wandeln sich möglicherweise Antworten. Falls Sie keine Antwort zur Hand haben, können Sie sich informieren, um dann – am nächsten oder übernächsten

Tag – an das Gespräch anzuknüpfen. Verwenden Sie in Ihren Antworten das angemessene Vokabular, reden Sie nicht um den heißen Brei herum (z. B. «Du weißt schon, was ich meine!» – «Du weißt, das da unten!»). Vermeiden Sie aber auch Verniedlichungen oder obszönverletzende, die Menschenwürde herabsetzende Bezeichnungen.

- Reden Sie mit Ihren Kindern über Empfängnisverhütung, wägen Sie gemeinsam Vor- und Nachteile der verschiedenen Möglichkeiten ab. Möglicherweise ist auch ein Arzt zu konsultieren. Aber denken Sie daran, dass sich Sexualität nicht im Geschlechtsverkehr erschöpft, es gibt viele andere lust- und gefühlvolle Praktiken.

- Wenn ich manche Eltern-Kind-Gespräche zur Sexualität höre, wundere ich mich über den klinisch-reinen Gesprächsstil, die steril-verkrampfte Atmosphäre. Humor und Lachen befreit, geben Gelassenheit, zeigen das Natürliche der Sexualität an. Erzählen Sie von sich und Ihren Erfahrungen während der Pubertät. Humor und Lachen haben nichts mit Stammtischwitzen zu tun.

Sie können Ihr Kind nicht vor problematischen Erfahrungen beschützen und bewahren. Sprechen Sie jedoch Ihre Ängste in Ich-Botschaften (z. B. «Ich mache mir Sorgen») offen an. Heranwachsende, die über ein intaktes Selbstwertgefühl und über Selbstachtung verfügen, kommen seltener in gefahrvolle Situationen. Vermitteln Sie Ihren Kindern, dass Sexualität mit körperlicher Selbstbestimmung, mit Achtung vor körperlicher Unversehrtheit zu tun hat. Kein Mädchen, kein Junge brauchen zu tun, was sie nicht mögen oder wollen. Das gilt selbst dann, wenn es jemand verlangt, den man mag. Sexuelle Selbstbestimmung ist frei von Nötigung, wer nötigt, übt sexuelle Gewalt aus. Achtung erfahren nur diejenigen Heranwachsenden, die ihren Körper selbst achten, die Respekt vor körperlich-sexuellen Bedürfnissen haben und die deshalb diese Achtung und diesen Respekt auch anderen abverlangen. Je klarer Eltern ihren pubertierenden Kindern diese Prinzipien vorleben, umso anschaulicher und nachvollziehbarer werden diese Überzeugungen sein.

Wiedergutmachungen

Nicht immer kann man Konflikte durch die beschriebenen Verfahren, durch Gespräche, konsequentes Verhalten oder unorthodoxe Methoden lösen. Schwierig wird es vor allem, wenn Pubertierende etwa vorsätzlich fremdes Eigentum zerstören und beschädigen, wenn sie andere Personen psychisch oder physisch verletzt haben. Jugendliche brauchen dann unmittelbare Reaktion und Beachtung, sonst weitet sich ihr zerstörerisches Handeln aus. Hier bietet sich die Methode der Wiedergutmachung an, ein pädagogisches Handlungsmuster, das man nur wenig anwendet. Die Wiedergutmachung ermöglicht es, sowohl die Perspektive des Opfers bzw. des Geschädigten als auch des Täters einzunehmen und beide Blickwinkel zum Ausgleich zu bringen.

Julia, Eike und Wolf, alle 14 Jahre alt, werden erwischt, als sie ihre Schule mit Graffiti besprühen. Was sie für künstlerische Selbstverwirklichung halten, stellt sich bei näherem Betrachten als vorsätzliche Sachbeschädigung dar. Alle drei sehen zwar ein, dass sie «Mist gemacht haben», wollen den Schaden aber über die Haftpflichtversicherung ihrer Eltern regulieren. Eike zum Schulleiter: «Ich bringe Ihnen morgen die Versicherungsnummer mit.» Doch der lässt sich darauf nicht ein. Er fragt: «Wie könnt ihr den Schaden rückgängig machen?»

Die drei zucken mit den Schultern.

Der Schulleiter wiederholt: «Ihr habt euch ja auf frischer Tat erwischen lassen!»

Eike überlegt.

«Vielleicht dem Hausmeister helfen?», fragt er vorsichtig.

Der Schulleiter nickt und fährt gelassen fort: «Nun habt ihr die Gelegenheit, eure Malerarbeiten rückgängig zu machen. Ihr helft dem Hausmeister bei der Reinigungsarbeit an der Mauer.»

Die drei maulen zwar, verbringen dann den Nachmittag mit der Beseitigung der Graffiti. Hier zeigen sich einige produktive Aspekte der Wiedergutmachung:

1. Wenn man wie zumeist Schäden bargeldlos begleicht, bedeutet das keine aktive Schadensbeseitigung. Durch eine konkrete Handlung wie die Reparatur oder Reinigung wird Jugendlichen die Möglichkeit gegeben, ihre Grenzverletzungen wieder gutzumachen. Dadurch gibt man ihnen auch die Chance, Verantwortung für ihr zerstörerisches

Tun zu übernehmen. Sie können Schuldgefühle bearbeiten, die möglicherweise mit dem Handeln einhergehen.

2. Die Wiedergutmachung muss man durch Gespräche begleiten und den Jugendlichen zeigen: «Ich nehme dich an. Aber nicht dein Verhalten!» Die Art der Wiedergutmachung ist gemeinsam zu entwickeln.

3. Die Wiedergutmachung muss zumutbar sein, die gefühlsmäßigen und intellektuellen Fähigkeiten berücksichtigen. Die Jugendlichen sollten die Gelegenheit erhalten, Verantwortung für ihr Tun zu übernehmen und entstandenen Schaden zu beheben.

Die Wiedergutmachung stellt eine Variante der Konsequenz dar und bedeutet damit eine weitere Alternative zur Strafe. Sie stärkt die Selbstverantwortung, ist auf die Lösung orientiert, weist in die Zukunft und nimmt die Opfer bzw. Geschädigten und den Täter ernst. Die Wiedergutmachung setzt Grenzen und bietet damit Orientierung.

Die leidigen Medien –
Fernsehen, Musik und Computer

An einem Streitgespräch über die Bedeutung der Medien im Alltag beteiligen sich Eltern und ihre pubertierenden Kinder. «Die haben nur noch die Glotze im Kopf», ereifert sich ein Vater, «und damit ich das schlechter kontrollieren kann, verschwindet mein Sohn zu seinem Freund.»

«Wir sehen nicht fern, wir reden», verteidigt sich Daniel.

«Du kannst mir viel erzählen», lautet die Antwort.

«Brauchst mir ja nicht zu glauben. Aber es ist so. Außerdem siehst du viel mehr fern als ich. Du hängst doch nur vor der Glotze.»

«Daniel», beschwichtigt die Mutter. «Wenn es nicht der Fernseher ist, dann ist es deine fürchterlich laute Musik. Du bist doch schon ganz unkonzentriert und schläfst davon schlecht!»

Daniel schüttelt den Kopf.

«Kannst es ruhig zugeben!», insistiert seine Mutter.

«Laute Musik ist gut», provoziert Daniel grinsend. «Saugut!»

«Diese laute Musik und dann diese Musikvideos mit ihren schnellen Bildern», so Yvonnes Mutter, «das muss sie einfach durcheinander bringen. Das hält doch kein Mensch aus. Also, wenn ich mir das nur ein paar Minuten anschaue, kriege ich Kopfschmerzen!»

«… und ich von deinen Talkshows», unterbricht sie ihre Tochter Yvonne. «Fliege und Ilona Christen. Das hält doch kein normaler Mensch aus! Aber du hängst davor und ziehst dir alles rein. Du bist der reinste Voyeur!»

«Yvonne, das verbitte ich mir.» Die Stimme der Mutter klingt scharf. «Das ist ja wohl ein Unterschied. Hier geht's um Menschenschicksale, bei dir um Berieselung.»

«Berieselung ist gut», ergänzt Sabrinas Mutter: «Wir haben früher noch selber musiziert. Auch uns hat das nicht gefallen, aber wir mussten es, und wir haben es gemacht. Die Kids lassen sich heute von vorne bis hinten berieseln, haben überhaupt keine eigene Meinung mehr!»

«Kennst du den Unterschied zwischen Techno und Hip-Hop?», fragt Sabrina.

«Zwischen was?»

«Na, zwischen Techno und Hip-Hop?»

«Ach, hör auf damit!» Ihre Mutter wirkt ärgerlich. «Damit muss ich mich nun wirklich nicht beschäftigen!»

«Oder zwischen Gustav Mahler und Schönberg?», setzt Sabrina nach.

«Woher willst du denn das überhaupt wissen?»

«Aus dem Musikunterricht!», triumphiert Sabrina.

«Ich find schon», beschwichtigt Pauls Vater, «die jungen Leute wissen viel. Ich glaub auch, sie haben ihren eigenen Geschmack, aber die wissen irgendwie nicht mehr, woran sie sind. Die haben eben alles. Ich weiß nicht, ob das so richtig war, Paul alles zu schenken – CD-Anlage, Kassettenrecorder, Radio, Fernseher …»

Sein Sohn unterbricht ihn: «Bis auf den Fernseher habe ich mir alles selber gekauft. Und den Fernseher habe ich von Opa, weil der im Altersheim keinen mehr brauchte.»

Sonjas Mutter nickt: «Ich glaub, wir haben euch zu wenig unter Kontrolle. Die schotten sich ab. Das meiste läuft zwischen den Freunden. Und man kriegt nichts mehr mit. Darüber mache ich mir schon Sorgen.»

«Und was erzählst du mir immer?», hakt Sonja ein. «Du hast es früher zu Hause nicht ausgehalten. Du bist doch auch zu deinen Freundinnen gegangen.»

«Aber das war doch was anderes. Oma ist nun völlig anders als ich. Oder?»

«Du bist jünger und modischer angezogen! Das ist alles!» Sonjas Mutter weiß kaum, was sie darauf sagen soll. «Mit dir kann man sich nun wirklich nicht ernsthaft unterhalten. Entweder ist es seicht, oder du bist frech!»

«Ich kann Sie da unterstützen», ergänzt Patricias Vater. «Ich glaube, diese Generation ist mit den Medien aufgewachsen und hat das Reden verlernt. Wenn ich so meine Tochter höre, wenn sie stundenlang mit ihren Freundinnen redet, es ist oberflächlich, ohne Tiefgang, und das stundenlang!»

«Ach, Papi», so Patricia lächelnd, «du bist ja nur sauer, weil du nur die Hälfte mitbekommst!»

Aus diesen Gesprächen wird die Bedeutung der Medien für Heranwachsende ebenso deutlich wie die Probleme, die Erwachsene damit haben:

- Eltern empfinden Medien sehr häufig als heimliche Gegner, als lästige Miterzieher, die den ohnehin schon schwierigen Alltag weiter verkomplizieren.
- Eltern benutzen Medien als Sündenbock, der für Schwierigkeiten in der Familie verantwortlich gemacht wird. Sie sind davon überzeugt: «Wenn es die Medien nicht gäbe, wäre das Alltagsleben konfliktfreier!»
- Eltern sind nicht selten der Auffassung, Pubertierende wären den Medien schutzlos ausgeliefert, sie würden passiv konsumieren, sich wahllos berieseln lassen. Deshalb – so die Schlussfolgerung – sei es elterliche Aufgabe, die Heranwachsenden vor den Einflüssen der Medien zu schützen.

Michael, 13 Jahre, geht auf eine Gesamtschule, sieht regelmäßig fern («so anderthalb Stunden am Tag»), hört Radio («Musik, die gut reingeht!»), hat CDs, Videokassetten («Action! Nur Action! Terminator! Rocky!»), liest Sport- («Judo, weil ich das mache!») und Computerzeitschriften («Habe selber einen!»). Er beschreibt seine Mediengewohnheiten so: «Video schaue ich mit meinen Freunden. Das ist gemütlicher als alleine. Ich nehme mir selber kaum was auf. Eher leihen wir uns was aus. Ich hab 'nen Pass bei einer Videothek, da bekomme ich dann manches günstiger. Im Fernsehen interessiere ich mich für Musiksendungen oder auch nur Sendungen über Geschichte und so. Krimis finde ich auch gut. Thriller, Psychothriller, Horrordinger habe ich auch schon gesehen, aber die sind langweilig dagegen. Ich find, die überziehen, und das ärgert mich. Mit dem Computer spiele ich auch nicht mehr so lange. Am Anfang war's schon arg. Taten mir am Ende die Finger weh, die Augen flimmerten. Aber nun spiele ich nur noch hin und wieder. Meistens mit Freunden, weil das spannender ist. Man kann sich mehr unterhalten. Das Beste aber ist die Musik. Ganz laut, dann spür ich sie gut. Dann kann ich alles vergessen. Aber wenn's zu laut ist, gibt's schnell Ärger. Also wegen der Musik, da haut mein Vater ständig auf den Putz.»

Die subjektive Bedeutsamkeit von Medien lässt sich am Gespräch mit Michael belegen, wobei ich auf der Basis von vielen Interviews einige Verallgemeinerungen vornehme:

- Pubertierende gehen mit einer Medienvielfalt um: Sie sind von Kindheit an mit Fernsehen, Radio, CD, Computer, Zeitung und Zeitschriften vertraut. Ein Alltag ohne Medien ist für sie nahezu undenkbar. Medien prägen bestimmte Handlungsmuster. Sie können einer Auseinandersetzung mit dem eigenen Alltag dienlich sein, aber zugleich Fluchttendenzen aus der Realität unterstützen: Medien können der Einsamkeit ebenso Vorschub leisten, wie sie Gespräche mit Gleichaltrigen unterstützen.
- Pubertierende gehen mit einer Vielzahl an Medien um, soll heißen: Sie leben in Haushalten, in denen zahlreiche elektronische Medien vorhanden sind. Sie verfügen selber über (Taschen-)Geld und können durch Kaufentscheidungen Eigenständigkeit demonstrieren – mit allen Vor- wie Nachteilen.
- Auch wenn das Fernsehen das herausragende Leitmedium darstellt, gelten für Pubertierende andere Hierarchien. Sie sehen durchschnittlich 96 Minuten am Tag fern, die Altersgruppe der 40- bis 49-jährigen dagegen schon drei Stunden, jeder 50- bis 60-jährige dreieinhalb Stunden. Kein Wunder, wenn sich Heranwachsende dagegen verwahren,

als dumpfe Glotzer abgestempelt zu werden. Das Fernsehen steht für Unterhaltung: Pubertierende bevorzugen Spielfilme, Sport- und Showsendungen. Und sie favorisieren die kommerziellen Programme.

■ Die bedeutsamsten Medien sind allerdings die visuellen (Video) und auditiven (CD, Kassette) Speichermedien. Während sich das Video als Medium entpuppt, über das sich Gleichaltrige des gleichen Geschmacks und der Abgrenzung nach außen (z. B. brutale Videos) versichern können, sind es bei der Musik die Tonträger (CD, Kassette).

Erwachsene verkennen häufig, was die Faszination von Medien ausmacht. Der Medienumgang Pubertierender zeichnet sich durch ein hohes Maß an zeitlicher Routine und einem räumlichen Ritual aus: das Buch am Abend, der Kinobesuch am späten Nachmittag, das Radio während der Hausaufgaben, das Buch im Bett, das Fernsehen vom Sessel aus … Diese Jugendlichen haben bereits in ihrer Kindheit gelernt, wie sie mit Medien umzugehen haben.

Sie wissen, wie und wo man sich ihnen zuwenden kann, was die Medien mit einem machen (Langeweile vertreiben, ablenken, in Spannung versetzen), welche Erwartungen durch die Nutzung eingelöst werden können: Vom Krimi verlangt man Spannung, vom Buch vielleicht Tagträume oder Ablenkung, von der Kassette Gefühl und Stimmung. Werden situative Erwartungshaltungen nicht erfüllt, kann es zum Abbruch der Rezeption kommen. Beobachtet man Jugendliche in ihrem Umgang mit Medien, wird deutlich, welch hoher emotionaler Anteil in der Zuwendung zu den Medien steckt.

Dieser Sachverhalt ist nur vor dem Hintergrund der alltäglichen Erfahrungen von Heranwachsenden zu begreifen. Medien verdrängen Isolation und Langeweile, kompensieren Stress und Einsamkeit, stiften Gesprächsanlässe. Man kann sich über und durch sie verständigen und ausdrücken. Hier wird anschaulich und konkret, dass der Medienumgang nicht nur etwas mit dem Inhalt eines Mediums zu tun hat (z. B. Action oder Abenteuer), sondern zugleich mit den subjektiven Bedürfnissen. Häufig ist Pubertierenden der Medieninhalt egal, bedeutsamer ist die Situation, in der sie ein Medium nutzen.

«Ich drehe nochmal durch», erzählt mir Hannes Schröder, Vater zweier pubertierender Söhne, «wenn die die Musik so laut machen. Die haben ihre Zimmer unterm Dachboden, aber wenn die ihre Bässe aufdrehen, dröhnt es durch das ganze Haus.»

«Ich weiß nicht», fragt sich Rosi Schramm, Mutter der 13-jährigen Karin, «wir haben ja früher auch viel gehört, aber diese Musik, ich weiß nicht, ob das wirklich gut ist. Meine Tochter fährt auf diese Teenie-Gruppen ab, diese Milchbubis, die den Mädchen den Kopf verdrehen. Ich meine, wir waren ja früher auch verrückt, aber das Ganze nimmt Ausmaße an, da kann ich nicht mehr mit. Ehrlich! Und als diese eine Gruppe mal auseinander ging …, irgendwas mit That …»

«Sie meinen Take That?»

«… da hat sie fast einen Nervenzusammenbruch gekriegt, eine richtige Depression!»

«Und ich kriege eine Depression, wenn ich diese Sprache in den Liedern höre. Doch nur Scheiße, Arschloch, eine richtige Fäkalsprache», empört sich Anja Ropers, Mutter des 14-jährigen Carlos, «das geht doch in den Liedern zu wie auf der Toilette. Da kann man doch gar nicht mehr gegensteuern. Und dann diese Lautstärke. Carlos hört das sogar noch, wenn er seine Hausaufgaben macht. Der kann sich gar nicht richtig konzentrieren. Aber wenn ich was sage, ist die Hölle bei uns los. Altmodisch sei ich, nur weil ich diese Scheißmusik nicht hören mag.»

«Hören Sie denn die Musik auch?», will ich wissen.

«Zwangsläufig! Aber wieso fragen Sie?»

«Wegen der Scheißmusik!», lächle ich sie an. «Sie haben einen Wortschatz wie Ihr Sohn!»

«Sehen Sie, wie das abfärbt!» Sie empfindet meine Bemerkung als wenig hilfreich.

Man kann mit unterschiedlichen Auffassungen über Musik auch anders umgehen, wie folgende Begebenheit beweist. Zwei Jugendliche stehen in der U-Bahn. Sie sehen schrill gekleidet aus und tragen einen riesigen Kassettenrecorder bei sich, aus dem laute Techno-Musik dröhnt. Einige Fahrgäste werden unruhig, sagen aber nichts. Aber der wachsende Unmut ist spürbar. Eine ältere Frau, so um die 65, wendet sich den beiden ruhig zu: «Einen interessanten Recorder habt ihr da.

Was ist das denn für eine Marke?» Wortlos, aber freundlich dreht ein Jugendlicher sein Gerät zur Frau und weist auf die Marke, indem er seinen Finger draufhält. Die Frau lächelt: «Und was ist das da für ein Knopf?» Darauf dreht der Jugendliche die Musik erst lauter, dann leiser: «Zum Laut- und Leisestellen!» Die Frau schmunzelt: «Könnt ihr das etwas leiser einstellen? Mir gefällt diese Musik nicht so besonders.» «Klar, Ihnen sollen ja nicht die Ohren abfallen!», lacht einer der beiden und dreht den Sound zurück. Dann setzen sich die beiden Punks zur Frau und beginnen ein Gespräch.

Fast jede Art von Musik, die Pubertierende anspricht, fordert schnell die Kritik der Erwachsenen heraus und wird unweigerlich zum Gegenstand kulturkritischer Erörterungen – nach dem Motto: schlimm, schlimmer, am schlimmsten. Mit jedem musikalischen Trend ist man – glaubt man den kulturkritischen Apokalyptikern – einen Schritt weiter auf dem Weg zur multimedialen Hölle.

«Wenn ich das so höre», so eine Mutter, «dann muss ich das ja wohl hinnehmen, wenn meine Tochter wieder ihre Musik laut stellt. Weil das gut für sie ist, wie Sie sagen.» Sie blickt mich an. «Dann muss ich mich wohl unterordnen.» Und mit ironischem Unterton fügt sie hinzu: «Sonst kriegt sie wohl 'ne Macke!»

Verständnis für das Handeln von Pubertierenden meint nicht, sich alles gefallen zu lassen. Allerdings kommt es darauf an, wie kritisiert, wie die Einhaltung von Grenzen eingefordert wird. Formulierungen wie «Deine laute Musik geht mir auf den Geist!» oder «Musst du denn deine Musik immer so laut stellen?» oder «Kann man die verdammte Musik nicht auch leiser hören?» oder «Wer diese Musik hört, der muss einfach nervös werden!» führen schnell zu Machtkämpfen: Pubertierende empfinden die Kritik an ihrer Musik als Kritik an der Person und rächen sich für das Missverständnis, indem sie die Musik noch lauter stellen oder immer schrillere Bands bevorzugen.

Ein Satz wie «Ich habe nichts gegen die Musik, aber sie ist mir jetzt zu laut!» oder «Ich bin gerade gestresst. Ich möchte, dass du die Musik leiser stellst!» kritisiert weder die Musik noch den Hörer. Sie formulieren eine eigene Position und kritisieren ausschließlich die Situation des Musikhörens. Jugendliche können mit diesen Sätzen besser umgehen, und sie lassen sich bereitwilliger auf Handlungsänderungen ein.

Kino

«Ich gehe ungefähr alle 14 Tage ins Kino, manchmal häufiger, manchmal weniger. Kommt darauf an, was sie im Kino zeigen», so Stefan, 15 Jahre. «Allein gehe ich aber nicht, grundsätzlich nur mit Freunden. Denn es geht ja doch ein ganzer Nachmittag oder ein Abend drauf, gemeinsam hinfahren, quatschen, bummeln und die ganzen Sachen hinterher besprechen. Allein ist es öde.»

«Da bin ich natürlich auch manchmal sauer, weil ich was nicht mitkriege von dem Film, weil man vor lauter Gejohle oder Gekreische absolut nichts hört. Das Härteste war einmal, ich glaub, das war bei Ballermann, da war so 'ne heiße Stimmung, das war absolut stark. Da kam der Vorführer rein und grölte, wenn nicht sofort Ruhe wäre, stoppte er die Vorführung. Aber der hat sich mit dem ganzen Gelalle doch nur lächerlich gemacht», schmunzelt Lutz, 16 Jahre.

«Also, manchmal gehe ich auch in eine Schnulze rein, weil die Anne mitkommt. Gott, und dann heult sie immer, na ja, und dann tröste ich sie, echt cool. Schau mir in die Augen, Kleines, und so, echt starkes Gefühl. Na ja, und wenn du dann mit 'nem Mädchen im Kino bist, da läuft auch schon einiges, und man kann ausprobieren, wie weit du gehen kannst», erklärt Norbert, 17 Jahre.

«Ich gehe am liebsten in Musikfilme», sagt Anne, 16 Jahre. «Wo die gut tanzen können, tolle Klamotten anhaben oder auch die Männer gut aussehen. Und wenn meine Stimmung danach ist, gehe ich auch in Schnulzen, da kann man schon mal abweinen. Wo kannst du denn heute noch heulen, ohne dass einer fragt, ist was mit dir? Aber ich finde Heulen ehrlich gut manchmal, das brauche ich einfach. Sonst musst du doch immer nur stark sein. Diese Filme mit Schlägereien oder Autorennen, diese blöden Verfolgungsjagden brauche ich nicht, das langweilt mich absolut. Ich gehe mit, weil eben die Clique hingeht oder Norbert, aber ich freue mich dann auch schon auf das Ende vom Film, dann gehen wir noch essen oder machen sonst noch was!»

Diese Gesprächsausschnitte veranschaulichen die Bedeutungen, die das Kino für Heranwachsende haben kann: Ein Film wird aktiv angeeignet, er bietet Anlass für Gespräche, er stiftet Nähe und Gemeinsamkeit.

Ins Kino gehen ist eine außerhäusliche Aktivität. Man taucht in andere Räumlichkeiten ein. Zugleich steckt im Kinobesuch eine Menge an Routine und Ritual. Es stellt sich als eine gemeinsame Unternehmmung mit Freunden dar. So gehört der immer gleiche Weg ins Kino genauso zur Routine wie das Getränk vor oder der Discobesuch nach der Vorstellung. Routine und Ritual setzen sich im Innern der Kinoräume fort. Doch sind sie nicht gleichzusetzen mit Langeweile und Monotonie. Gerade im Vertrauen auf das Immer-wieder-Gleiche liegen Voraussetzungen, sich geborgen zu fühlen, sich fallen zu lassen, Spannung zu ertragen oder sich einzulassen auf die Filme.

Die Gemeinsamkeit mit Freunden lässt die Spannung erträglicher werden. Sie fördert das Gespräch. Wer eine Vorstellung mit Jugendlichen zusammen besucht hat, weiß, wie sie sich Filme und die Kinoräume aneignen, wie sie – im umfassenden Sinn des Wortes – mitgehen: Sie springen auf, trampeln mit den Füßen, klatschen in die Hände, schreien, lachen, beschimpfen und feuern an, sie kommentieren und beruhigen sich. Manche weinen, andere lachen, die einen zittern und sind ruhig, andere zeigen ihre Gefühle, phantasieren und träumen – und sie tun es, je nach Film und Situation, intensiv, ohne Limit, gehen bis an die Grenze des Erträglichen. Die Art von Pubertierenden, sich ihre Filme anzueignen, über ihre Filme zu reden – nebenbei oder hinterher –, ist nicht nur Austausch und Verständigung über Geschmack und Qualität, diese Art ist auch Ausgrenzung von Erwachsenen, ihren Normen und Vorstellungen darüber, was ein «guter» Film ist.

Doch was wären Routine und Ritual, was wäre der Kinoraum und der populäre Film ohne seine Helden? Für den einzelnen Jugendlichen sind sie nicht austauschbar, vielmehr symbolisieren sie Wünsche, Träume, Ängste und Unsicherheiten. Die Helden und Heldinnen der Leinwand nehmen ihre Zuschauer mit auf Reisen in ferne Welten, wecken Sehnsüchte, sie sind der Gegensatz von Langeweile und Einsamkeit. Helden faszinieren, beunruhigen, verunsichern und ziehen doch immer wieder an. Sie spielen mit den Ängsten von Jugendlichen, sie spielen mit der Lust an der Angst und der Lust am Durchstehen von Abenteuern, die den Helden bis an den Rand der Vernichtung treiben.

Und die Helden stehen für noch mehr: Ihre Art, sich meist mittels Körperlichkeit zu behaupten, ist für männliche Jugendliche vor der Leinwand deshalb so faszinierend, weil sie so handeln, wie man es im

Alltag nicht kann oder darf. Die Art der Kinostars, ihre übernatürlichen Kräfte wie selbstverständlich einzusetzen, die Mischung aus Phantasie und Wirklichkeit zieht Pubertierende in den Bann, weil sie sich durch das Ineinander von Traum und Realität ernst genommen fühlen. Die Faszination, die Kinohelden ausmacht, gründet in den Alltagserfahrungen von Pubertierenden. Die Faszination ist ein unbewusster Protest dagegen, dass spezifische Ausdrucksmittel, die für die Pubertät so kennzeichnend sind – Bewegung, Lautstärke, Körpererlebnisse –, nicht mehr spontan und intuitiv ausgelebt werden können. Wobei nicht zu verkennen ist, dass bei manchen Filmen ein Trend zur Radikalisierung, z. B. in den Horrorfilmen, feststellbar ist. Doch darauf komme ich noch ausführlicher zu sprechen.

Computer und Spiele

Auch wenn Fernsehen, Radio und Kino manchen Erziehungsstress mit sich bringen, bedeutet der Computer für viele Eltern eine noch größere Herausforderung.

«Für mich», so Elsa Müller, Mutter von Martin, 11, und Lukas, 13 Jahre, «hat der Computer doch nur Nachteile. Meine beiden Söhne hängen nur noch an diesem Ding, vergessen alles um sich herum. Sie spielen doch nur noch damit. In der Schule sind sie leistungsmäßig wesentlich schlechter geworden. Die Hausaufgaben werden nur noch flüchtig gemacht, weil sie diese Spiele im Kopf haben. Neulich habe ich ihnen das Spiel mal für zwei Tage verboten. Aber das gab einen Riesenkrach. Dann sind sie zu Freunden. Haben dort gespielt. Also, das lässt sich wohl nicht verhindern. Das ist irgendwie so eine Regel: Entweder du machst da mit, wenn nicht, bist du außen vor: Vogel friss oder stirb! Ich bin da machtlos, und die Kinder haben die Macht. Und das gibt ständig Kämpfe.»

Hier konkretisiert sich eine *ablehnend-abwehrende* Haltung gegen Computer, in der auch durchscheint, dass man die technologische Entwicklung nicht aufhalten kann. Diese Einstellung birgt viel Resignation in sich. Eltern haben das Gefühl, dem Computer und den neuen Medien ausgeliefert zu sein. In diesen Familien wird der Computer nicht selten zu einem Instrument, an dem sich Machtkämpfe zwischen Eltern und den pubertierenden Kindern entzünden – Machtkämpfe, die die Heranwachsenden meist gewinnen und die Ohnmachtsgefühle bei den Eltern zurücklassen.

Günter Behrens, Vater des 11-jährigen Jan und des 15-jährigen Matthias, umschreibt seine Position so: «Also, ich glaub, der Computer ist schon ein Segen. Er macht vieles leichter. Ich verstehe nicht viel davon, ich brauche dieses Ding auch nicht mehr. Aber für meine Jungens ist das wichtig. Ohne die Technik haben sie keine Chance im Arbeitsleben. Deshalb sollen sie das Ding bedienen können. Ich lasse sie auch. Irgendwie glaube ich, das reguliert sich doch. Bei uns war's früher das Fernsehen, heute ist es eben der Computer. Du musst dich damit arrangieren. Dagegen anzukämpfen hat überhaupt keinen Sinn. Und irgendwie finden die Jungens schon ihre Grenzen.»

Der resignativ-abwehrenden Haltung entgegengesetzt ist diese eher *angepasst-pragmatische* Einstellung zum Computer. Diese Eltern sehen in der Technologie einen Fortschritt. Deshalb unterbleibt nicht selten eine differenzierte Abwägung von Vor- und Nachteilen. Eltern kontrollieren den Computerzugang ihrer Kinder kaum oder nur unregelmäßig. Zu dieser Haltung neigen oft Eltern, die generell nur wenig gemeinsame Zeit mit den Pubertierenden verbringen. Die Konsequenz dieser Einstellung zeigt sich häufig in der Art, wie die Heranwachsenden den Computer gebrauchen. Im Vordergrund steht die Nutzung von Spielen, während die Anwendung kreativer Möglichkeiten des Computers hintansteht. Auffällig ist weiterhin, dass diese Gruppe von Heranwachsenden sehr viel Zeit mit dem Gerät verbringt.

Die Mutter von Julia, 12, und Maren, 14 Jahre, meint: «Ich denke, man kann diese technische Entwicklung nicht gänzlich verhindern. Warum sollte man das auch? Da gibt es sicherlich eine ganze Menge Vorteile. Aber wenn ich mir die Computer in der Arbeitswelt ansehe, dann haben die doch Nachteile. Wenn ich nur an das Wegrationalisieren von Arbeitsstellen denke. Aber auch bei meinen Kindern! Oder in der Familie! Meinen Mann sehe ich manchmal stundenlang nicht, weil der am Computer hängt. Gut, er verdient sein Geld damit. Aber irgendwie geht alles auf Kosten der Familie! Bei meinen Kindern setze ich deshalb klare zeitliche Grenzen, was den Umgang mit dem Computer anbetrifft. Das kostet manchmal Nerven, aber es lohnt sich. Aber ich lasse mir auch vieles von meinen Kindern erklären, rede mit ihnen. Über den Computer. Ich glaube, das tut uns allen gut!»

Diese *kritisch-abwägende* Haltung betrachtet Vor- und Nachteile des Computerns unter dem Blickwinkel der intellektuellen, sozialen und gefühlsmäßigen Entwicklung von Heranwachsenden. Hinzu kommen die Auswirkungen des Computers auf das familiäre Zusammenleben. Dieser Gesichtspunkt wird insbesondere von Müttern vertreten. Eltern, die sich die Argumente dieser dritten Haltung zu Eigen machen, nehmen sich viel Zeit für ihre Kinder, setzen sich intensiv mit dem Computergebrauch auseinander.

Aufgrund der verschiedenen Gespräche, die ich mit Eltern über den Computergebrauch geführt habe, kann man eine Faustregel formulieren: Je stärker die Computernutzung in ein kommunikatives Umfeld (Familie, Geschwister oder Gleichaltrige) eingebunden ist, umso anspruchsvoller und ergänzender stellt sich die Nutzung des Computers dar. Dabei darf nicht übersehen werden: Der Umgang mit Lernprogrammen oder kreativen Möglichkeiten des Computers ist altersbedingt: Je älter die Kinder sind, umso differenzierter die Computer.

Befragt man Jugendliche, so sind diese vom Computer fasziniert, ihm aber nicht verfallen. Befürchtungen und Horrorprognosen aus den achtziger Jahren, wonach der Computergebrauch zwangsläufig zu einer Verringerung sozialer Kontakte bei Pubertierenden führen muss, lassen sich für die Mehrzahl der Heranwachsenden nicht bestätigen. Im Gegenteil: Die Computer-Kids sind zumeist eingebunden in die Gruppe Gleichaltriger, pflegen enge Freundschaften, tauschen sich aus und sind vielseitig interessiert.

Heranwachsende nehmen Computerspiele nicht wahl- und kritiklos an. Sie verfügen über fundierte Beurteilungskriterien bei den Spielgeräten. Die listige Weise, wie Computerspielprogramme verändert und kopiert, wie Codes geknackt werden oder in Datenbanken eingedrungen wird, weist zudem darauf hin, dass sich bei einem Teil der jugendlichen Computerspezialisten der Umgang mit Technik und die Entfaltung von sozialer Kreativität nicht ausschließen müssen.

Die Computerkultur von Jugendlichen hat aber noch eine weitere Funktion. Computerspiele bieten – wie Kleidung, Haarschnitt, Musikvorlieben oder sprachliche Rituale – eine Chance, sich nach außen, d. h. von Erwachsenen, abzusetzen, um sich damit gleichzeitig nach innen, bezogen auf die Gruppe der Gleichaltrigen, zu finden. Gute Computerspiele stellen eine Möglichkeit dar, sich eigener Qualifikationen zu versichern und sich einen Platz im System der Gleichaltrigen zu verschaffen. Darüber hinaus zeigen sich im Umgang mit den Computerspielen auch Spuren eines «neuen» Alltags. Heranwachsende beherrschen das Spielangebot besser und routinierter als Erwachsene, sie wissen um Vor- und Nachteile eines Produkts und setzen es entsprechend ein. Das gilt ebenso für das Verhältnis der Generationen untereinander. Die Macht-Ohnmacht-Relation, die manches Eltern-Kind-Verhältnis prägt, erhält beim Umgang mit dem Computerspiel Risse. So werden die Spiele seitens der Heranwachsenden nicht selten genutzt, um eine eigene Identität zu finden oder sich pädagogischer Bevormundung zu entziehen.

Ordnet man die Gespräche mit Pubertierenden über ihren Umgang mit dem Computer, so lassen sich typologische Motive benennen. Computerspiele können eingesetzt werden,

- um Eigenständigkeit und Selbständigkeit auszudrücken,
- um Normen und Werte (z. B. Leistung, Geschicklichkeit) zu dokumentieren,
- um Leistungen zu bringen, die Erwachsene nicht zeigen können und die sie daher ausgrenzen,
- um Körperlichkeit und Gefühl zu erleben,
- um gefühlsmäßige und psychosoziale Defizite auszugleichen,
- als Inbegriff von Unterhaltung und Kreativität,
- als Hobby und Einübung in den produktiven Umgang mit Technik.

Viele Eltern und pädagogischen Fachkräfte stehen den Computerspielen ablehnend, ohnmächtig, hilflos, insgesamt wenig verständnisvoll gegenüber.

«Ich finde diese Beschäftigung abartig. Das ist doch absolut langweilig. Da findet keine produktive Auseinandersetzung mehr statt.»

«Jugendliche werden auf technische Problemlösungen verwiesen. Das Menschliche bleibt doch außen vor.»

«Ich finde, dass der Computer vieles vorgibt. Er verspricht Spaß. Aber im Leben, beim Lernen ist eben nicht alles Spaß. Da musst du auch viel Frust aushalten.»

Dieser Einstellung will ich einige Aussagen von Pubertierenden gegenüberstellen:

«Also, Spiele sind eine echte Herausforderung. Am Anfang verliert man, aber dann wird immer alles besser.»

«Baller-Spiele mache ich zwar auch, aber spannender sind solche, wo man nachdenken muss, Strategien entwerfen.»

«Klar, wenn ich zwei, drei Stunden vor dem Gerät hocke, bin ich sehr angespannt. Aber das vergeht dann auch schnell.»

«Ich find's toll. Man hat Erfolgserlebnisse; wenn du gewinnst, hast du schnell das Gefühl, du kannst was. Und wo hast du das Gefühl sonst im Alltag?»

Heranwachsende haben andere Erwartungen als Erwachsene. Sie weisen den Computerspielen eine ganze Bedeutungsvielfalt zu: Sie klären Unbekanntes, arbeiten sich an Herausforderungen ab, lernen, Dinge aus ihrer Warte zu betrachten. Mittels des Spiels versuchen Heranwachsende auf eine ihnen angemessene Weise, Probleme zu bewältigen. Sie schaffen sich Rituale und Regeln, um Probleme zu lösen.

Die Faszination, die Computerspiele haben, lässt sich unter fünf Gesichtspunkten zusammenfassen:

1. Das Computerspiel ist ein gefühlsmäßiges Vergnügen. Es zieht in den Bann, verschafft eine positive Erlebnisdichte.
2. Computerspiele vermitteln Erfolgserlebnisse, positive Streßgefühle. Allerdings kann auch das Gegenteil passieren: ständige Frustrationserlebnisse, bezogen auf die Spiele, bringen manchen Spieler erst dazu, noch mehr Zeit vor dem Gerät zu verbringen, um die Spielabläufe zu beherrschen.
3. Erfolg und Kontrolle gehören beim Spiel eng zusammen. Nur derjenige, der die Regeln und Abläufe beherrscht und kontrolliert, wird gewinnen.
4. Es gibt Altersunterschiede bei der Spielintensität und -auswahl. Zwischen dem 10. und 15. Lebensjahr herrschen Action- und Abenteuerspiele vor. Vom 15. Lebensjahr an nimmt die Faszination dieser Spiele ab.
5. Es existieren Unterschiede zwischen männlichen und weiblichen Pubertierenden. Mädchen favorisieren lustige Spiele, bei Jungen herrschen Action und Abenteuer vor. Hier setzt sich im Übrigen fort, was beim Umgang mit anderen Medien schon zu beobachten ist.

Freilich: Es gibt keine einflusslosen Medien. Dies gilt auch für den Computer. Doch in welcher Weise sich dies genau auf Pubertierende auswirkt, hängt entscheidend davon ab, mit welchen intellektuellen, emotionalen und sozialen Vorerfahrungen Heranwachsende an das Computern herangehen.

Viele Eltern befürchten, ihre Pubertierenden würden vom Computer abhängig. «Mein Kind ist computersüchtig», sagte ein Vater neulich in einem Telefongespräch. «Er sitzt nur noch vor diesem Gerät, hat kein Interesse mehr an anderen Dingen.»

Die intensive Zuwendung zum Computer, die über Monate hin sich erstreckende zeitintensive Nutzung, ja die damit verbundene Selbstisolierung kann durchaus auch ein Hilfeschrei des Pubertierenden sein, mit dem er sich Aufmerksamkeit verschaffen und auf unbewältigte Probleme in seiner Nahwelt hinweisen will. Wenn Pubertierenden keine anderen Freizeitaktivitäten offen stehen, insbesondere außerhäusliche Aktivitäten, wenn sie sich von Eltern, Geschwistern und Freunden isolieren, wenn sie entmutigt sind, über wenig Selbstwertgefühl und -vertrauen verfügen, wenn der Computer zum Fluchtort wird, sollte es Eltern nachdenklich stimmen. Dann gilt es, die Rahmenbedingungen der Nah- und Umwelt des Jugendlichen zu überprüfen. Nachstehende Checkliste kann dabei behilflich sein. Eine übermäßige und zeitintensive Nutzung des Computers kann als Reaktion des Heranwachsenden gedeutet werden, um auf

- schulische Probleme (Überlastung, Überforderung, Versagensängste etc.),
- Probleme mit Freunden,
- fehlendes Urvertrauen, nicht vorhandenes Selbstwertgefühl, Entmutigung,
- starke Spannungszustände bei gleichzeitig fehlendem Stressabbau,
- unbefriedigende Eltern-Kind-Beziehungen, Gleichgültigkeit in zwischenmenschlichen Beziehungen sowie nicht vorhandene alternative Freizeitangebote hinzuweisen.

Tipps für gelassenes Handeln

Ich möchte abschließend ein paar Grundsätze formulieren, die Eltern beherzigen können, um dem Medienumgang der pubertierenden Kinder mit Gelassenheit zu begegnen:

- Machen Sie sich bewusst, aus welchen Motiven Ihr heranwachsendes Kind mit den Medien umgeht. Unterscheiden Sie beim Computer die intensive anfängliche Faszinationsphase und die Art und Weise, wie ein Pubertierender in späteren Phasen damit umgeht. «Zu viel Fernsehen» oder «zu viel Computer» – das Maß ist schwer zu bestimmen. Entscheidend ist die Motivation, mit der Jugendliche an die Medien herangehen. Werden sie zur Flucht, zur Selbstisolation benutzt, dann stellt schon eine sehr kurze Zeit ein Problem dar.

- Heranwachsende brauchen Unmittelbarkeit, Anschaulichkeit, Bewegung und den Kontakt zu Gleichaltrigen. Deshalb muss sich der Mediengebrauch dem normalen Tagesablauf unterordnen und nicht umgekehrt. Bedenken Sie: Das Bedürfnis der Heranwachsenden nach Medien wird umso geringer, je intensiver sie andere Freizeitmöglichkeiten nutzen können.

- Wenn Ihr Kind sich dauerhaft und überaus intensiv mit einem Medium beschäftigt, deuten Sie das durchaus als Hilferuf. Die Flucht in Medien kann ein Hinweis auf eine unbefriedigende Lebenssituation des Kindes sein.

- Medienverbote helfen in der Regel wenig. Sie führen zu einem Machtkampf zwischen Eltern und Heranwachsenden und fördern kindlichen Widerstand und Protest. Medienverbote führen vielmehr zur Heimlichkeit. Medien sollten weder als Belohnung noch zur Bestrafung benutzt werden, denn dadurch gewinnen sie an zusätzlicher Bedeutung.

- Heranwachsende brauchen, um in ein Computerspiel hineinzufinden, Zeit. Diese Zeit sollten Sie ihnen lassen! Aber Kinder brauchen auch Eltern, die Maßlosigkeiten beim Computerspielen mit zeitlichen Grenzen einzuschränken wissen. Dies gilt auch für den Gebrauch des Videos oder des Fernsehens. Das bringt Reibereien und Streit mit sich! Lassen Sie sich nicht durch das Argument verunsichern, alle anderen dürften länger mit dem Computer spielen oder intensiver fernsehen. Bleiben Sie konsequent!

- Orientieren Sie sich bei der Medienerziehung am Alter des Kindes:

Ein 10-jähriger braucht engere zeitliche Grenzen als ein 15-jähriger. Deshalb ist Medienerziehung niemals abgeschlossen, sondern sie verändert sich mit der Entwicklung des Heranwachsenden. Je älter die Jugendlichen werden, umso mehr Mitspracherecht brauchen sie.

- Wenn Ihnen Inhalte der Spiele, wenn Ihnen Sendungen nicht gefallen, sagen Sie dies. Formulieren Sie Ihre Kritik in Ich-Botschaften! Vermeiden Sie Moralpredigten und besserwisserische Belehrungen! Vermeiden Sie Verbote! Wecken Sie Einsicht! Verbote führen zu Heimlichkeiten, Einsicht dazu, Verantwortung für das eigene Handeln zu übernehmen.

Konsumwünsche und Selbstbedienungsmentalität

In Gesprächen mit Eltern und Pubertierenden fällt mir ein Widerspruch auf: Heranwachsende beklagen sich, selten etwas allein machen zu können oder zu dürfen (Mutter: «Nun lass mal, ich mach das schon!» oder Vater: «Ich hab's dir ja gesagt!»). Und Eltern stöhnen, Kinder seien durch Werbung und Konsum verdorben, würden im Alltag nur dann mithelfen, wenn «etwas dabei herausspringt», ließen sich von vorne bis hinten verwöhnen. Tatsächlich handeln manche Kinder so, als wohnten sie im Hotel «Mama und Papa», könnten Rechte einfordern, ohne Pflichten zu übernehmen. Aber verwöhnte Heranwachsende, die nicht mithelfen, die ständig fordern, ja eine Art Dienstleistungsbeziehung im häuslichen Alltag pflegen, sind häufig dazu erzogen worden.

Johannes, 12 Jahre, über den seine Mutter klagt, er rühre «keinen Finger im Hause», erzählt mir: «Früher, als ich so 4 Jahre war oder 5, da wollte ich mithelfen, den Tisch decken oder die Geschirrspülmaschine aus- und einräumen. Aber das ging Mama nicht schnell genug. Oder ich habe es nicht richtig gemacht. Sie hat mir alles aus der Hand genommen. Irgendwann habe ich nicht mehr gefragt. Und nun habe ich keine Lust mehr!»

Wer Heranwachsenden keine Pflichten zumutet, die sie bewältigen können, entmutigt sie, gibt ihnen keine Verantwortung und sollte sich auf Dauer nicht wundern, wenn sie sich zurückziehen und nicht bereit sind, Aufgaben zu übernehmen. Ein Gefühl von Zugehörigkeit entwickelt sich bei Jugendlichen nicht allein durch emotionale Nähe zu Vater, Mutter oder Geschwistern, sondern auch, indem man ihnen häusliche Aufgaben und Pflichten zuweist. Indem Heranwachsende etwas leisten und ihr Können unter Beweis stellen, bauen sie Selbstbewusstsein auf. Selbstverständlichkeiten brauchen keine ständigen Belohnungen in Form von Geld oder anderen materiellen Zuwendungen. Ein «Danke!», ein Lächeln, eine Geste drücken Zuneigung besser aus als ein Geldstück.

Ulrich, 13 Jahre, hatte seine Eltern gut im Griff. Eigentlich war er zu Hause für das Rasenmähen und das Straßefegen verantwortlich. Dies sollte wöchentlich geschehen, doch er ließ sich ständig gesondert bitten. Er wusste: «Wenn ich die Nerven meiner Eltern strapaziere, bekomme ich Sonderlohn!» Und so war es denn auch. Ließ er sich besonders viel Zeit, bevor er mit seinen Aufgaben begann, die er übrigens freiwillig übernommen hatte, gab's zwar drängelnde Ermahnungen, die ihn nicht weiter erschütterten. Hatte er das Rasenmähen, das dienstags anstand, am Donnerstag noch nicht erledigt, zürnte die Mutter zwar, setzte aber, wenn Ulrich seinen Pflichten endlich und nach wiederholtem Zureden nachgekommen war, einen Sonderlohn aus – sei es Geld, mehr Fernsehen oder sonstige materielle Streicheleinheiten.

Eine ähnliche Strategie verfolgte Katharina. Sie hatte die Aufgabe übernommen, die Küche aufzuräumen. Doch dieser Verpflichtung kam sie nur zögerlich und vor allem unregelmäßig nach. Meist blieb alles an ihrer allein erziehenden Mutter hängen, die dann selber murrend und nörgelnd die Reinigungsarbeiten vollzog. Auf mütterliche Vorhaltungen reagierte Katharina gleichgültig bis beschwichtigend: Sie hätte es gleich gemacht, die Mutter solle nur ein bisschen mehr Geduld haben und nicht ständig nörgeln. Aber Katharina beherrschte auch die emotionale Nötigung – da reichte der Hinweis an ihre Mutter, beim Vater brauche sie nicht aufzuräumen, der habe eine Putzfrau. Das tat zwar weh, aber die Mutter schluckte ihren Ärger und ihren Frust herunter. Als sie eines Tages abgespannt nach Hause kam, die

Küche unaufgeräumt und Katharina lässig vor der Glotze hockend entdeckte, platzte ihr der berühmte Kragen. Sie scheuchte ihre Tochter mit heftigen Worten und Vorhaltungen in die Küche, beobachtete sie von der Küchentür aus bei der Arbeit, kritisierte und quengelte, sodass in kürzester Zeit ein heftiger Streit entbrannte. Als sich Katharina in Beleidigungen erging, verließ die Mutter wutschnaubend die Küche. Die Tochter putzte in kürzester Zeit alles blitzblank und stellte ihrer Mutter das Ergebnis vor. Sie nahm ihre Tochter in den Arm und versprach ihr für den nächsten Tag einen Pullover, den sich Katharina schon immer gewünscht hatte.

Ich habe in meinen Büchern immer wieder betont und glaube, diese Aussage gar nicht oft genug wiederholen zu können: Häusliches Zusammenleben funktioniert nicht auf der Grundlage von Bestechung, weil so der Wunsch nach immer mehr, nach dauernder Belohnung entsteht. Wird eine Belohnung einmal verweigert, empfinden Kinder das so, als ob bei ihrem Tun nichts herauskomme. Dann beginnen die berühmten Machtkämpfe («Wir wollen doch mal sehen, wer hier gewinnt!»). Wer Selbstverständlichkeiten – und die Mithilfe im Haushalt oder im familiären Alltag (z. B.: Mülleimer hinausstellen, Rasenmähen etc.) – materiell belohnt oder eine Belohnung in Aussicht stellt, provoziert geradezu eine grenzenlose Erwartungshaltung «immer mehr» bei den Kindern und entwertet so auch die familiären Beziehungen.

Das eigene Zimmer aufzuräumen, den Tisch zu decken, Leistungen (z. B. in der Schule) zu erbringen, dafür verdienen Heranwachsende positive Bestärkung, Ermutigung und – weil Ausnahmen die Regel bestätigen – als Überraschung hin und wieder eine materielle Bestätigung. Aber das sollte die Ausnahme bleiben.

Denken Sie daran: Das Gefühl von Zugehörigkeit entwickelt sich über aktives Mithandeln. Wer Heranwachsende unablässig materiell verwöhnt – und sei es aus noch so einleuchtenden Motiven heraus –, lässt Heranwachsende ohne eigenständige Erfahrungen, macht sie beziehungslos oder trägt Verantwortung dafür, wenn aus persönlichen Erziehungsbeziehungen eine geschäftliche Dienstleistungsbeziehung wird.

« Mein Sohn steht auf Markenklamotten ! »

Eine besondere Qualität erreichen die Auseinandersetzungen, wenn es um Konsum und um Markenbewusstsein geht. Da darf es nicht irgendein T-Shirt, da muss es ein ganz bestimmtes sein, dann dürfen nicht irgendwelche Sportschuhe, da müssen ganz spezielle gekauft werden … Und das hat seinen Preis – einen Preis, den viele Eltern zahlen, um nicht als böse und altmodisch dazustehen, einen Preis, mit dem sie sich vermeintlich harmonische Beziehungen erkaufen möchten.

Jacobs Vater hat mit seinem Sohn konkrete Erfahrungen gemacht. Er erzählt: «Mein Sohn hat bestimmte Vorstellungen hinsichtlich seiner Kleidungsstücke, seiner Schuhe, seiner Schulausrüstung – alles sucht er nur unter Markengesichtspunkten aus. Namenlose Artikel haben keine Chance. Wenn ich ihm die kaufe, fliegen die sofort in die Ecke. Ich bekomme dann zu hören: ‹Ich bin in der Schule schon ein Außenseiter!› Oder: ‹Die lachen über mich.› Wenn ich dann sage: ‹Ich hatte das früher auch nicht. Ich war froh, überhaupt ein Paar Schuhe zu haben›, dann lacht er nur und meint keck: ‹Wir haben nicht mehr früher.› Ich bin da machtlos. Ich will den Konsumrausch nicht mitmachen, aber dann habe ich die ständigen Diskussionen, und ich will natürlich auch nicht, dass man über Jacob lacht. Manchmal werde ich schwach, bin inkonsequent und kaufe irgendwelche teuren Sachen und ärgere mich hinterher darüber.»

Ich kann Eltern in dem Hin- und Hergerissensein verstehen. Erziehung ist angesichts des ungeheuren Warenangebots einer Konsumwelt, die fast alle Lebensbereiche durchdringt, eine schwere Aufgabe: Auf der einen Seite wollen sie das Beste für ihr Kind, auf der anderen Seite spüren sie, dass nicht jedes materielle Bedürfnis befriedigt werden kann.

Meine Erfahrung ist: Heranwachsende können mit materiellen Frustrationen, wie der nicht gekauften Markenjeans, dem nicht geschenkten Computerspiel, dann gekonnt umgehen, wenn sie in einem emotional ausgeglichenen Familienklima aufwachsen. Bedenken Sie: Beziehungen kann man nicht erkaufen, Beziehungen werden gelebt, intensiv erfahren. Natürlich spüren Heranwachsende die Schwierigkeiten, die Eltern haben, sie materiell zu frustrieren. Diese Unsicherheiten nutzen sie mal hinterlistig, mal erpresserisch aus:

«Du hast mich wohl nicht mehr lieb!» oder «Alle anderen haben das doch auch!» Das sind schlitzohrige Erpressungsversuche, mit denen Eltern auf Festigkeit hin ausgetestet werden.

Es ist eine wichtige Entwicklungsaufgabe, dass Heranwachsende lernen, materielle Frustrationen auszuhalten. Das kann Ansporn sein, nach Möglichkeiten zu suchen, sich materielle Wünsche zu erfüllen.

Zweifelsohne üben Markenartikel Reiz auf Heranwachsende aus. Über sie kann man sich ausdrücken und abgrenzen. Markenartikel sind – ob man es nun will oder nicht – Teil einer kommerzialisierten Jugendkultur. Doch müssen Eltern nicht jede Markenmode mitmachen:

- Zeigen Sie Verständnis für die Wünsche Ihrer heranwachsenden Kinder. Machen Sie aber zugleich klar, dass Sie nicht bereit sind, jedem Wunsch zu entsprechen.

- Fangen Sie nicht an, davon zu erzählen, dass Sie als Jugendlicher sehr asketisch leben mussten. Solche Argumente überzeugen nicht, sondern erzeugen Widerstand.

- Machen Sie mit Ihren Heranwachsenden aus, welchen Betrag Sie für den Kauf eines Artikels zur Verfügung stellen wollen. Orientieren Sie sich dabei an den Preisen eines «namenlosen» Artikels.

- Überlegen Sie mit dem Kind, welche eigenständigen Möglichkeiten es hat, den möglichen Differenzbetrag (z. B. mit Taschengeld, kleineren Arbeiten usw.) zu verdienen. Meine Erfahrung ist: Heranwachsende haben zu Dingen, an deren Kauf sie produktiv und eigenständig beteiligt sind, eine intensivere Beziehung. Diese Waren sind ihnen mehr wert, werden besonders gepflegt und behandelt.

«Ich will aussehen, wie ich will!»

Die Pubertät drückt sich auch über körperbetonte, sinnlich-anschauliche Bedürfnisse aus. Sexualität gehört selbstverständlich dazu. Doch machen sexuelle Gefühle, Wünsche und Sehnsüchte nur einen Teil dieser Bedürfnisse aus. Pubertierende inszenieren die Veränderungen, die ihr Körper während der Pubertät durchläuft. Sie stellen ihren Körper und sich zur Schau. Und nichts eignet sich besser als eigenwillig-modische Kleidungskreationen, Frisuren oder die Haarfarbe. Das Aussehen ist das ideale Feld, um Eltern herauszufordern, zu provozieren und deren Normen von Schönheit und Ästhetik infrage zu stellen. Diese Kontroversen belasten die Familienatmosphäre, erzeugen einen scharf-giftigen Ton, bringen beleidigte Wortlosigkeit mit sich oder hinterlassen Ohnmachtsgefühle bei den Eltern.

Die Mutter der 13-jährigen Manuela erzählt, ihre Tochter habe ihr neulich eröffnet, sie wolle ihre langen blonden Haare abschneiden lassen. Sie wolle eine Superkurzhaarfrisur und sich obendrein noch zwei lila Streifen ins Haar färben. Auf die entsetzte Nachfrage «Warum?» antwortete Manuela: «Weil das alle machen!»

«Wer sind alle?», fragt die Mutter scharf zurück.

«Na, Susanne, Iris … Alle eben!»

«Also: nur zwei und nicht alle!» Die Stimme der Mutter hat einen leicht drohenden Klang.

«O. k.! Eben nur zwei! Aber es sieht stark aus!»

Es folgt eine lange Diskussion mit immer wiederkehrenden Argumenten. Manuela vertritt ihre Meinung, die Mutter eine andere, obgleich «ich», wie mir die Mutter auf einem Elternseminar eingesteht, «meiner Tochter nicht wirklich etwas entgegnen konnte».

«Was haben Sie ihr denn gesagt?», will ich wissen.

Sie überlegt: «Na, so ganz vernünftige Einwände: ‹Denk mal an deine schönen Haare.› Oder: ‹Du machst dir dein Haar kaputt!› und so etwas. Manchmal habe ich ihr auch gedroht. Aber sie lächelte nur, und dann kam ich mir ganz blöd vor!»

Über lange Wochen zogen sich die Diskussionen hin – beim Frühstück, beim Abendessen, «bei jeder Gelegenheit immer aufs Neue der Stress. Noch ist sie nicht zum Friseur gegangen, aber wenn!» Sie schlägt die Hände vor ihr Gesicht.

«Was sehen Sie gerade in Ihrer Phantasie? Was sind Ihre schlimmsten Bilder?»

«Dass alle über mich schlecht reden und denken, ich habe in der Erziehung versagt!»

«Was meinen Sie», greift die Mutter des 15-jährigen Jonas ins Gespräch ein. «Bei mir war's ähnlich. Jonas wollte sich eine Glatze schneiden lassen. Oder zumindest einen Irokesenschnitt. Das gab endlose Diskussionen, die darin endeten, dass Jonas aus dem Zimmer rannte und ich frustriert zurückblieb. Die Atmosphäre wurde immer gereizter, bis ich dann sagte: ‹Ich will von deiner Frisur nichts mehr hören. Ich kann's ohnehin nicht verhindern, wenn du das machst. Meine Meinung zu dem Thema kennst du. Lass uns endlich über andere Dinge reden als über deine Haare!›»

«Und?», erkundigt sich Manuelas Mutter neugierig.

«Die Luft war raus!» Jonas' Mutter schmunzelt: «Er ist nicht zum Friseur gegangen. Aber als die Sache mit den Haaren ausgestanden war, ging's mit den Springerstiefeln weiter, die die Skins tragen. Die wollte er nun partout haben. Es ist eben nie zu Ende.» Sie denkt nach: «Aber ich habe meine Lektion jedenfalls gelernt!»

Eigenständigkeit, Selbstbewusstsein, eine eigene Identität bildet sich zunächst über ein eigenes Körperbewusstsein aus. Und dies ist – wie der gesamte Verlauf der Pubertät – von Extremen gekennzeichnet: schrill, überzogen, auffallend, vor allem ausgrenzend. Das gilt insbesondere für die Eltern wie die Erwachsenenwelt schlechthin: Je deutlicher die Pubertierenden spüren, dass ihre Eltern die körperbetonten Inszenierungen der eigenen Kinder nur mit Blick auf die Umwelt («Was mögen andere wohl denken?») ablehnen, umso stärker beharren sie auf eigenen Ausdrucksweisen.

«Aber was kann ich nun tun?», fragt Manuelas Mutter.

«Gelassenheit, Verständnis. Aber beides hat nichts mit Gleichgültigkeit und einem Verzicht auf die eigene Meinung zu tun. Formulieren Sie Ihre eigene Meinung, Ihre Haltung deutlich», rate ich. «Sagen Sie Manuela, dass Sie so einen Haarschnitt nicht mögen. Aber geben Sie Ihrer Tochter vor allem das Gefühl, dass sie auch dann angenommen und willkommen ist, wenn sie einen Haarschnitt hat, der Ihnen nicht passt.»

Als ihre Mutter vom Seminar nach Hause kommt, sitzt Manuela mit kurz geschorenen, lila getönten Haaren zu Hause und heult Rotz und Wasser. «Ich sehe aus wie eine Hexe. Ich gehe so nicht mehr raus.» Die Mutter ruft später bei mir an: «Zuerst wollte ich sagen: Siehste, ich hab's dir ja gleich gesagt. Aber das habe ich mir verkniffen. Ich habe tief durchgeatmet, sie in den Arm genommen und gestreichelt. Das hat ihr gut getan. Die Haare waren kein Thema mehr, die Farbe wusch sich raus, die Haare sind nun wieder etwas länger, und ihre Frisur ist frecher geworden.»

Schule und die ersten
Schritte ins Arbeitsleben

Beate Schuster, Mutter der 14-jährigen Svenja, erzählt von der schulischen Laufbahn ihrer Tochter, davon, wie diese in den ersten Lebensjahren alles alleine erledigte, kaum Unterstützung wollte, geschweige denn Kontrolle brauchte.

«Sieben Jahre ging es gut. Sieben fette Jahre!» Sie lacht verzweifelt. «Ich hielt mich raus, war auch ganz froh drüber. Ich vertraute meiner Tochter. Sie redete sehr souverän daher, ja, ich hatte das Gefühl, sie wird erwachsen.» Die Mutter stockt, macht eine Pause: «Wenn ich die anderen Eltern hörte – von wegen Hausaufgabenstress und so, dann war ich ganz stolz … Natürlich auch auf mich. Das hast du gut hingekriegt, hab ich gedacht. Natürlich auch auf meine Tochter.» Sie hält inne: «Dann kam mal wieder das Halbjahreszeugnis näher, und da wollte Svenja mit mir sprechen. Ich solle mir keine Sorgen machen, aber in Mathe und Latein sehe es diesmal schlecht aus. Ich ab in die Schule zu den Lehrern. Und da trifft mich der Schlag. Svenja hatte seit sieben Monaten kaum noch Hausaufgaben gemacht. Ihr Wissen wäre, so ein Lehrer, mit einem Schweizer Käse vergleichbar: ‹Nur Lücken. Aber die reichlich!› Doch sie könne unheimlich gut erzählen und alles verständlich darlegen. Der Lehrer blickt mich an: ‹Sie sollen sehr krank gewesen sein. Deshalb musste sich Svenja sehr um Sie kümmern.›» Sie trinkt hastig einen Schluck Kaffee. «Ich rase nach Hause, will mir meine Tochter vorknöpfen, doch die verweigert sich: ‹Du weißt sowieso alles besser und laberst mich voll!› Ich versuchte also zu retten, was noch zu retten war!»

Auf den Vorschlag ihrer Mutter, einen Nachhilfelehrer zu engagieren, geht Svenja nicht ein. «Der Tag des Zeugnisses war eine Katastrophe für mich, für alle. Ich hab zwar gesagt, ich mag dich so, wie du bist, aber das war irgendwie mechanisch.» Die Mutter blickt resigniert-verzweifelt drein: «Und Svenja machte ganz auf Konfrontation: ‹Warum schaust du nur auf Mathe und Latein. In Deutsch und Spanisch habe ich eine Eins.›»

Svenja sagt ihrer Mutter lächelnd Sätze wie: «Mama, du weißt, ich liebe die Extreme. Wo ich nicht die Beste sein kann, bin ich die Schlechteste.» Und dann versucht Svenja ihr Zeugnis schönzureden. «Ich blöde Kuh», so die Mutter, «lasse mich auf die ganzen Diskussionen ein. Ich sage: ‹Svenja, denk an die Hausaufgaben.› Und sie: ‹Hab nichts auf. Hab schon im Bus gelernt.› Oder ich frage: ‹Svenja, musst du noch Mathe machen?› Und sie, ganz lässig: ‹Da bin ich nicht begabt.› Oder: ‹Das kapier ich doch nicht!›» Die Mutter ist mächtig wütend: «Dann lernt sie auf dem Fußboden in ihrem Zimmer, weil der Schreibtisch mit irgendwelchen Zeitungen oder Büchern voll gestopft ist.»

Sie ist genervt: «Ich halt das nicht aus. Und ich brüll schon mal. Dann rennt meine Tochter in ihr Zimmer und ist ein Häufchen Elend!»

Als andere Eltern diese Schilderungen hören, nicken sie zustimmend, ihnen ergehe es nicht anders. «Das tut zwar gut», sagt Beate Schuster, «das erleichtert. Aber wenn ich nachher zu Hause bin, dann geht's von vorne los!»

«Genau, ganz genau!», ruft Christa Schwager mit Vehemenz in der Stimme: «Wenn ich gleich nach Hause komme, dröhnen mir draußen auf der Straße schon die Bässe entgegen. Mein Sohn, der Tobias, sitzt im Zimmer und hört Musik, liegt auf dem Bett oder blättert in Musikzeitschriften. Mir hat er zwar versprochen zu lernen. Aber nichts! Wenn ich was sage, legt er den Arm um meine Schulter: ‹Aber, Mum! Das wird schon, Mum! Wirst sehen, Mum!› Aber was ich sehe, sind seine Zensuren. Faul ist er, stinkfaul! Dabei ist er intelligent. Wie kann ich ihn nur überzeugen, wenigstens eine halbe Stunde was für die Schule zu tun? Eine halbe Stunde! Mehr doch nicht!» Ihre Stimme klingt beschwörend: «Das ist doch nun wirklich nicht zu viel verlangt! Eine halbe Stunde!» Sie sieht mich an: «Wie kann ich Tobias nur klarmachen, dass die Schule wichtiger ist als seine verdammten Rockgruppen?»

Kaum ein Thema ist bei Eltern wie Pubertierenden so von heftigen Gefühlen durchdrungen wie die Auseinandersetzungen über die Schule. Manchmal habe ich den Eindruck, alles drehe sich im Leben nur noch um die Schule: Die einen gehen in einer Verweigerungshaltung auf, die anderen versuchen sich als Antreiber und Kontrolleure.

In vielen Beratungsgesprächen, die ich führe, geht es ausschließlich um die schulischen Leistungen der Heranwachsenden, besser: um Leistungseinbrüche, um gefährdete Versetzungen, schlampig oder gar nicht gemachte Hausaufgaben. Nicht wenige Eltern stöhnen darüber, wie das leidige Thema Schule die Familienatmosphäre vergiftet, sehen sich aber dafür nicht als Mitverantwortliche. Mir fällt auf: Das Schulthema wird in einigen Familien so beherrschend, dass über nichts anderes mehr geredet wird und andere – genauso wichtige – Alltagsbereiche völlig außen vor bleiben. Stefan, 14 Jahre, meinte neulich: «Beim Frühstück geht's um die Schule: ‹Pass gut auf!› In der Schule die Lehrer, nachmittags die Hausaufgaben, beim Abendessen väterliche Kontrolle und im Schlaf Albträume von der Schule.» Dabei gibt es ein Leben jenseits der Schule!

Besonders heikel sind die Auseinandersetzungen um die Schule deshalb, weil es dabei selten um einen Sachkonflikt geht. Vielmehr handeln die meisten Beteiligten – bewusst oder unbewusst – einen Beziehungskonflikt aus. Diese Komponente verkennen viele Eltern, auch wenn ein Rückblick in die eigene Biographie diesen Beziehungsstress verdeutlichen könnte.

Der Rückzug aus schulischen Angelegenheiten während der Pubertät ist normal. Die körperlichen, seelischen und gefühlsmäßigen Entwicklungsschübe erfordern Kraft, ziehen Energie ab, die für intellektuelle Anstrengungen nicht mehr frei sind. Insofern sind Verweigerungshaltungen ein Zeichen für Reifeschritte. Doch dahinter können sich auch Hilferufe verbergen, mit denen ein Kind Aufmerksamkeit erzielen möchte. Manche Eltern überhören oder übersehen diese Signale. Statt angemessen zu reagieren, verstärken sie den Druck, z. B. durch eine intensive Überwachung ihres Kindes, das sich nun noch mehr verweigert oder die Eltern durch andere Störungen nervt. So kann ein richtiger Teufelskreis entstehen.

Manche Eltern meinen wiederum, das Wichtigste, was sie ihren Kindern mit ins Leben geben können, sei eine hervorragende Schulbildung. Das ist wichtig, doch bedeutsamer sind für Kinder und Jugendliche die Ausbildung von Eigenständigkeit, von Selbstwertgefühl und das Urvertrauen, auch schwierige Lebenssituationen meistern zu können. Eine nicht geringe Zahl von Jugendlichen fühlt sich von den Eltern nicht im Hier und Jetzt angenommen. Eltern haben eine – vor allem für die Jugendlichen – meist ferne Zukunft im Visier («Du brauchst ein prima Zeugnis, sonst wird aus dir nichts werden!») oder sind fixiert auf die Umwelt («Was denken wohl die anderen, wenn mein Kind die Klasse wiederholt?»). Wenn Pubertierende spüren, dass ihre Eltern diese Bilder im Kopf haben, dann beginnt ein meist unwürdiger Machtkampf.

Ich möchte nochmals unterstreichen: In der Pubertät wächst bei Schülerinnen und bei Schülern die Distanz zur Schule. Leistungseinbrüche, der Rückgang des Notendurchschnitts, Klassenwiederholungen, eine geringe Anstrengungs- und Leistungsbereitschaft sind normal und teilweise hormonell bedingt. Die intellektuelle Leistungsbereitschaft sinkt, es gibt Probleme mit der Disziplin, die Jugendlichen stören in oder schwänzen die Schule. Allerdings: Pubertierende leisten auch etwas – sie müssen wichtigen Entwicklungsaufgaben nachkommen, und dafür brauchen sie Kraft und Energie.

Nun wäre es allerdings vereinfachend, schulbezogene Auffälligkeiten allein auf Entwicklungsprozesse in der Pubertät zurückzuführen. Die fehlende Motivation, in den Unterricht zu gehen, die Tendenz, sich schulischen Aufgaben zu entziehen, können andere – manchmal auch verdeckte – Ursachen haben:

- Eine Rahmenbedingung, die in ihrer demotivierenden Bedeutung für Heranwachsende nicht zu unterschätzen ist, stellt das System Schule dar – hier insbesondere die Lehrerpersönlichkeit. Finden diese kraft ihrer Autorität und Ausstrahlung Zugang zu den Lebens- und Gefühlswelten ihrer Schüler und Schülerinnen, dann können sie einen Beitrag leisten, den Schulfrust bei Heranwachsenden zu minimieren. Aber umgekehrt gilt: Zieht sich das Lehrpersonal auf reine Wissensvermittlung zurück, verkennen, übersehen oder missachten Lehrer und Lehrerinnen gar die Entwicklungsbesonderheiten von Jugendlichen in der Pubertät, dann ist Verständnislosigkeit auf beiden Seiten ebenso die Folge wie Schul-Unlust.
- Pubertierende enttarnen den Anspruch vieler Eltern, die einen guten Schulabschluss und glänzende Noten als unverzichtbare Voraussetzung einer späteren Karriere halten, als Ammenmärchen und als Lebenslüge. Verschiedene Jugendforscher haben festgestellt: Nur ein Viertel aller Pubertierender hält ausgezeichnete Schulleistungen für

wichtig, um im späteren Leben zu reüssieren. Ebenso viele sind der Ansicht, dass schulische Leistungen wichtig, aber nicht ausschlaggebend sind für die spätere Laufbahn. Knapp die Hälfte aller Jugendlichen meint sogar, dass die schulischen Leistungen ohne Bedeutung für den beruflichen Werdegang, für Verdienste und ideelle Anerkennung sind. Eltern sollten diese Einstellungen unbedingt berücksichtigen, wenn sie mit ihren heranwachsenden Kindern über das Thema Schule reden.

- Schülerinnen und Schüler, die in einem häuslichen Laisser-faire-Stil aufwachsen, deren Eltern sich um wenig kümmern, sich vom pubertierenden Kind und seinen Ansichten zurückziehen, lassen es allein. Diese Heranwachsenden entwickeln kein Selbstbewusstsein, erlernen keine Leistungsbereitschaft, weil sie ihre Fähigkeiten nicht einschätzen können. Ständige Versagensgefühle sind ebenso die Folge wie Verunsicherungen.

- Viele Heranwachsende fühlen sich von Eltern überfordert, dies vor allem dann, wenn sie elterlichen Erwartungshaltungen nicht gerecht werden. Dies kann Stress auslösen und gefühlsmäßige Belastungen zur Folge haben, denn nicht eingelöste elterliche Anforderungen gehen meistens mit Liebesentzug einher. Pubertierende fühlen sich dann als eine Fläche, in die Eltern ihre eigenen Erwartungen oder unerfüllt gebliebenen Wünsche projizieren. Spüren Heranwachsende dies, sind Machtkämpfe die logische Folge. Ich beobachte mit Sorge, dass insbesondere Väter ausgezeichnete schulische Leistungen ihrer heranwachsenden Kinder höher einstufen als ein emotional stabiles Familienklima. Oder anders gesagt: Viele opfern eine gefühlsmäßig tragfähige Erziehungsbeziehung auf dem Altar besonderer schulischer Leistungen.

- Genügen Heranwachsende nicht den Ansprüchen, kann dies Minderwertigkeitsgefühle nach sich ziehen – dies vor allem dann, wenn Pubertierende die Schuld für das Scheitern bei sich suchen. Damit wird aber eine zentrale Fähigkeit, Aufgaben und Krisen durch ein positives Selbstwertgefühl produktiv zu bewältigen, nicht ausgebildet.

- Störungen des Familienlebens (z. B. Unklarheiten in der elterlichen Partnerschaft) oder soziale Desorganisation (z. B. Vernachlässigung der Kinder) *können* sich nachteilig auf Schulmotivationen auswirken. Wenn Heranwachsende nicht frei im Kopf sind, vielmehr in Gedanken dem Familienleben nachhängen, steht die Schule in der subjektiven Bedeutungshierarchie hintenan.

Nun lassen sich freilich Rahmenbedingungen benennen, die Jugendlichen Lust auf die Schule machen und ihre Einstellungen positiv beeinflussen. Dazu zählt vor allem die Ermutigung (insbesondere bei wenig genügenden Leistungen) durch die Eltern. Spüren Pubertierende, dass die Zuwendung ihrer Eltern nicht von den Leistungen abhängt, sondern bedingungslos ist, dann zieht das eine Stärkung des Selbstbewusstseins und des Urvertrauens nach sich. Umgekehrt formuliert: Je stärker Heranwachsende angetrieben werden, je mehr sie Kontrolle und Druck spüren, umso weniger eigenständig arbeiten sie. Wenn Heranwachsende nur Leistungen in der Folge von Drill erbringen, so sind sie auf Dauer nicht motiviert.

Doch können Stichproben, z. B. bei Hausaufgaben, und regelmäßige Gespräche den Jugendlichen zeigen: ‹Meine Eltern sind an meinen schulischen Aufgaben interessiert.› Nur selbst erbrachte Leistungen, nur Erfolgserlebnisse aufgrund eigener Bemühungen stärken das Vertrauen in die eigenen Kräfte und die Motivation.

Die verfluchten Hausaufgaben

«Es ist nicht zum Aushalten», schimpfen die Eltern über ihren 13-jährigen Simon. «Die Diskussionen um die Hausaufgaben machen die ganze Stimmung kaputt. Da gibt man sich Mühe, trifft Absprachen, wann die Aufgaben zu machen sind, aber wenn es so weit ist, hat unser Sohn alles vergessen. Er starrt vor sich hin, tut nichts, hört laute Musik, hat tausend Ausreden. Und dann geht die Diskussion los. Erst verläuft sie noch ruhig, aber nach zehn Minuten schreien wir uns nur noch an. Und er hat ständig das Schlusswort: ‹Ich haue sowieso von der Schule ab!› Dann lächelt er, verlässt das Zimmer, und wir stehen blöd da!»

Ich hatte es angedeutet: Häufig stellen die Auseinandersetzungen um die leidige Schule weniger ein Sach- als vielmehr ein Beziehungsproblem dar. Hausaufgaben sind keine Aufgaben der Eltern. Hausaufgaben sind letztlich eine Angelegenheit zwischen Lehrer und Schüler. Elterliche Unterstützung ist nur dann angesagt, wenn Heranwachsende um Hilfestellung suchen oder Lehrer in einem Gespräch die Eltern um Mithilfe bitten. Wenn sich Eltern ungefragt in diese Dinge einmischen, so entmündigen oder entmutigen sie ihre Kinder, nehmen ihnen Verantwortung ab und verstärken einen Trend in der Erziehung, den ich mit Sorge beobachte.

Viele Heranwachsende meinen, in einem Hotel mit Namen «Mama und Papa» zu wohnen, einem Hotel, in dem die Rezeption allzeit geöffnet ist, in dem Eigenverantwortung und tätige Mithilfe nicht gewünscht oder gefordert werden, in dem man Netze mit dreifachen Böden spannt, um Heranwachsende vor eigenen, manchmal schmerzlichen Erfahrungen zu schützen. Das macht lebensuntüchtig. Heranwachsende suchen die Schuld an negativen Erlebnissen dann bei anderen – nach dem Motto: «Ihr habt die Schuld, dass ich eine Fünf geschrieben habe!»

Marta und Hans-Hermann Beier haben einen Sohn, Jan-Christopher, 14 Jahre, der seine Mutter hervorragend für sich arbeiten lässt. Während er auf der Grundschule sehr selbständig lernte, der Vater die Hausaufgaben auf Wunsch seines Sohnes nur hin und wieder überprüfte, änderte sich sein Verhalten, als er in die Pubertät kam. Hausaufgaben liefen nebenher, seine Lerneinsätze vor Tests waren von oberflächlicher Natur. Eines Morgens – so vor etwa zwei Jahren – eröffnete er seiner Mutter: «Ich muss morgen ein Buch zusammenfassen, Mama. Ich habe vergessen, es zu lesen. Kannst du das für mich machen?»

«Hast du also wieder deine Aufgaben nicht richtig gemacht, Jan?», stellt die Mutter halb fragend, halb tadelnd fest.

«Doch, ich habe schon ein paar Seiten gelesen! Aber es ist so fad. Außerdem musste ich für den Test lernen. Das war sehr anstrengend!»

«Aber gestern und vorgestern warst du auch beim Sport!»

«Ja, du hast gesagt, ich brauche Entspannung, wenn ich lerne», meint Jan-Christopher mit ernstem Gesicht.

Marta Beier las das Buch, fasste es einen halben Nachmittag schriftlich zusammen. «Geschrieben ist es für meinen Sohn einprägsamer!» Als ihr Mann davon hörte, platzte dem der Kragen: «Erst die Arbeit, dann das Vergnügen! Den knöpf ich mir vor!»

«Lass das! Nicht heute! Bitte nicht heute! Jan braucht seine Ruhe wegen der Prüfung morgen!»

Jan-Christopher war sehr zufrieden, zumal man ihn in der Schule wegen der Kurzfassung lobte. Aber das war nicht immer so: Manchmal gab's in ähnlichen Situationen auch Tadel, den er seiner Mutter brühwarm weiterreichte. Reagierte sie beleidigt und drohte sie mit der Einstellung ihrer Dienstleistung, dann umgarnte und umschmeichelte Jan-Christopher sie. Wo immer er konnte, nahm er mütterliche Dienste für sich in Anspruch – selbst dann, wenn er in seinem Zimmer saß und genügend Zeit hatte, schulische Aufgaben zu erledigen. Auf Vereinbarungen wie «Ich mach dir den Text, du wäschst ab» ließ er sich nur ein, wenn er gut drauf war. Aber das kam selten vor. Im Gegenteil: Die Situation verschärfte sich. Je häufiger die Mutter für ihn einsprang, umso vergesslicher und bummeliger wurde ihr Sohn. Manchmal rief er aus der Schule an, die Mutter solle ihm Sachen nachbringen. Sie suchte brav die Utensilien zusammen und sprang ins Auto. «So dreimal pro Woche bin ich zuletzt in die Schule gefahren. Ich blöde Henne!»

«Was sagt Ihr Mann dazu?», will ich wissen.

«Der wusste davon nichts. Das war ein Geheimnis zwischen mir und Jan. Neulich ist er durch einen Zufall drauf gekommen. Da ist alles aufgeflogen. Ich war ein paar Wochen krank. Jan war nach wie vor so vergesslich. Dann kamen die ersten Beschwerden der Lehrer, schlechte Noten. Dann bat er auch noch seinen Vater, ihm etwas in die Schule nachzubringen. Da war's aus. ‹Mama hilft mir viel mehr als du›, hat er ihm vorgehalten. So nach und nach kam alles ans Licht! Da gab's einen Riesenkrach. Mein Mann drehte ab: zwei Monate Stubenarrest. So 'n Quatsch. Wer kontrolliert denn das?» Sie zeigt auf sich: «Nein, so geht es nicht! Aber wir müssen die Notbremse ziehen.»

«Haben Sie eine Idee?» Sie zuckt hilflos mit den Schultern.

«Sie haben sich für Ihren Sohn aufgeopfert. Welche Motivation hatten Sie?»

Kurzes Schweigen, dann platzt es aus ihr heraus: «Er sollte nicht sitzen bleiben. Er sollte die Klasse nicht wiederholen. Ich habe so viel darüber gehört, wie schädlich diese Erfahrung des Scheiterns ist. Und mein Mann würde das persönlich gegen sich gerichtet sehen. Ein direkter Affront!»

In einem Beratungsgespräch, an dem die ganze Familie teilnimmt, wird vereinbart, dass die Mutter ihrem Sohn keine Sachen mehr hinterherschleppt und der Vater mit dem Sohn zeitlich begrenzt Hausaufgaben übt. Doch nur, wenn Jan-Christopher dies wünscht. Am wichtigsten war es jedoch, ein mögliches Scheitern zu enttabuisieren:

«Können wir Jan zumuten, die Klasse zu wiederholen?» Der Vater führte aus, in seiner Familie sei noch nie jemand sitzen geblieben und es sei eine Katastrophe, wenn Jan-Christopher eine Klasse wiederholen müsste.

Meine Erfahrung dagegen ist: Wenn Pubertierenden zu unbedingtem Schulerfolg verholfen wird, Versagenserlebnisse vermieden werden, hängt das damit zusammen, dass viele Eltern mit Gefühlen von Angst, Unsicherheit und Traurigkeit weder bei sich noch bei ihren Kindern umgehen können.

Gerade der Heranwachsende, der Misserfolge erfährt, braucht Unterstützung – weder überzogenes Mitleid noch zynische Häme, z. B.: «Ich hab dir das ja gleich gesagt!» Wer sich in die Erledigung der Hausaufgaben mit Druck und Unnachgiebigkeit einmischt, der setzt die Beziehung zum Heranwachsenden aufs Spiel, er riskiert es – aus der Fixierung auf schulische Probleme heraus –, das eigene Kind aus den Augen zu verlieren. Die Wiederholung einer Klasse ist zwar ein Umweg, der Zeit braucht, aber Pubertierende brauchen diese Zeit, um etwas zu erleben. Sie erfahren sich in Krisen und können überprüfen, wo die wirklichen Freunde und Begleiter sind.

«Aber manchmal», so ein Vater, Herbert Filter, «geht es doch wohl nicht nur um das Grundsätzliche. Muss man es denn überhaupt so weit kommen lassen? Kann man nicht schon vorher eingreifen?» Ich nicke und bitte ihn darum, sein Problem vorzustellen. Sein Sohn Thomas ist 14 Jahre «und dem Computer verfallen. Und vergisst darüber die Hausaufgaben – vor allem in Mathematik. Von Eins auf Fünf ist er gesackt.»

«Stimmt nicht», meint Thomas, der bei dem Gespräch dabei ist. «Noch habe ich keine Fünf!»

«Aber wenn das so weitergeht, bestimmt», schimpft der Vater.

«Stimmt nicht!», gibt Thomas trotzig zurück.

«Wie viel Stunden täglich möchtest du denn am Computer spielen?», frage ich ihn.

«Zwei Stunden! Mehr nicht!»

«Und welche Note möchtest du am Ende des Schuljahres haben?»

Er überlegt: «Eine knappe Drei!»

«Wie viel Zeit musst du investieren, um das Ziel zu erreichen?»

«Eine halbe Stunde», meint er nach einiger Überlegung.

«Und wenn du noch eine halbe Stunde drauflegst, dann hast du eine Zwei!», wirft der Vater ein.

«Will ich aber nicht!», blockiert Thomas.

«Wann möchtest du am Computer spielen – vor oder nach den Hausaufgaben?»

«Vorher!»

«Und nur zwei Stunden?», frage ich.

Er nickt.

«Und wer kontrolliert das?»

«Ich stelle mir den Wecker!»

«Das klappt nie!», unterbricht der Vater seinen Sohn ärgerlich.

«Das funktioniert!», beharrt sein Sohn.

«Und warum, bitte schön?» Der Vater klingt entrüstet.

«Früher durfte ich mal so lange und dann wieder so lange. Jetzt weiß ich, zwei Stunden und nicht länger!»

Der Vater erklärt sich einverstanden, ist aber nicht sonderlich überzeugt.

«Darf dein Vater die Hausaufgaben in Mathematik kontrollieren?», will ich wissen.

Thomas nickt grinsend: «Gerne! Aber ich hoffe, er versteht alles!»

Nach einiger Zeit treffe ich die beiden wieder. Sie wirken zufrieden: Der Streit um den Computer ist ausgestanden, Thomas hält sich an die Regeln, und die Mathenote ist eine knappe Zwei geworden. Beide hatten sich zudem zweimal in der Woche hingesetzt, um über die Hausaufgaben zu reden. Dabei stellte sich schnell heraus: Der Sohn verfügte über mehr Kompetenzen. Der Vater gab daraufhin die Rolle des Besserwissers und Kontrolleurs auf, sah in seinem Sohn den Experten, der dem Vater mathematische Sachverhalte erklärte. So entspannte sich die Gesprächssituation.

Dieses Beispiel veranschaulicht eine Strategie, um das Beziehungsproblem, das sich an der Kontroverse um den Computer und die Hausaufgaben entzündet hatte, aufzulösen und die Sache wieder in den Vordergrund zu rücken.

1. Da ist zunächst die zeitliche Begrenzung des Computerns, wobei dem Jugendlichen die Wahl gelassen wird, wann er das Gerät nutzen möchte. Er hat ein gewisses Mitspracherecht, aber die Benutzung des Computers ist an die Bewältigung der Hausaufgaben gebunden.
2. Dem Pubertierenden wird Mitverantwortung für das Erreichen seiner Note gegeben.
3. Durch das regelmäßige Gesprächsritual wird dem Sohn das Gefühl vermittelt, den Eltern sei es nicht egal, wie er seine Absichten umsetzt. So dokumentieren sie Interesse am Kind, und zwar weniger an seinen Leistungen als an seinem eigenverantwortlichen Tun.

«Bei mir liegt der Fall anders», so Vera Müller, Mutter der 14-jährigen Tina. «Ich bin allein erziehend, und bei uns dreht sich auch alles nur um die Schule, um Hausaufgaben. Es ist grässlich. Ich komme aus diesem Teufelskreis nicht heraus.»

«Gibt es Tage, an denen Sie es schaffen?», will ich wissen.

Sie nickt.

«Was sind das für Tage?»

«Ach, wenn ich mit ihr abends essen gehe oder ins Café oder ins Kino. Dann nicht!»

«Da haben Sie doch Ihre Lösung!», meine ich.

«Aber ich kann doch nicht jeden Tag mit ihr ausgehen!», ruft sie aus.

«Aber Sie könnten so tun als ob. Und reden dann zu Hause über alles – nur nicht über die Schule!»

«Aber mich interessiert es doch!», insistiert sie.

«Dann drehen Sie das Spiel um! Sie gehen mit ihr zum Essen, einmal in der Woche. Und am Ende des Essens haben Sie und Ihre Tochter eine Frage frei. Und dann können Sie nach der Schule fragen!»

Als die Mutter nach Hause kommt, ihrer Tochter dieses Ritual vorschlägt, ist sie einverstanden. Die häusliche Situation entspannt sich, das Gesprächsritual während des außerhäuslichen Essens findet Zustimmung. Tina bittet die Mutter nach einiger Zeit immer häufiger um Unterstützung in schulischen Angelegenheiten, weil sie nicht in der Lage ist, sich zeitlich zu strukturieren. «Immer mache ich Sachen auf den letzten Drücker, und das nervt mich!»

Diese Lösung macht weitere wichtige Gesichtspunkte deutlich:

- Familien haben häufig den Schlüssel für Problemlösungen in der Hand, ohne sich dessen bewusst zu sein. Es existieren immer Ausnahmen von der Beschwerdesituation. Nach denen gilt es zu suchen, diese muss man verstärken. Die Beteiligten können sich also fragen: Wann tritt das Problem nicht auf? Oder: Was muss passieren, damit die Ausnahmen häufiger vorkommen, vielleicht gar zur Regel werden?
- Feste Rituale haben Vorteile: Mit ihnen kann man unliebsam-belastende Themen so bündeln, dass sie nicht die Vorherrschaft in der Erziehungsbeziehung gewinnen.
- Man kann Heranwachsende bei Hausaufgaben unterstützen, wenn diese es verlangen. Der Erfahrungsvorsprung, den Eltern häufig haben, kann hilfreich sein – wenn das nicht zu Besserwisserei führt.

Ich möchte von einer Situation erzählen, die sich bereits vor zehn Jahren ereignet hat. «Ich verstehe Sie nicht», empört sich Maria Schäfer, «Sie fahren eine zu weiche Linie, Herr Rogge. Mein Christian ist ein fauler Hund. 13 Jahre, nur den Computer im Kopf. Nur den Computer! Der programmiert und programmiert! Das kann doch nicht normal sein. In seinen Leistungen ist er abgesackt. Soll er denn später seinem Lehrherrn sagen: ‹Ich habe nur eine Vier, weil ich mich hormonell umstrukturiere›?!» Sie sieht mich kritisch an. «Ich bitte Sie! Der schmeißt meinen Sohn doch raus und hält ihn für einen Idioten!»

«Woher wissen Sie, daß Ihr Sohn überhaupt einen Lehrherrn bekommt?», frage ich lächelnd.

«Sage ich Ihnen doch. Wer faul ist wie die Nacht, der kommt zu nichts!»

«Ich habe mich unklar ausgedrückt!»

«Wie?» Ihre Stimme klingt leicht aggressiv.

«Vielleicht braucht Ihr Sohn überhaupt keinen Lehrherrn!»

«Was wollen Sie damit sagen?» Sie klingt noch eine Spur schärfer.

«Vielleicht ist er so clever und ist in zehn Jahren Chef einer eigenen Firma!»

Sie stutzt und ist richtig empört: «Das muss ich mir von Ihnen nicht bieten lassen. Sie nehmen mich überhaupt nicht ernst!» Sie verlässt den Seminarraum.

Ich sehe Maria Schäfer eine lange Zeit nicht. Dann taucht sie nach zehn Jahren wieder in einem Elternseminar auf. Ich bin überrascht, als ich sie unter der Zuhörerschaft sehe.

«Sie hier?», frage ich. Sie nickt.

«Sie waren doch damals unheimlich sauer auf mich!»

«Stimmt!»

«Und was möchten Sie?», bin ich neugierig.

«Einen ebenso guten Tipp wie den, den Sie mir vor zehn Jahren gegeben haben!»

Ich hatte die Geschichte fast vergessen, doch dann fällt mir Christians Computervorliebe wieder ein. «Und?», bin ich neugierig.

«Er hatte nie einen Lehrherrn, ist jetzt Chef einer eigenen Firma und hat zehn Mitarbeiter!»

«Wie bitte?»

«Er war ein Computer-Ass. Und das hat er zu seinem Beruf gemacht!»

«Ich habe ihm vertraut!», sage ich.

«Tja, wenn man's doch immer von vornherein wüsste!» Sie runzelt die Stirn.

«Dann ist es aber nicht mehr spannend!», lache ich.

«Stimmt auch wieder!» Sie sieht mich an:

«Und jetzt bitte noch so einen Tipp für meine jüngere Tochter!»

«Und womit bringt Sie die zum Wahnsinn?»

«Sie lernt nicht mehr. Sie ist überall abgesackt. Fürchterlich!»

«Und was kann sie?»

«Die näht! Die näht nur noch!» Es ist ein Aufschrei, der aus dem Mund der Mutter kommt. «Die näht die abenteuerlichsten Klamotten. Nicht nur für sich, für ihre Freundinnen. Die rennen völlig verrückt herum! Absolut verrückt!»

«Und wollen Sie vielleicht einen Tipp?», lache ich.

«Ich weiß, was Sie mir raten!» Sie hat ihre Fassung wiedergewonnen: «Modedesignerin, nicht?» Ich nicke.

«Hab ich mir schon gedacht!» Etwas Zweifel liegt in der Stimme. «Dann bis in zehn Jahren!»

Schuleschwänzen

Torben, 13 Jahre, stromert seit einiger Zeit mit seinem gleichaltrigen Freund Arne während der Schulzeit durch die Straßen. Wenn sie gefragt werden, ob sie denn nicht Unterricht hätten, antworten sie: «Wir haben Projektunterricht und müssen eine Aufgabe lösen!» In der Schule haben sich beide abgemeldet: Arzttermine! Erst nach einigen Wochen fliegt alles auf, als ein Lehrer sich bei Torbens Eltern nach seiner Krankheit erkundigt.

Ulrike, 15 Jahre, lebt in einer gespannten Familienatmosphäre. Ihre Eltern wollen sich trennen, zerren momentan an der Tochter, um sie jeweils für sich zu gewinnen:

«Es hat sowieso alles keinen Sinn mehr», meint sie. «Die sind nicht wirklich an mir interessiert. Da will nur jeder gewinnen. Ich bin ihnen völlig gleichgültig. Was soll ich da noch in der Schule? Es ist sowieso alles sinnlos.»

«Die wollen nur einen guten Schüler aus mir machen!», so Björn, 16 Jahre. «Die stecken mir vorn und hinten alles rein. Nachhilfe und so. Alles. Aber ich lass sie auflaufen. Gehe nur unregelmäßig zur Schule. Schreib mir die Entschuldigung selber. Neulich sind sie mal dahinter gekommen, meine Eltern. Da gab's Druck. Aber mein Vater hielt es nur eine Woche aus. Meine Mutter wurde noch schneller weich. Ich spiele mit denen.»

Die Motive für das Schuleschwänzen sind vielfältig, und manche Handlungsweisen passen in kein Muster. Vier Grundaspekte lassen sich allerdings unterscheiden:

- Das «Schwänzen» als Gag, als bewusste Grenzverletzung, um auszutesten, wie weit man gehen kann. Dieses Muster findet sich häufig in der ersten Phase der Pubertät (etwa bis zum 13. Lebensjahr) und geht nicht selten mit anderen schulbezogenen Auffälligkeiten wie Vandalismus, undisziplinierten Verhaltensweisen oder aggressiven Handlungen einher. Überreaktionen bei diesem Grundmuster helfen ebenso wenig wie Verharmlosung.
- Häufig hat die Schulverweigerung mit häuslichen Problemen zu tun, oder anders formuliert: Die Regelüberschreitung stellt einen unbewussten Hilferuf dar, mit der auf eine unbefriedigende Lebenssituation aufmerksam gemacht werden soll. Der Schulverweigerung lie-

gen Depressionen und Verzweiflungen zugrunde. Findet der Pubertierende kein Gehör, können sich die störenden Verhaltensweisen ausweiten.

- Wenn sich Heranwachsende emotional vernachlässigt und Kälte in der Beziehung zu ihren Eltern fühlen, wenn sie spüren, dass sich ihre Bezugspersonen von ihnen zurückziehen, dann kann es sein, dass sie durch das Schuleschwänzen auf ihre bedrohliche Situation aufmerksam machen.

- Hinter der Schulverweigerung kann auch Versagensangst stecken. Viele Pubertierende spüren, dass sie den Erwartungen ihrer Eltern nicht entsprechen. Lösen sie diese nicht ein, erfahren sie häufig negative Sanktionen.

Man kann Schulverweigerung, Schulängste, Schulschwänzen angehen, wenn man die Botschaften deutet, die darin enthalten sind. Alle Beteiligten sollten dann nach einer konstruktiven Lösung suchen.

Der Start ins Berufsleben

Immer wieder liest man Horrormeldungen, wonach die Arbeitsmoral der Jugend abnimmt, die Einstellung zur Arbeit (z. B. Geldverdienen) nur noch instrumentell und eine verstärkte Hinwendung zur Freizeit und zum Konsum zu beobachten ist. Diese Beobachtungen sind nicht nur falsch, sie verkennen und denunzieren den ehrlichen Willen der Heranwachsenden. Im Gegenteil, es stellt sich als äußerst bedeutsam dar, einen Beruf zu finden, ihn auszuüben. Denn der Beruf ist wichtig für die Ausbildung einer eigenen Identität. Die Unsicherheit bei der Berufsfindung und vor allem die Bedrohung durch Arbeitslosigkeit kann zu einem der bedrückendsten Probleme für Heranwachsende werden.

«Für mich», sagt Helga, 15 Jahre, «ist der Beruf wichtig, bei dem ich nicht sofort arbeitslos werde.»

«Genau, der Verdienst ist mir nicht so wichtig. Für mich heißt es, eigenständig zu arbeiten, bald Verantwortung zu übernehmen», meint Beatrice, 16 Jahre.

«Und es ist schon ein Frust, dreißig Bewerbungen habe ich geschrieben», berichtet Rainer, «endlich habe ich eine Lehrstelle bekommen. Aber das war schon übel, diese Wartezeit!»

«Ich fahre jeden Tag drei Stunden zur Arbeit, aber ich habe auch eine Lehrstelle bekommen, die ist mir wichtig», so Tanja, 17 Jahre.

Jugendliche formulieren oft folgende Ansprüche an ihren Beruf:

1. Den Heranwachsenden ist es wichtig, eine gute Leistung zu zeigen, d. h., sie wollen eigenständig, kreativ sein und Verantwortung übernehmen. Über die Arbeit, über Erfolgserlebnisse identifizieren sie sich. Deshalb sind Spaß und Interesse am Beruf äußerst wichtig.
2. Guter Verdienst ist zwar angenehm, aber bedeutsamer ist der Schutz vor Arbeitslosigkeit.
3. Unterstützung bei der Berufswahl erwarten die Heranwachsenden auch von ihren Eltern. Jugendliche brauchen nicht selten Anleitung, zum Beispiel

    beim Sammeln von Informationen über den Beruf;
    wenn sie die Voraussetzungen für den Beruf einschätzen müssen;
    wenn es darum geht, Fähigkeiten und Eignungen einzuschätzen.

    Doch trotz eingehender Vorbereitung entwickelt sich die erste Zeit am Arbeitsplatz äußerst spannungsreich, bis man einen eigenen Stil gefunden und entwickelt hat. Die Mutter der 15-jährigen Julia berichtet: «Meine Tochter jammert nur noch über ihren Beruf, dass sie die Arbeit nicht mehr mag. Sie hat so viel Stress, der Chef schimpft ständig, für ihre Kollegin ist sie eine Anfängerin. Am liebsten würde sie die Lehre aufgeben, obwohl sie sich den Beruf selber ausgesucht hat.»

Die ersten Monate im Beruf treffen Heranwachsende härter, als sie es erwartet haben. Sie müssen früh aufstehen, es wird Disziplin gefordert, der Arbeitsrhythmus muss erst erlernt werden. Und manch eine(r) erfährt Demütigungen und Missachtungen. Dann erwarten Pubertierende Ermutigung, Bestätigung darin, den angestrebten Beruf zu schaffen. Auszubildende haben Bedürfnisse nach Angenommensein, nach elterlicher Zuwendung und Anteilnahme.

Die Berufsfindung weist geschlechtsgebundene Unterschiede auf. Da kann man bei Mädchen schon lebenszeitlich früh – wie Befragungen zeigen – ein Bemühen feststellen, Beruf und eine spätere Familiengründung miteinander zu vereinbaren. Die Frauenforscherin Carol Hageman-White spricht diesbezüglich von einer «Grundanforderung in der weiblichen Normalbiographie». Zudem bevorzugen Mädchen soziale, erzieherische und kaufmännische Berufe. Sie wählen ganz offensichtlich ein bestimmtes, ganz persönliches Anforderungsprofil. Wenn Mädchen betonen, einen Beruf zu suchen, der «etwas mit Menschen zu tun haben muss», dann drücken sie so auch weibliche Identität aus. Es geht Mädchen nicht allein um das Geldverdienen, sondern auch darum, sich zu finden:

- Für Mädchen muss eine spätere Vereinbarung mit einer möglichen Mutterrolle gewährleistet sein;
- sie müssen sich mit dem Beruf identifizieren und in ihm wieder finden;
- nicht zuletzt ist wichtig, wie das soziale Umfeld den Berufswunsch bewertet. Mathematisch-technische Berufe oder Tätigkeiten mit längeren Ausbildungsvorläufen werden häufig – unter Verweis auf die spätere Familie – negativ bewertet.

Sich ausprobieren –
zum Risikoverhalten

Teil IV

«Wir saufen schon 'ne ganze Menge», meint Benjamin, 16 Jahre. «Wir dröhnen uns schon zu. Dann machen wir manchmal Sachen, die sind nicht in Ordnung.»

«Wenn man in der Disco ist», erzählt Benita, «und du willst nach Hause, fährst du schon mal mit jemanden mit, auch wenn du den nicht so genau kennst. Dann achtest du nicht drauf, ob der was getrunken hat. Und wenn, dann denkst du, dir passiert nichts.»

«Manchmal ist Klauen schon ein Sport. Am geilsten ist, wenn man den Detektiv austrickst», so Daniel. «Das gibt immer so 'n Kick. Eigentlich nicht schlecht.»

«Ach, irgendwie denke ich, ist alles Scheiße», sagt Janine, «alles um uns herum ist doch nur Mist. Alles vergiftet, keine Zukunft, die Eltern verstehen einen nicht. Und wenn ich dann auf dem Bahnsteig stehe, und der Zug kommt, dann träume ich, du könntest dich davor schmeißen. Aber ich tu's ja doch nicht.»

Liest man diese Äußerungen und vergleicht das mit den landläufigen Meinungen über Heranwachsende, dann scheint manche Schlagzeile vordergründig zuzutreffen: Da taucht die kriminelle Handlung ebenso auf wie der Alkohol- und Drogenkonsum, da klingt an, dass eine steigende Selbstmordrate die Folge von Zukunftsängsten ist, da geht es um Disziplinprobleme oder Schulunlust. Kein Feuer ohne Rauch – das gilt auch für populistische Schlagzeilen. Einige pubertätsbedingte Risikohandlungen sind unverkennbar:
- Unfallgefährdung durch riskantes Verhalten im Straßenverkehr,
- delinquente Handlungsmuster (z. B. Diebstahl, Sachbeschädigung),
- Selbstmordversuche bzw. -phantasien,
- Gebrauch von legalen (Zigaretten, Alkohol) und illegalen Drogen,
- ein Anstieg von psychosomatischen Beschwerden,
- eine Vorliebe für Medien mit gewaltverherrlichenden und pornographischen Inhalten.

Die hier genannten Phänomene können normale Ausdrucksformen darstellen, die für Pubertätsverläufe typisch sind, aber auch auf Probleme in der Nahwelt des Jugendlichen hindeuten. Ein mit dem Risiko spielendes Verhalten kann – wie der Diebstahl – eine vorübergehende Erscheinung sein, ein Hilferuf sein, der, falls er unerhört bleibt, ein antisoziales Verhalten verstärkt. Mir scheint es sinnvoll, zunächst Rahmenbedingungen zu benennen, bevor ich auf konkrete Fälle eingehen möchte:

- Es lohnt sich, besonders die Gesundheitsrisiken einmal als Vorwegnahme des Erwachsenenverhaltens zu betrachten. So lässt sich der Weg ins Erwachsenenleben abkürzen. Wenn man raucht oder Drogen nimmt, wenn man lang aufbleibt, die Nächte durchmacht und Alkohol konsumiert, dann ist man kein kleines Kind mehr. Pubertierende entwickeln nur langsam ein Bewusstsein davon, dass dies falsch verstanden ist.

- Im grenzverletzenden Handeln kann sich Protest gegenüber der Umwelt (z. B. als Provokation) zeigen. Andere wollen dadurch « bloß » imponieren.

- Die Pubertät ist manchmal durch einen Mangel an Selbstkontrolle und eine Dominanz von Allmachtsgefühlen gekennzeichnet. Der Körper des Pubertierenden entwickelt sich, gibt ihm das Gefühl von Macht, von Stärke und ungeahnten Möglichkeiten, sodass Gefühle von Unverletzlichkeit und «mir kann doch nichts passieren» entstehen können. Die Welt steht Jugendlichen – so meinen sie – offen –, alles ist möglich.

- Entspannung – so wird suggeriert – sei am schnellsten durch den Genuss von Rauschmitteln oder Medien möglich, die «gute Gefühle» versprechen, ohne sich persönlich anzustrengen. Die Welt der Medien und des Konsums ist überall präsent und lädt Jugendliche lächelnd zur Teilnahme ein.

- Ohnmachts- und Minderwertigkeitsgefühle bzw. das Empfinden des Ausgeliefertseins bringen Gefährdungen mit sich. Pubertierende ziehen sich zurück, fliehen aus der Wirklichkeit – mittels legaler oder illegaler Drogen, mittels Konsum von Multimedia.

- Risikoverhalten kann auch auf schwierige oder gestörte Familienverhältnisse, eine feindselige Einstellung gegenüber Pubertierenden oder auf einen inkonsequenten Erziehungsstil hinweisen.

Grenzüberschreitung als Hilferuf

Arthur war für sein Alter immer zu klein; das war so, als er in die Pubertät kam, das war auch später so. Die Wachstumsschübe kamen zu spät und waren niemals so ausgeprägt, dass Arthur sich physisch als gleichwertig mit seinen Altersgenossen empfand. Man hänselte ihn in der Schule und in der Familie. Mit zwölf Jahren spielte er im Unterricht den Clown oder inszenierte Größenphantasien. Er stieg auf dem Nachhauseweg auf große Tannen, um sich – wie Tarzan – von Baum zu Baum zu schwingen. Das klappte oft, aber nicht immer, manchmal fiel er auf den Boden, und meistens hatte er Glück: Prellungen, blaue Flecken, eine leichte Gehirnerschütterung, ein Armbruch. Schwerere Verletzungen zog er sich, da er durchtrainiert und gelenkig war, nicht zu. Nach seinen Unfällen zog die Umgebung ihn auf – die Schulfreunde stachelten ihn zu neuen Aktivitäten an, seine Eltern und Geschwister waren entsetzt, nahmen ihn nicht für voll. Arthurs Vater tobte über seinen Versager, denn seine schulischen Leistungen verschlechterten sich rapide, als er die Grundschule verließ: Vom Gymnasium kam er auf die Realschule und dann zur Hauptschule. Hier stabilisierte sich sein Verhalten, vor allem von zwei Lehrern fand er sich angenommen. Arthur blieb ein durchschnittlicher Schüler, der praktisch äußerst begabt war. Seine Brüder besuchten weiterführende Schulen, glänzten dort mit ihren Leistungen. In der Familie beachtete man Arthurs positive Veränderungen nicht. Das höchste Lob, das ihm zuteil wurde, war der Satz: «Siehst du, wenn du dich früher angestrengt hättest, dann wäre aus dir was geworden!»

Arthur wurde häufiger krank, hatte ständig diese kleinen Unfälle. Ihm passierte eigentlich immer etwas – Arzt- und Krankenhausbesuche wechselten einander ab. Mutter und Vater begleiteten ihn zwar überall hin, moserten jedoch permanent darüber, welche Mühen und Sorgen er ihnen bereiten würde. Als Arthur eine Ausbildung zum Kfz-Mechaniker beginnen wollte, flippte die übrige Familie völlig aus. Das sei ein Abstieg. Aber Arthur erlernte diesen Beruf und machte den Führerschein, kaufte sich schnell ein Auto und meldete sich bei einem Verein an, der den Rallyesport pflegte. «Das ist etwas für Hirnkranke!», meinte sein Vater. Aber Arthur gab in der Freizeit ständig Gas, raste auf vollen Touren – und baute innerhalb kürzester Zeit drei Unfälle. «Arthur riskiert sein Leben!», kommentierte sein Trainer die Ereignisse.

«Was soll ich schon machen?», erzählt mir Arthur. Einem Arzt waren die Häufungen der Unfälle aufgefallen, und er schlug vor, dass ich mit Arthur rede. «Was soll ich schon machen?», wiederholte er. «Ich bin klein, hässlich, die übersehen mich. Da kann ich doch gleich über die Grenze gehen.» Er stockt: «Und wenn ich dann nicht mehr da bin, ich glaub nicht, dass sie's merken. Da ist ein Störenfried weniger, dann haben sie in der Familie Ruhe!»

Häufig weist riskantes Verhalten im Alltag auf eine emotional unbefriedigende Situation des Pubertierenden hin. Sie schreien wortlos um Hilfe, dies insbesondere dann, wenn
- sie sich nicht von den Eltern so angenommen fühlen, wie sie sind,
- eine gefühlsmäßige Leere in der Eltern-Kind-Beziehung herrscht,
- sie eine feindselige Einstellung der Eltern spüren,
- sie nicht mit Eltern reden können und
- Eltern an ihren Kindern nur das beobachten, was sie nicht können, Stärken übersehen oder Erfolge relativieren.

Klauen und Randale

Daniel, Torsten und Florian, alles 15-jährige Gymnasiasten, hatten, als sie «erwischt» wurden, eine dreijährige «Klau-Karriere» – wie es einer nannte – hinter sich. «Angefangen», so erinnert sich Daniel, «hat's im Supermarkt, überall dort, wo's einfach war.» – «Dann», so Torsten, «ging's in der Schule weiter. Wir haben uns auf Fahrräder spezialisiert, haben die umfrisiert und so. Und das war 'ne geile Aktion. Aber nicht nur das Klauen war gut, auch die Arbeit danach, das Umfrisieren, und wenn wir sie dann verkauft haben. Aber wir haben's billig verkloppt. Uns ging's ja nicht um das Geld.» – «Vor zwei Jahren wär's dann fast aus gewesen.» Torsten zieht die Augenbrauen hoch. «Da haben sie uns schon mal erwischt, aber wir konnten uns rausreden. Das war ganz leicht, und dann haben wir weitergemacht.» – «Ja, und als sie uns dann erwischt haben, war's auch gut. Ich glaub», sagt Daniel, «wir haben's auch drauf angelegt. Irgendwie musste doch mal Schluss sein.»

Diesem kleinen Ausschnitt aus einem längeren Gespräch will ich kurze Teile aus einem anderen gegenüberstellen. Darin erzählen Steffen und Marco, beide 16 Jahre, der eine Real-, der andere Oberschüler, über ihre Erfahrung mit dem Stehlen: «Also, anderen etwas wegzunehmen, das ist im Prinzip Scheiße. Aber um zu den ‹Zehnern› zu gehören, da musst du einfach klauen. Erst wenn du klaust, gehörst du zu der Gruppe von Jungens.» – «Wer sind die Zehner?» – «Zehn Leute so wie wir, die 'ne geile Action suchen.» – «Und wie ging das weiter?» – «Also, zuerst haben wir kleinen Schülern die Pullover geklaut, den größeren dann später die Baseballmützen und die T-Shirts, und dann sind wir in Geschäfte, erst in die Supermärkte und zum Schluss in die Edelschuppen und so. Tja, und als wir genug geklaut und eben was erlebt hatten, da waren wir auch aufgenommen. Heute fighten wir eher. Gehen in andere Städte und fighten da rum. Gehen so auf Schützenfeste und in Discos und so und mischen die auf. Aber wenn wir Bock haben, dann klauen wir auch jetzt noch. Wenn wir jemanden abzocken, also, so jemandem was wegnehmen, dann muss daraus eigentlich ein Fight werden. Sonst ist das langweilig.»

Der Diebstahl hat für die hier zu Wort kommenden Jugendlichen spezifische Funktionen. Für Steffen und Marco stellt er eine Bedingung dafür dar, in eine jugendliche Bande aufgenommen zu werden. Dies ist ein Ritual, das sich mit der Zeit allerdings verselbständigt und zum Ausgangspunkt für weitere Normüberschreitungen wird. Für Daniel, Torsten und Florian bedeutet der Diebstahl einen Kampf mit Normen und drückt Arbeit an der eigenen Identität aus. In der Normüberschreitung zeigt sich einerseits Distanz zur Kindheit, andererseits die Suche nach eigenen, selbst bestimmten Normen. Die Ausbildung von Ich-Identität und das Ausprobieren eigener Vorstellungen vollzieht sich in der Auseinandersetzung mit den festen Normen der Erwachsenenwelt. Wenn diese Werte nicht fest und verbindlich sind, vollzieht sich die Identitätsarbeit entsprechend orientierungslos.

Deshalb kann man die Normüberschreitung der drei Gymnasiasten zwar verstehend deuten, man darf sie aber nicht gleichgültig behandeln. Da sie sich über den Diebstahl ausdrücken wollen, ist diesem aktiv, d. h. norm- und regelsetzend, zu begegnen. Sonst könnten andere, gravierendere Normüberschreitungen die Folge sein. Wenn die drei Schüler davon berichten, wie leicht ihnen die Diebstähle gemacht wurden («Wir hatten das Gefühl, die Erwachsenen wüssten davon, würden aber beide Augen zudrücken»), so ist das ein Indiz dafür, dass die Jugendlichen mit ihren aggressiven Persönlichkeitsanteilen nicht ernst genommen wurden. Aus ihrer Sicht erscheint diese Haltung als Gleichgültigkeit, so nach dem Motto: «Macht, was ihr wollt, ich kann doch nichts machen!»

Vordergründig scheinen die Erzählungen der fünf Jugendlichen eine Gemeinsamkeit zu haben: die Einbindung des Diebstahls in Rituale. Während Daniel, Torsten und Florian die Diebstähle nach dem immer gleichen Schema (Tages- und Uhrzeit, Verteilung der Verantwortlichkeit, Zerlegung der Fahrräder, Verkauf etc.) vornehmen, gestaltet sich auch der Diebstahl von Steffen und Marco gleichfalls als

Ritual. Aber in der Art und Weise, wie das Ritual eingesetzt wird, deutet sich ein gewichtiger Unterschied an, der sich auf die Art der pädagogischen Intervention auswirken sollte. Zunächst zu den drei Oberschülern: Ihr Wunsch zu stehlen führt ihnen ständig vor Augen, dass sie zu Normüberschreitungen in der Lage und dass Anstrengungen vonnöten sind, um feste Normen sicher zu leben. Normüberschreitungen von Jugendlichen können ein unbeholfener, verzweifelter Versuch sein, nach Normen zu suchen.

Die Bindung an das Diebstahlsritual funktioniert für die drei Jugendlichen so lange, bis die darin enthaltenen Themenkreise für sie erschöpft sind und sie ihre eigene Identität selbstbewusst ausdrücken können.

Aber so ein Übergang gelingt nicht immer: Während Daniel & Co. diese Phase überwinden, stehen Steffen und Marco auch zwei Jahre nach dem eben zitierten Erstgespräch «noch voll drin in der Action», wie sie sagen. «Wir brauchen das immer und immer wieder. Wenn's mal ein paar Tage keinen Fight gegeben hat, werden wir fickrig.» Steffen und Marco haben sich nicht – über die individuellen und biographischen Hintergründe kann hier nicht weiter berichtet werden –

vom Ritual gelöst. Dies hat – zumindest vorübergehend – zu einer Verfestigung problematischer Persönlichkeitsanteile geführt, zu einer zwanghaften Bindung an ein Ritual, das ihnen nicht den Weg zu vertrauter Orientierung, zu einer Verhaltens- und Normsicherheit weist, sondern sich als ständig wiederholender Kreislauf darstellt.

Mike, 19 Jahre, sagt: «Ich bin so einer, der montags in der Zeitung steht. Fußball ist für mich die tollste Nebensache der Welt, wirklich, für uns zählt nur der Kampf, vorher oder hinterher. Die Spiele sind doch meist langweilig.» Mike hat Abitur, ist Banklehrling, «bin eigentlich ganz normal». Wenn die Journalisten die Hooligans als dumpfe Hohlköpfe beschreiben, muss er schmunzeln. «Die haben doch keine Ahnung. Wir fahren auch nicht im Sonderzug zum Stadion, dieses Gesaufe und so, das kotzt mich an, wir fahren im Golf von meinem Freund. Dann sind wir auch schneller wieder weg.» Wie er denn dazu gekommen sei, sein Wochenende so zu verbringen, will ich wissen. «Eigentlich ist doch alles ganz langweilig. Früher war einfach mehr los, erzählt mein Vater jedenfalls. Aber heute musst du doch brav sein. Da heißt's doch immer, schlag dich nicht und so, du musst doch einfach ganz brav sein. Ich z. B. durfte nie 'ne Pistole haben und hab dann heimlich eine gehabt, und wenn meine Eltern das mal gemerkt haben, hat meine Mutter gleich ganz traurig geguckt. Als ich dann größer war, hab ich eben alles heimlich gemacht. Meine Eltern wissen gar nichts davon, was ich so mache. Wenn die das wüssten, ich glaub, die würden zusammenbrechen.»

Andreas, 17 Jahre, hatte andere Erfahrungen. Auch er ist Hooligan. «Aber für mich sind Schlägereien nichts Besonderes. Die hab ich von klein auf erlebt. Mich hat der Alte windelweich geschlagen. Eine richtige Familie und so hatte ich nie. Ich war auf mich gestellt. Jetzt sind die Jungs meine Familie. Da weiß ich, wo jeder seinen Platz hat. Ich weiß, wo ich hingehöre. Mal bin ich der Bestimmer, mal die Kumpels. Ja, und im Stadion, da geht's zur Sache. Das Leben ist ein Kampf. Und das passiert eben vor und nach dem Spiel. Aber der Kampf muss Spuren hinterlassen, sonst ist das kein Kampf. Und wenn wir uns hinterher darüber erzählen, dann ist das so, als ob mein Opa aus dem Krieg erzählt. Nur ist das bei uns besser, da gibt's keine Toten.»

Auf die zahlreichen jugendsoziologischen oder -psychologischen Aspekte der Hooligans oder Fußball-Rowdies kann ich hier nicht eingehen, aber ich möchte auf einige oft übersehene Gesichtspunkte jugendkultureller Ausdrucksformen hinweisen. Diese haben sich in den letzten Jahren immer mehr ausdifferenziert, und gewohnte Zuweisungen haben an Gültigkeit verloren. So wie die Skins keineswegs nur sozial deklassierte dumpfe Neonazis sind und es problematisch ist, nur solche Typen der Öffentlichkeit zu präsentieren, so setzen sich die Hooligans nicht nur aus Angehörigen sozialer Randgruppen zusammen. Die Motive für das Randale-Machen können sehr verschieden sein. Während Hooligans aus bürgerlichen Schichten die Auseinandersetzung (z. B. mit der Staatsgewalt) als Abenteuer, als das Ausleben nicht anerkannter und gewünschter Normen oder als das überzogene und destruktive Ausagieren körperlicher Gefühle begreifen, geht es anderen Hooligans, die eher sozialen Unterschichten entstammen, um die Solidarität einer Gruppe, das Ausleben von (gewalttätigen und grenzüberschreitenden) Phantasien und das (auch schmerzhafte) Erleben des Körpers.

Unterschiedliche Motive liegen den destruktiven Handlungen der Hooligans zugrunde: In Andreas' Schilderung scheint der Zusammenhang von Angst und Aggression durch. In anderen Gesprächen mit Jugendlichen bestätigt sich, dass die Mehrzahl der Heranwachsenden intensive und massive Angstgefühle hat, z. B. in der Konkurrenz mit anderen nicht bestehen zu können, den sozialen Status zu verlieren, das Gefühl der Ohnmacht oder nichts ändern zu können und schließlich in ein soziales Loch zu fallen. So wenden sich ängstliche, verunsicherte oder depressive Jugendliche, die über mangelndes Selbstvertrauen und ein nur rudimentär ausgebildetes Selbstbild verfügen, sowohl actionbetonten Medienangeboten als auch realen Aktivitäten zu, die «richtige Action» versprechen. Die Flucht in den medial inszenierten Horror oder in den Kampf des Alltags ist auch Kompensation und Ausweichen vor Problemen.

Die familiäre Einstellung zu Aggression und Gewalt wird schließlich zu wenig beachtet, wenn es darum geht, die Bedeutung von Gewalt und Aggression von Jugendlichen abzuschätzen. Zwei familiäre Einstellungsmuster sind dabei entscheidend: Da ist einmal ein offener, antisozialer Umgang mit Aggression verbreitet, der etwa in den Schilderungen von Andreas anklingt und der auf eine Identifikation mit machtorientierten Formen von Autorität hinauslaufen kann. Der

Gegenpol dazu stellt eine scharfe Aggressionskontrolle dar. Wie etwa bei Mike gelten Gewalt und Konflikt als familiäre Tabuthemen. Aggressionen werden durch bestimmte Erziehungsstile unterdrückt, die Kinder in ihren aggressiven Persönlichkeitsanteilen reglementiert. Gleichzeitig setzen Eltern Macht und Erziehungsgewalt ein, um Friedfertigkeit durchzusetzen. Beide Erziehungsstile führen jedoch zu einem hilflosen Umgang mit Aggressionen. Wenn sich Heranwachsende nicht als ganze Persönlichkeit (und das heißt eben auch mit den unerwünschten Persönlichkeitsanteilen) angenommen fühlen, dann leben sie diese häufiger und oft verdeckt symbolisch aus: in Videos oder anderen medialen Szenarien, aber auch in unmittelbaren Aktionen. Solche symbolischen Handlungen speisen sich aus Nischen, die die Wirklichkeit nicht oder nur halbherzig zulässt. Wenn Aggression nur als Zerstörung, Vernichtung oder Kampf erlebt wird und nicht jedoch als wichtiger und notwendiger Bestandteil menschlicher Entwicklung, wirkt sich das hemmend auf die Entfaltung der Persönlichkeit aus.

Faszination an der Gewalt

Bei Matthias kann ich mir das vorstellen», erzählt mir Uschi, seine Klassenlehrerin, «dass er so was nachmacht. Manchmal denke ich mir, dass er das umsetzen könnte, was er in dem Film sieht. Der ist doch manchmal völlig durchgeknallt. Matthias will sich, glaube ich, auch wichtig machen. Ich hab neulich einen Film gesehen im Fernsehen mit Negern, die haben getanzt und geschrien, völlig irre, um Gespenster abzuwehren. Vielleicht ist das bei Matthias auch so.»

Er besucht die siebte Klasse einer Hauptschule. Er lehnt Zombie- und Werwolf-Filme ab. «Wenn ich mir vorstelle, wie Menschen zerstückelt werden, dann wird's mir kalt, nee, bloß nicht dran denken.» Matthias sieht gern Filme, in denen sich einer mit allen Mitteln gegen Unrecht wehrt, er mag gerne *Ein Mann sieht rot* oder *Rambo*. «Wenn ich nach Hause fahre nach einem Film», erklärt mir Matthias, «und es ist dunkel, dann stelle ich mir vor, da ist einer, der will dir was. Ich schmeiße das Fahrrad zur Seite, renne in den Graben, hole mir einen Knüppel und schreie: Komm her! So bin ich immer vorbereitet, und dann brauche ich keine Angst zu haben. Ich lerne aus dem Film. Es ist doch interessant, finde ich.»

Ich frage ihn, ob er dann keine Angst mehr habe? «Nicht bei den Filmen. Nur wenn ein Lehrer bei uns anruft oder mein Vater da ist und schlechte Laune hat. In der Woche sehe ich ihn kaum, und am Sonntag holt er seinen ganzen Terror nach. Jedes Wochenende derselbe Scheiß.» Matthias sieht die Filme vor allem dann, wenn er mit seinen Eltern oder in der Schule Ärger hatte. «Ich brauche das, um mich abzureagieren. Hinterher bin ich ruhiger.» Matthias' Aggressionen sind weniger lust- als angstbesetzt, weil, «wenn ich das mache, ich einen Hass auf irgendwas habe». Seine Aggressionen richten sich gegen Eltern, Lehrer und Schule, die für ihn Ohnmacht, Unlust und Niederlagen bedeuten, sich aber einer Auseinandersetzung entziehen, weil es Matthias verboten ist, Aggressionen gegen sie zu lenken. Wenn Matthias die Gewaltfilme ansieht, erlebt er nicht nur Grenzsituationen von Ohnmacht oder taucht in Ängste aus früheren Entwicklungsphasen ein, gleichzeitig vermag er sich im Durchstehen Angst erregender Filmsituationen seine eigene Größe zu bestätigen.

«Ich weiß nicht», erzählt Matthias, «aber in *Rambo*, wo sich einer rächt oder es fast aussichtlos ist, dass er dann doch noch gewinnt, da lerne ich was. In diese Helden kann ich mich hineinversetzen. Da gehe ich mit. Ich lerne, dass ich mich wehren muss, dass man sich nichts gefallen lassen muss, von niemandem. Das sagt auch mein Vater, nur von dem lasse ich mir allerhand gefallen! Aber er hat doch eigentlich Recht!»

Die Bedeutung seiner Lieblingsfilme liegt für Matthias darin, dass sie unbewältigte Ängste und Aggressionen vorführen, die er in seinen Nachspielen zwanghaft wiederholt. Aber diese Spiele verändern nichts, sondern erneuern nur die Angst machenden Zustände. Eine Befreiung kann es deshalb nicht geben, weil sich an den zwanghaften Bedingungen nichts ändert. Matthias sieht die Erziehung seines Vaters als Terror, hat aber gleichzeitig dessen Theorie von der Bewältigung des Alltags verinnerlicht: «Man darf sich nichts gefallen lassen. Man ist auf sich allein gestellt!» Oder: «Meine Mutter ist wie eine Hexe. Sie hat uns immer wieder gedroht: Sie haut ab, sie lässt uns allein, wenn wir frech sind. Und hat uns gesagt, uns holt der schwarze Mann oder der böse Wolf. Das ging früher immer so. Und wenn wir dann artig waren, hat sie nichts gesagt oder höchstens: Na, es geht doch auch so! Was wollt ihr euch denn nun erbetteln?» Matthias lernt Aggressionen nur als zerstörerisch, nicht aber als Möglichkeit einer phantasievollen und kreativen Auseinandersetzung mit der Welt kennen. Er richtet seine Aggressionen nach innen: «Ich glaube, ich bin schon ein Arsch!» Die Aggression bedroht ihn selbst, das zeigt sein Nachspiel im Wald, das immer gleich verläuft. Nur in der Wiederholung weiß er sich sicher, hat er seine Aggressionen unter Kontrolle. Und nur im Spiel sind sie nicht von Bestrafung bedroht, nur in der spielerischen Auseinandersetzung vermag er sich augenblicklich mit seinen Leidenserfahrungen auseinander zu setzen.

Ich möchte an diesem Einzelfall einige verallgemeinerbare Trends aufzeigen:

- Ängstliche, verunsicherte und depressive Jugendliche, die über mangelndes Selbstvertrauen verfügen, nutzen mehr Horrorfilme als gefühlsmäßig stabile Heranwachsende.
- Emotional verunsicherte Heranwachsende nutzen Action- und Horrorfilme vor allem unter einer Perspektive von Flucht – sei es als Kompensation oder als Ausweichen vor Problemen. Sie brauchen diese Medienprodukte, weil sie ihre Ängste und Verunsicherungen in ihnen wieder finden. Da diese Jugendlichen nur über wenige Fähigkeiten verfügen, ihre Ängste und Aggressionen aktiv zu bewältigen, kann daraus eine starke Bindung an die Medien folgen. Damit werden Ängste aber nicht abgeführt oder bearbeitet. Und länger angestaute Ängste können zerstörerische Formen von Aggressionen nach sich ziehen.
- Man sollte über solche Jugendliche nicht abwertend herziehen. Mir fällt auf: Man redet über diese Jugendlichen, nicht mit ihnen. Das aber ist unverzichtbar, um die unterschiedlichen Bedürfnisse, Wünsche und Motive, die der Nutzung von Gewalt- und Horrorfilmen zugrunde liegen, genauer einschätzen zu können.

Horror- und Angstlust

Die Mutter der 14-jährigen Jessica berichtet, dass ihre Tochter nach dem Sehen eines solchen Filmes schlecht schlafe und schlecht träume. Sie sieht mich an: «Warum muss sie diese schrecklichen Sachen auch nur ansehen? Ich verstehe das nicht!» Jessica umschreibt ihre Motive so: «Irgendwie sind die unheimlich spannend, die Monsterfilme. Ich geh dahin mit meinen Freunden. Irgendwie ist es 'ne Herausforderung. Ich weiß nicht, so wie Achterbahnfahren. Es ist eine Mutprobe. Und ich mach das ja auch nur, weil es gut ausgeht.» Jessica setzt sich somit einer angstbesetzten Situation aus. Diese wird zunächst als lustvoll erlebt, weil sie mit ihren Ängsten umgehen lernt, sie besteht und bestärkt daraus hervorgeht. Aber es ist auch nicht von der Hand zu weisen, dass es zu einer gefühlsmäßigen Überforderung kommen kann.

Damit die Lust an der Angst als angenehm erlebt wird, müssen drei Aspekte gleichzeitig zusammentreffen. Fehlt ein Element, kann es zu erheblichen Verunsicherungen kommen.

- Die Heranwachsenden setzen sich freiwillig einer Gefahr aus.
- Es muss für den Heranwachsenden das Gefühl einer objektiven Gefahr vorhanden sein, z. B. durch die Identifikation mit einem Helden oder das Hineinversetzen in eine Bezugsperson.
- Schließlich muss es ein positives Ende geben, z. B. das Überleben des Helden oder die Zerstörung des Bösen.

Aus der lustvollen Begegnung mit Angst können nackter Schrecken und eine tief greifende Verunsicherung erwachsen. Viele Pubertierende kennen solche Erfahrungen, wo die Angstlust in anhaltende Betroffenheit umschlägt. Dies vollzieht sich immer dann, wenn die drei Bestandteile der Angstlust nicht eintrafen, wenn aus dem fiktiven Geschehen reales Erleben wird oder wenn der mediale Schrecken den Heranwachsenden unvorbereitet trifft.

Eine wesentliche Voraussetzung für das Erleben und Durchstehen von Angstlust ist die Freiwilligkeit. Wird diese Voraussetzung nicht eingelöst, können sich Konsequenzen ergeben. Wer unfreiwillig in diese Situation hineingeht, ist rasch überfordert. Mädchen lassen sich häufiger als Jungen zu solchen Aktivitäten mitreißen, gegen die sie sich inhaltlich sperren.

«Aber was kann man machen, wenn so etwas nun einmal passiert ist?», will Jessicas Mutter wissen. Bevor ich antworten kann, meint Jessica: «Mir vor allem keine Vorwürfe machen, dass ich so etwas sehe! Ich find's ja selber blöde, dass ich reingefallen bin!»

Zwei Handlungsstrategien, die Eltern beherzigen sollten, können Pubertierenden bei der Verarbeitung emotional bedrohlicher Szenen helfen:

- Suchen Sie das Gespräch mit Ihrem Kind! Vermeiden Sie Besserwisserei! Dramatisieren Sie aber auch nicht die Folgen, die sich aus der Nutzung solcher Filme ergeben können! Sollte Sie Ihr Kind nach Ihrer Meinung fragen, dann antworten Sie aufrichtig und ehrlich!
- Stärken Sie Heranwachsende darin, sich gegen einen möglichen Gruppendruck zu behaupten. Vermitteln Sie Ihrem Sohn oder Ihrer Tochter das Gefühl, dass ein «Nein!» mit mehr Eigenständigkeit verbunden ist als ein mitläuferisches «Ja!».

Peter, 17 Jahre: «Mit den Eltern will ich darüber nicht reden. Es ist mein Ding …» Jugendliche schauen sich Horrorfilme am liebsten an solchen Orten an, zu denen Erwachsene keinen Zutritt haben. «Die», so sagt Peter, «stören nur. Das kann ich dann nicht so richtig genießen.» Der Horrorfilm dient einer Grenzziehung. Dabei sind der Schrecken und die ablehnenden Reaktionen der Erwachsenen ein wohl kalkulierter Part der Auseinandersetzung. Tom, 14 Jahre, drückt diesen Effekt so aus: «Sie müssen sich mal diese Frankensteingesichter von Erwachsenen ansehen, wenn die hören, man hat das und das gesehen.»

Aber auch die verständnisvoll-akzeptierende Haltung von Erwachsenen wird unterlaufen. Man will nicht verstanden werden. «Unsere Lehrerin», erzählte die 15-jährige Susanne, «ist in Ordnung. Die hat für alles Verständnis und hat sich neulich sogar einen ‹Zombie›-Film angeguckt. Und dann hat sie uns erklärt, wie das so ist mit dem Voodoo-Kult und so. Nett, aber eigentlich ganz fürchterlich. Ja, und dann haben wir einen draufgesetzt, haben was von Pornos erzählt, so richtig sadistische Sachen, und wir haben uns so richtig schlimme Ausdrücke um die Ohren geschmissen. Da ist sie völlig ausgeflippt. Die war echt fertig.»

Die Entwicklungsphase der Pubertät stellt sich als Umbruchsituation dar, die als Unausgeglichenheit, Reibung und Konflikte erlebt wird. Identität bildet sich nur dann aus, wenn Heranwachsende die Möglichkeit zur Auseinandersetzung mit ihrer Um- und Nahwelt haben, wenn man ihnen die Chancen einräumt, sich selber zu fühlen und zu erfahren. Dies gilt auch für den Umgang mit Aggression und Gewalt.

In dem Maße, wie sich Gewalt immer mehr unmittelbarer Erfahrung entzieht oder wie sich Pubertierende mit ihren aggressiven Persönlichkeitsanteilen nicht angenommen fühlen, in dem Maße fehlen den Jugendlichen Grenzen – sie sind orientierungslos. Wenn die äußere Wirklichkeit keine Vergewisserung mehr bietet, dann wird die Reibung an medialen Symbolen – und die Horror- und Gewaltfilme bieten solche – bedeutsamer. Die allmähliche Verinnerlichung von Normen, die Ausbildung und Erweiterung des Gewissens – darauf hat der Erziehungswissenschaftler Tulodziecki hingewiesen – vollziehen sich in Phasen, die nicht umkehrbar sind oder gar übersprungen werden können.

Normen und Werte (z. B. hinsichtlich des Umgangs mit Aggressionen) bilden sich jedoch nicht automatisch, sondern nur im Widerstand heraus. Gewaltphantasien beherrscht man nicht dadurch, dass man sie von vornherein verdrängt.

Das Abarbeiten an medialer Gewalt und medialem Horror muss als Zeichen dafür gedeutet werden, wie Jugendliche ihre Haltung zur Aggression entwickeln. Filme führen Jugendlichen implizit vor Augen, welche übersteigerten und perversen Formen von Aggressionen sie haben und welche Anstrengungen vonnöten sind, diese Impulse zu beherrschen.

Provokante Sexualität

Mein Sohn onaniert. In seinem Zimmer liegen diese versauten Hefte. Fürchterliche Bilder. Neulich habe ich ihn erwischt, als er onanierte. Ich hab ganz schnell die Tür wieder zugemacht. Mir war's absolut peinlich. Ich glaube, ihm ging es ähnlich!» – «Mein Sohn ist jetzt schon 17 und befriedigt sich selber. Also, hoffentlich ist er normal veranlagt. Er hat keine Freunde, und ich weiß nicht, ob er sich damit nicht isoliert und sich noch mehr zurückzieht.» – «Meine Tochter hat in der letzten Zeit Kopfschmerzen, sie ist lustlos, unkonzentriert. Ich führe das darauf zurück, dass sie sich in letzter Zeit viel selbst befriedigt. Sie hat es mir gesagt, dass sie das tut. Als ich das gehört habe, war ich schon hilflos!» – «Mein Sohn sieht sich Pornofilme an. Danach onaniert er. Das machen sie auch in der Gruppe. Ich weiß nicht, ob er dadurch nicht pervers wird. Diese Filme verwirren doch. Da kriegt man doch komische Vorstellungen über Sexualität.»

Befragt man Heranwachsende, dann wird schnell klar, dass recht eigentümliche Vorstellungen über Onanie und den Gebrauch von Pornographie vorherrschen – und dies, obwohl die Selbstbefriedigung gerade in der Pubertät häufig vorkommt, die Form der sexuellen Befriedigung darstellt, die von Heranwachsenden favorisiert wird. Da existieren immer noch die alten Ängste, die gesundheitliche Auswirkungen des Onanierens annehmen. Doch wenn dies auch völlig unzutreffend ist, so kann es sein, dass Heranwachsende, die sich stark mit sexuellen Phantasien beschäftigen, abgelenkt und unkonzentriert wirken.

Sowohl Eltern als auch die Jugendlichen selbst befürchten manchmal, sexuell pervers veranlagt zu sein. Nicht selten setzen sich Heranwachsende und ihre Eltern gleichermaßen unter Druck: Sie wissen nichts über die Häufigkeit und die Normalität der Selbstbefriedigung. Jugendliche glauben oft, andere verfügten schon über sexuelle Beziehungen, und masturbieren deshalb nicht mehr. Für Jugendliche, die sehr zurückgezogen leben, kann die Selbstbefriedigung dazu führen, sich aus sozialen Kontakten zurückzuziehen. In ungünstigen Fällen kann sich eine problematische Ausrichtung der sexuellen Phantasietätigkeit einstellen.

Auch der Gebrauch von Pornographie kommt in der Pubertät – vor allem bei männlichen Jugendlichen – häufig vor. Das heißt nicht, dass man auf eine perverse Sexualität schließen kann. Auch ist es äußerst leichtfertig, aus dem Interesse an Pornographie auf problematische heterosexuelle Kontakte im späteren Leben zu schließen. Gleichwohl können Erlebnisse in der Pubertät durchaus prägend sein – vor allem dann, wenn Jugendliche auf sich allein verwiesen sind. Und man darf nicht übersehen, dass Pornos bei Heranwachsenden Ängste und Irritationen auslösen können: So empfinden insbesondere Mädchen Ekel vor Bildern von Oral- und Analverkehr. Sie reagieren gefühlsmäßig überfordert bei Nahaufnahmen von Genitalien und dem Geschlechtsakt. Bei Jungen können Softpornos Versagensängste auslösen, denn sie zeigen filmische Protagonisten, die – wie es ein 16-jähriger ausdrückte – «immer können und jede Frau zum Orgasmus bringen».

Nochmals: Pornographie ist nicht wirkungslos. Ich möchte jedoch vor vereinfachenden Wirkungs-Vermutungen warnen! Man kann die frauenfeindlichen und gewalttätigen Tendenzen im Pornofilm kritisieren und zugleich eine skeptische Haltung gegenüber vereinfachenden Vermutungen über die Wirkung einnehmen. Denn aus der seriösen Forschung lässt sich folgern: Pornos verursachen nicht abweichendes sexuelles Verhalten, sie können solche Tendenzen freilich verstärken. Noch ein Hinweis verdient unsere Aufmerksamkeit: Sexualstraftäter haben in ihrer Kindheit und Pubertät wenig Kontakt zur Pornographie gehabt, ja, die Sexualität unterlag in deren Herkunftsfamilien einem gewissen Geheimnis.

Pornographie hat auf Dauer bei gefühlsmäßig starken und selbstbewussten Jugendlichen keine Chance. Fühlen sich Heranwachsende aber allein gelassen, dann können pornographische Medien zum Ersatz werden.

Ulrich, 26, lebt mit seiner Lebensgefährtin in einer Großstadt, er absolviert zur Zeit die Ausbildung zum Facharzt. Den ersten Kontakt hatte ich zu ihm vor zwölf Jahren, als er für einen Skandal in seiner Gymnasialklasse sorgte. Ulrich schrieb den Klassenkameradinnen anonyme pornographische Briefe. «Die waren übel», erinnerte sich Ulrich. «Aber die haben nicht reagiert.» Erst als er sexuelle Bedrohungen andeutete, seine Briefe die Klassenlehrerin mit einschlossen, reagierte man. Da aber keiner den Urheber wusste, fand «ein allgemeines Gespräch darüber statt, wie frauenfeindlich und gewaltverherrlichend diese Briefe sind, die Mädchen und Frauen herabwürdigten. Ich hab mich daran beteiligt und die Briefe verteidigt. Frauen müssten gebumst werden. Und als ich dann sagte, sie seien immer zuerst zickig und dann hätten sie Lust, gab's Aufruhr. Aber keiner hat mich verdächtigt. Tja, eines Tages hatte ich im Unterricht eine Erektion, ich hab den steifen Penis aus der Hose geholt und meiner Klassenkameradin Sophie gezeigt. Die ist hysterisch und kreischend aufgesprungen. Tja, und dann war was los. Perverses Schwein und dein Schwanz gehört ab usw. Ich sollte von der Schule fliegen usw.»

Ich blättere in meinen alten Unterlagen, da ich damals an Ulrichs Schule die psychologische Beratung machte. «Du hast damals gesagt, deine Lehrerin hätte dir geholfen!» Ulrich nickte: «Die hat klasse reagiert. Unter vier Augen hat sie mir ihre Meinung gesagt. Nicht von oben herab, moralisch und besserwisserisch, aber doch ganz deutlich. Das hat mich wachgerüttelt. Und dann hat sie den Vorfall zum Anlass genommen, in der Klasse über Sexualität zu reden. Das waren tolle Stunden!» – «Was war für dich das Wichtigste?» – «Dass das Masturbieren in der Pubertät normal ist und dass es so etwas wie eine sexuelle Selbstbestimmung gibt. Was ich gemacht habe, das war eine glatte Sauerei von mir!» Worauf er seine Aktionen zurückführte, will ich wissen. Er erzählt davon, dass er «schon früh sexuelle Wünsche» gehabt habe. «Ich hab dann auch onaniert, hatte wahnsinnige Phantasien dabei. Ich träumte immer, wie mich Kathrin und Sophie, beide hatten schon damals große Brüste, küssten, massierten, wie sie nicht genug bekommen konnten. Und ich auch nicht. Und dann hab ich im Fernsehen einen Softporno gesehen. Versteh mich nicht falsch, dem geb ich nicht die Schuld. Aber dort ließen sich die Frauen eben alles gefallen, die Männer konnten immer. Und das machte mir Angst. Als ich Sophie einmal nach der Disco küsste, passierte bei mir nichts in der Hose. Und ich dachte, du kannst nie, ein Schlappschwanz bist du. Und da wurde ich sauer, und dann hab ich's Sophie gezeigt, dass ich's doch kann.» Und dann berichtete Ulrich davon, wie er nach dem klärenden Gespräch «weiter masturbierte, nur ohne Schuldgefühle, und meine Phantasien wurden anders. Ich war aktiver in meinen Tagträumen. Pornos brauchte ich nicht mehr, und irgendwann hat Sophie mir verziehen. Wir waren lange befreundet, aber es hat sehr lange gedauert, bevor wir miteinander geschlafen haben.»

Drogensucht als Flucht

Wer über den Zusammenhang von Pubertät und Drogengebrauch redet, sieht sich vor ein Problem gestellt. Stimmungsschwankungen und Depressionen, Konflikte und Krisen sind gewöhnliche Ausdrucksformen der Pubertät, können aber auch auf einen ersten Kontakt mit Drogen hinweisen. Dazu ein paar kurze Gesprächsausschnitte von 13- bis 14-jährigen Heranwachsenden, die noch keine Kontakte mit Drogen hatten:

Johanna: «Ich will mit meiner Familie nichts zu tun haben. Die öden mich an. Die sind ätzend. Wollen ständig mit mir reden. Aber ich häng am liebsten in meinem Zimmer rum.»

Juliane: «Ich könnte die ganze Zeit nur schlafen. Hab keinen Bock auf nichts. Am liebsten hänge ich vor der Glotze. Ich mach dies, mal das.»

Carmen: «In der Schule bin ich total abgesackt. Meine Eltern flippen total aus. Ich sitze stundenlang rum und rede mit meiner Freundin. Oder dann bin ich irre gut drauf. Und dann fall ich wieder ins Loch. Das geht manchmal von einer Sekunde zur nächsten.»

Michael: «Meine Eltern flippen wegen meiner Freunde aus. Die sehen mich schon im Knast oder obdachlos oder so 'n Scheiß. Aber da ist es viel heißer, nicht so langweilig wie bei den Alten, eh!»

Sven: «Meine Mutter jammert wegen meiner lila Haare. Jetzt habe ich noch einen Ring. Hier!» Er zeigt auf die linke Augenbraue. «Die klagt, ich muss doch Schmerzen haben. Doch das Einzige, was wehtut, sind ihre Sprüche. Neulich hat sie mir Geld gegeben, damit ich die lila Farbe rauswasche. Hab ich gemacht – jetzt sind sie pink.»

Diese Aussagen geben Hinweise auf normale Krisen in der Pubertät. Doch Eltern neigen dazu, manch normales pubertäres Symptom mit Drogen in Verbindung zu bringen:

1. In der Pubertät kommt es zu einem Knick in der kognitiv-intellektuellen Leistung, während die kreativen, künstlerischen und motorischen Anstrengungen zunehmen.

2. Es sind erhebliche Stimmungsschwankungen zu beobachten. Hinzu

kommen Unkonzentriertheit, Flüchtigkeitsfehler, Ablenkungsbereitschaft, Schläfrigkeit. Jugendliche sind oft nicht bei der Sache.

3. Es findet ein Rückzug aus familiären Zusammenhängen statt. Die Kommunikation mit den Eltern wird manchmal abgebrochen, familiäre Gemeinsamkeit auf ein Minimum reduziert.

4. Pubertierende hängen häufig passiv herum und konsumieren. Mediale Angebote dominieren.

5. Die Veränderungen, die der Körper durchmacht, werden ausgelebt – entweder durch eine Überbetonung oder durch eine Vernachlässigung des Körpers. Ungesundes Aussehen und fehlende Körperpflege herrschen vor. Frisur, Tätowierung oder Ringe grenzen nach außen ab, dienen einer Verständigung nach innen.

6. Es kommt zum Kontakt mit Jugendszenen. Es gibt möglicherweise problematische Freunde, um sich an anderen Normen und Werten zu reiben.

Diese Symptome deuten auf normale Pubertätskrisen hin, sie können allerdings auch erste Hinweise auf einen beginnenden Drogenkonsum geben. Machen Sie sich klar:

- Es gibt keine typische Suchtpersönlichkeit.
- Es existiert keine typische Suchtentwicklung.
- Dies macht Früherkennung und Vorbeugung so schwierig, zumal man nicht bei jedem Anzeichen in Panik geraten darf.

Die Fragen, die sich viele Eltern stellen müssen, sind:

- Warum wird die große Zahl von gelegentlichen Konsumenten nicht abhängig?
- Was schützt Pubertierende vor Abhängigkeit, obgleich sie hin und wieder Drogen nehmen?
- Wie sehen die Risikofaktoren aus?
  Hilfreich sind dabei zwei Grundgedanken zum Thema:

1. Es gibt zahllose Möglichkeiten, sich Drogen zu beschaffen. Heute haben viele Heranwachsende relativ viel Geld, das sie für Drogen ausgeben können. Das ist ein entscheidender Unterschied zu vergangenen Generationen, den Eltern nicht verändern können.

2. Je klarer, verlässlicher und konsequenter der elterliche Erziehungsstil, je mehr dieser sich am Heranwachsenden im Hier und Jetzt orientiert,

umso weniger fühlen sich Jugendliche fremdbestimmt. Wenn sich Eltern unkritisch oder auch starr-ablehnend gegenüber Drogen verhalten, umso größer wird das Risiko für Jugendliche.

Das Risiko, in einen problematischen Drogenkonsum abzugleiten, ergibt sich immer dann, wenn negativ gefärbte Rahmenbedingungen mit aktuellen Krisen einhergehen.

Auch legale Drogen machen abhängig!

Beatrice, 17 Jahre, ist durch Tabletten und Alkohol mehrfach abhängig. Sie war als Kind ruhig, zurückhaltend, in der Schule nicht besonders aufgefallen. Sie kommt aus einem wohlhabenden Elternhaus. Die Eltern waren überzeugt, das Beste für Beatrice getan zu haben. Sie galt als schüchtern, introvertiert, ging vorsichtig auf fremde Menschen und neue Situationen zu. Man verglich sie viel mit ihrer jüngeren Schwester, die das genaue Gegenteil darstellte: neugierig-forschend, frech, lebenslustig.

Beatrices Probleme zeigten sich schon früh. Im Kindergarten und in der Grundschule nahm sie sich zurück. Sie fremdelte in jeder Situation. Um sich einigermaßen zu behaupten, sich zu stabilisieren, bekam Beatrice auf Anweisung der Mutter Beruhigungstees, die oberflächlich halfen. Und Beatrice hatte an ihrer Mutter gemerkt: Auch sie nahm bei Stress Kopfschmerztabletten. Dieses Muster wurde für Beatrice mit Beginn der Pubertät bedeutsam. Sie erzählt: «Ich merkte, mit Tabletten ging es besser. Ich hatte dann keine Angst mehr. Mir ging's gut, wenn ich das Zeug nahm. Alles war dann leichter. So mit 14 oder 15, durch Zufall, habe ich 'ne Tablette genommen und Bier getrunken. Zuerst ein Schluck. Und eine Katastrophe war mit einem Mal weg, alles war wie vergessen.»

Als Beatrices Eltern davon erfahren, «bricht eine Welt zusammen», wie sie sagen. «Geahnt hatte ich's schon vorher, aber ich wollte es nicht wahrhaben», sagt die Mutter. Und sie fährt fort: «Dabei haben wir alles für unsere Tochter getan. Sie war unser Sorgenkind. Wir haben uns um alles gekümmert. Sie brauchte nichts zu machen. Sie war so zerbrechlich. Sie hatte Ballett, Klavierunterricht, nichts zog sie wirklich durch. Wir haben nur die besten Lehrer für sie ausgesucht. Mit keinem kam sie aus. Zufrieden war sie nur, wenn man sie in Ruhe ließ.»

Beatrice deutet die Situation so: «Das ging mir allmählich auf den Zeiger. Alles wurde für mich gemacht. Jedes Problem gelöst. Ich fühlte mich eingesperrt. Aber wenn ich das Zeug nahm, ging's mir gut! Dann war ich irgendwie frei, ich konnte träumen – das waren richtige Reisen. Dann war ich ganz selbständig!»

«Aber», so fragen die Eltern, «was hätten wir anders machen sollen?» Eine plausible, alles erklärende Antwort kann man nicht geben, obwohl bei Beatrice einige Risikofaktoren deutlich werden:

- Bei Drogendiskussionen wird die «stille» Abhängigkeit von Medikamenten, wird die «auffällige Unauffälligkeit» übersehen. Das Schrille des illegalen Drogenkonsums steht dagegen im Vordergrund.
- Das elterliche Vorbild, hier insbesondere das mütterliche Vorbild, z. B. der eigene Umgang mit Tabletten, wird ganz entscheidend. Medikamente werden als Allzweckware angesehen und eingesetzt. Beatrice nimmt die Tabletten zunächst nur als Stimulus, später verstärkt sie die Tabletten durch den Alkoholgenuss.
- Beatrice erlernt kein Konfliktmanagement. Konflikte werden vielmehr unter den Teppich gekehrt. Zuneigung und Liebe ist an das Erbringen von Leistung gekoppelt. So baut Beatrice kein Urvertrauen zu sich und ihren Eltern auf. Und sie lernt: Konflikte löst man nicht durch Auseinandersetzung, sondern durch die Einnahme von Medikamenten.
- Die Eltern nehmen zwar Anzeichen wahr, suchen aber nicht den Kontakt zu einer Beratungsstelle, sondern überhäufen sich mit Selbstanklagen. Dadurch wird die Beziehung noch angespannter, noch instabiler: «Wenn du aufhörst, tun wir alles!» Aber auch angedrohte Strafen – sture Kontrolle, Androhen von Konsequenzen, ohne sie durchzuführen – ändern nichts an Beatrices Verhalten.
- Pubertierende wollen etwas leisten, sie wollen mithelfen. Beatrice hat zeitlebens erfahren: «Dafür bist du noch zu klein!» Der Leitsatz für eine stabile Erziehungsbeziehung kann auch Leitsatz für Suchtprävention sein: Fördern statt verwöhnen! Fördern bedeutet Erfolgserlebnisse zu schaffen, selbst bestimmte Leistungen zu erbringen, unabhängig zu werden. Dies schafft Glücksgefühle, ermöglicht eine intensive Selbstwahrnehmung. Das Glück ist eine selbst produzierte Droge und kann immun gegen fremdbestimmte Drogen machen.

- Botschaften, die Heranwachsende senden, sind zu deuten, ohne in Panik zu verfallen, zu dramatisieren. Vielmehr gilt es, gesprächsbereit zu sein. Beatrice sagt: «Mein Vater drohte, nur mit mir zu reden, wenn ich ihm versprach, nichts zu nehmen. Ansonsten bräuchte ich gar nicht mehr zu kommen!» Gute oder böse Worte helfen in dieser Situation nicht. Schon gar nicht, wenn es sich um Hilferufe der Kinder handelt. Dann hilft Zuwendung mit liebevoller Konsequenz und Klarheit.

Minderwertigkeitsgefühle machen klein!

Tim, 18 Jahre, ist über den Alkohol in die Drogenszene gerutscht. Er ist eher schüchtern, zurückgezogen, hat Kontaktschwierigkeiten. Dieses wurde durch die häufigen Umzüge der Eltern noch verschärft. Tim ist äußerlich eher klein, er neigt zum Stottern, vor allem, wenn er nervös ist. Nur wenn er ein paar Bier getrunken hat, dann wird er ruhiger, fühlt sich stark. Er achtet sehr auf sein Aussehen, körperbetonte Kleidung, geht ins Fitness-Studio, weil er bei Freunden gut ankommen will. Besucht das Gymnasium, zeichnet sich durch gute Leistungen aus, die er durch viel Fleiß erreicht.

Der Vater: «Tim macht es gut. Er soll es besser haben als ich. Was er jetzt lernt, braucht er später nicht zu lernen. O. k., er macht's, wie gesagt, schon gut, aber so viel Lob baut ihn nicht auf. Dann macht er schlapp. Er muss schon eine starke Hand spüren!»

Dazu Tim: «Wenn ich das höre. Er will doch nur mit mir angeben. Wenn ich in Mathe eine Drei habe, meint er, im letzten Jahr hätte ich eine Zwei gehabt. Der sieht immer nur das Schlechte. Er stellt sich auf ein Podest, hält sich für den Größten und hält Reden. Ich heiße Tim, aber der hat meinen Vornamen vergessen. Ich heiße für ihn: Mein Sohn ist etwas Besonderes!»

Und dann fährt Tim fort: «Mit Alkohol lässt sich alles aushalten. Im Suff bring ich ihn um. Das gefällt den Kumpels, wenn ich das erzähle. Zuletzt gab's den Mix, Medikamente, Hasch, vor allem Hasch, aber auch schon Heroin ... Es war leicht daranzukommen, denn ich hab mir das Geld verdient oder von meiner Mutter geschnorrt. Ich habe mich gut gefühlt, als ich das genommen habe. Alles war toll. Nun denk ich mir schon häufig, wie kommst du heute an den Stoff.»

Auch hierzu einige Anmerkungen, um problematische Rahmenbedingungen herauszustreichen:

- Die Störung des Selbstwertgefühls ist hier ein wesentlicher Faktor. Sucht kann man als eine Krankheit des Selbstwertgefühls bezeichnen. Hinzu kommt: Tims starke Abhängigkeit von ständiger Anerkennung. Die leiseste Kritik erzeugt bei ihm Ohnmacht und Hilflosigkeit.
- Bei Tim herrscht das Gefühl der Fremdbestimmtheit vor. Er soll Leistungen erbringen, um vorgeführt zu werden bzw. für eine imaginäre Zukunft fit gemacht zu werden. Weil er keine Annahme im Hier und Jetzt findet, fehlt ihm eine konkrete Lebensperspektive. Alles erscheint ihm weit weg.
- Wie bei Beatrice hat auch Tim keine Fähigkeit, mit Krisen produktiv umzugehen. Er kann Unlustgefühle nicht über längere Zeit aushalten. Und bei Tim zeigt sich: Ein guter Schulabschluss ist eben kein Garant für eine Karriere. Dies spürt er. Tim wird ein Umgang mit Krisen nicht gestattet. Da ihm solche Erfolgserlebnisse vorenthalten werden, verlegt er sie in den Konsum, der als Ersatz für fehlende Beziehungen, der als «Lösung» für Krisen dient.
- Drogen fördern Vermeidungsverhalten. Sie legen Fluchttendenzen nahe. Der Drogenkonsum wird immer dann gefährlich, wenn ihm eine Ersatz- und Verdrängungsfunktion zukommt. Wenn Sucht mit Flucht aus der Wirklichkeit gleichgesetzt werden kann.
Bei der Drogenvorbeugung – gerade mit Jugendlichen – sollten Eltern einige Grundsätze beherzigen: Verzichten Sie auf Schuldzuweisungen. Verfallen Sie nicht in Aktionismus: Übertreibungen machen hilflos. Die Auseinandersetzung mit Drogen ist ein lebenslanger Prozess. Für mich setzt Vorbeugung vor allem bei der Stärkung der Persönlichkeit an.

Erziehen Sie Ihre Kinder zu einem produktiven Umgang mit Frust und Krisen. So werden Eigenaktivitäten an die Stelle des Konsums gesetzt, so stärken Sie die Konfliktfähigkeit. Ihr Kind kann dann nein sagen, wenn es unter Gruppendruck gerät.

Kampffeld Körper – Essstörungen

Gerade bei pubertierenden Mädchen stellt man im letzten Jahrzehnt eine Zunahme von Essstörungen fest. Hier sind vor allem die Magersucht (Anorexia nervosa), die Bulimie (Heißhunger und Erbrechen) und abnormes Übergewicht durch zu viel Essen (wissenschaftlich als Adipositas bezeichnet) zu unterscheiden.

Magersucht tritt vor allem bei Mädchen in der Vorpubertät bzw. Pubertät auf. Diese Störung ist durch eine extreme Gewichtsabnahme bzw. Verweigerung der Nahrungsaufnahme gekennzeichnet. Die magersüchtigen Mädchen haben Angst, dick zu werden, obgleich nicht selten ein Untergewicht vorherrscht. Auffällig ist eine gestörte Körperwahrnehmung, d. h., die magersüchtigen Mädchen fühlen sich hinsichtlich ihres Gewichtes, ihrer Größe und der Körpergestalt unwohl. Steht die Erkrankung am Beginn der Pubertät, dann kann man eine Verzögerung der körperlich-hormonellen Entwicklung beobachten (z. B. Ausbleiben der Regel, verzögerte Entwicklung der Brust).

Magersüchtige haben verschiedene Strategien, um den Gewichtsverlust herbeizuführen, z. B. durch Erbrechen, durch Abführmittel, durch extreme körperliche Aktivitäten oder durch die Einnahme von Appetitzüglern.

Die Magersucht erfordert eine professionelle Beratung. Die psychischen Ursachen liegen nicht selten in den komplexen familiären Lebens- und Kommunikationsmustern:

- Da kann man einerseits einen überbehütenden Erziehungsstil, der über wenig Konfliktlösungspotenzial verfügt, festmachen. Da herrscht ein Familienklima vor, das sich durch gefühlsmäßige Kälte und unklare Grenzen sowie Bindungslosigkeit auszeichnet.
- Auffällig ist, dass Essstörungen unter «biologischen Verwandten» der Patientinnen gehäuft vorkommen, wie der Jugendpsychiater Remschmidt feststellt.

Unter Bulimie versteht man ein «episodisch heißhungerartiges Essen» großer Nahrungsmengen, auf das ein selbst herbeigeführtes Erbrechen folgt. Kriterien für die Bulimie sind

- eine ständige Beschäftigung mit dem Essen und dann das Gefühl, während des Essanfalls sich nicht unter Kontrolle zu haben,
- selbst herbeigeführtes Erbrechen, zeitweise starkes Fasten und der Missbrauch von Abführmitteln,
- das ständige Reden über Figur und Gewicht.

Entstehung und Aufrechterhaltung der Bulimie kann nicht auf einzelne Faktoren zurückgeführt werden. Vielmehr muss man ein Zusammenspiel mehrerer Aspekte annehmen: ein niedriges Selbstwertgefühl, das mit einer gefühlsmäßigen Instabilität (Stimmungsschwankungen, fehlende Frustrationstoleranz) und einer Fixiertheit auf den Körper einhergeht. Diese unbeholfenen Lösungsversuche hinterlassen aber Minderwertigkeits- und Versagensängste, denen mit erneuten «Fressattacken» begegnet wird. So entsteht ein verhängnisvoller Teufelskreis, der aus eigener Kraft nicht zu durchbrechen ist.

Eine dritte Essstörung stellt ein ausgeprägtes Übergewicht dar. In den meisten Fällen beruht die Störung darauf, zu viel zu essen. Auffallend: Rund 15 bis 20 Prozent aller Kinder ab dem 6. Lebensjahr sind übergewichtig angelegt. Sieht man sich übergewichtige Pubertierende an, treten einige Merkmale in den Vordergrund: Sie sind emotional stark abhängig von den Eltern. Ihre Autonomiebestrebungen werden nicht oder nur halbherzig unterstützt. Insbesondere die Mütter zeichnen sich durch Überfürsorge aus, während die Väter eher zurückgezogen handeln. Die Jugendlichen, die unter Übergewicht leiden, haben häufig eine gestörte Wahrnehmung, was ihr Hungergefühl und die Sättigung anbetrifft. Das führt zu einem verhängnisvollen Kreislauf: Sie leiden häufig darunter, von ihrer Nahwelt nicht akzeptiert zu werden. Diese Zurücksetzung und Ablehnung versuchen sie dann durch reichlich Essen zu «kompensieren».

Therapeutische Maßnahmen sind unumgänglich. Denn je länger die Störung andauert, umso ungünstiger erweist sich eine Prognose. 80 Prozent aller übergewichtigen Kinder und Jugendliche werden auch übergewichtige Erwachsene. Neben Maßnahmen, die das Essverhalten strukturieren, ist eine therapeutische Begleitung notwendig, die darauf angelegt ist, eine gefühlsmäßige Stabilität auszubilden sowie ein Selbstwertgefühl zu entwickeln.

Null Bock auf Leben

Mario, 18 Jahre, erschien seinen Freunden scit Wochen «merkwürdig»: einerseits «so ganz klar und logisch», andererseits «verträumt und verspielt, so als ob er gar nicht mehr dazugehörte». «Wir mussten», so erinnert sich ein anderer Freund, «nur ständig die Videokassette von *Easy Rider* ansehen. Der war richtig süchtig danach.»

An einem Samstagabend spielt Mario mit seinen Freunden Monopoly. Mario wirkt gelöst, offen, selbstsicher. Als das Spiel zu Ende ist, bittet er seine Freunde zu bleiben. Sie kommen dem Wunsch nach, lassen ihn aber gegen 1.00 Uhr nachts allein. Mario trinkt in kürzester Zeit einige Drinks mit Bacardi und Cola, setzt sich dann in ein Auto.

Kaum einen halben Kilometer von seinem Zuhause entfernt, fährt er auf gerader Straße mit hoher Geschwindigkeit gegen einen Baum. Auf der Fahrbahn lassen sich keine Bremsspuren finden. Ein Autofahrer, der Mario in seinem völlig zerstörten Auto findet, hört einen Song von Peter Maffay. Als der Autofahrer die Tür öffnet, um erste Hilfe zu leisten, fällt ihm Mario in die Arme: «Bin ich tot?» Er überlebt seinen Selbstmordversuch mit schwersten Verletzungen. Im Krankenhaus müssen zwei Finger und der linke Fuß amputiert werden. Mario hatte einen Abschiedsbrief hinterlassen, in dem er seine Mutter um Verzeihung bittet, aber – so schreibt er weiter – «ich sehe keine andere Möglichkeit: Vater will einen Kaufmann aus mir machen. Ich kann das nicht. Ich will doch leben. So geht das nicht weiter. Leb wohl! Dein Steppenwolf.»

Als Mario Wochen nach dem Unfall zu mir in die Beratung kommt, wirkt er fröhlich-gelöst: «Jetzt kann ich kein Kaufmann mehr werden!» Dabei zeigt er auf seine verstümmelte Hand und seinen Fuß. Marios Vater besitzt eine große Speditionsfirma, die der Sohn einmal übernehmen sollte. «Ein Krüppel kann kein Auto fahren. Ich lass mich jetzt umschulen», sagt Mario. In den weiteren Gesprächen, die ich mit ihm führe, machte er einige Kernaussagen: «Ich wollte sterben. Ich hab diesen Zwang zu Hause nicht ausgehalten … diesen Druck. *Easy Rider* – das war für mich der Traum, die Freiheit. Als ich losgefahren bin von zu Hause, habe ich von Peter Maffay *Über sieben Brücken musst du gehen*, mein Lieblingslied, gehört. Der Baum war meine Brücke. Ich war ganz high, als der Baum auf mich zukam. Für die Freiheit kann ich sterben, so wie im Film. Aber das war noch geiler, so richtig zu sterben. Das hat mir keiner zugetraut, so was nicht. Aber ich hab's gemacht. Ich war der Steppenwolf, der nicht mit dem Rudel heult. Ich war zum erstenmal ganz stark.»

An diesem Fallbeispiel lassen sich Gesichtspunkte verdeutlichen:

- Bei Todesursachen in der Pubertät rangiert der Suizid an zweiter Stelle. Männliche Jugendliche sind häufiger betroffen. Das Verhältnis von Selbstmord zu Selbstmordversuchen liegt bei männlichen Jugendlichen bei 1 : 10, bei weiblichen Jugendlichen 1 : 30.
- Selbstmordgedanken und -phantasien sind für die Pubertät phasenspezifisch normal. Dabei können Minderwertigkeitsgefühle, Depression, Zurückweisung in den Beziehungen ebenso eine Rolle spielen wie Gefühle der Einsamkeit und des Nicht-verstanden-Werdens.
- Familienkonflikte (Einengung durch die Eltern, ständiger Liebesentzug) sowie Konflikte in der Beziehung zu Gleichaltrigen dominieren.
- Aber auch Schulschwierigkeiten oder berufliche Krisen können suizidauslösende Faktoren sein.

Der Psychologe Walter Pöldinger benennt drei Stadien des Selbstmordes:

- In einer ersten Phase wird der Suizid als Lösung in Betracht gezogen. Hier können Medien insofern eine Rolle spielen, als sie über Selbstmordhandlungen informieren, sie als erfolgreich darstellen.
- Ein sozial isolierter Mensch kündigt seinen Selbstmord häufig an, gleichwohl ist er noch unschlüssig. Er verhält sich schwankend und ambivalent.
- In einer dritten Phase hat jemand den Entschluss zur Selbsttötung gefasst. Allerdings können Gespräche oder Interventionen den potenziellen Selbstmörder noch von seiner Tat abhalten. Auffällig ist, dass depressiv-ängstliche Suizidenten in dieser Phase äußerlich ruhig und gelassen werden, wenn sie den Entschluss gefasst haben.

Viktor Frankl bezeichnet den Selbstmord als die Reaktion eines Menschen, der sich in einem «existenziellen Vakuum» befindet. Ein entwickeltes Selbstwertgefühl schützt davor, sich das Leben zu nehmen. Fühlt sich ein Mensch von seiner Umwelt angenommen, fühlt er sich aufgehoben, dann können Selbstmordhandlungen ausgeschlossen werden. Fehlt diese Annahme allerdings, wird sie ersetzt durch eine ausschließlich technische oder materielle Versorgung, dann kann es zu schweren existenziellen Krisen kommen.

Schon in der frühen Kindheit bildet sich aus, was vor Selbstmord schützt. Später gilt es, die Anzeichen für einen angekündigten Selbstmordversuch nicht zu überhören. Pubertierende sprechen diesen nicht selten an. Grundsätzlich sollten Eltern und andere Bezugspersonen solche Drohungen ernst nehmen. Zwischen ernst gemeintem und nicht ernst gemeintem Selbstmordversuch zu unterscheiden ist wenig sinnvoll.

Wie Ablösung gelingen kann.
Abschließende Miniaturen

Ich will ausziehen», erklärt mir Josef, 19 Jahre. «Es reicht mir zu Hause! Ich mag meine Eltern schon. Aber wir haben ständig Zoff wegen irgendeiner Kleinigkeit. Aufräumen. Pünktlichkeit. Mithelfen und so! Das nervt mich, und das muss nun nicht mehr sein!» – «Bei mir ist's anders», ergänzt Barbara, 21 Jahre. «Ich möchte mit meinem Freund zusammenleben. Das einfach ausprobieren. So bin ich mal hier und mal da. Mal Kind, mal Frau. Diesen Spagat finde ich anstrengend. Meine Mutter ist in Ordnung, aber die macht sich sehr viele Sorgen. Und das geht mir allmählich auf den Geist. Ich weiß, die meint es gut. Aber ich will jetzt auf den eigenen Beinen stehen!» – «Wir haben uns lange Zeit vertragen», berichtet Jakob, 19 Jahre. «Aber jetzt habe ich meine eigenen Interessen, meine Eltern haben andere. Wir passen nicht mehr zusammen. Jeder geht so seinen Weg. Ich glaub, wenn wir uns weniger sehen, dann passen wir irgendwann wieder besser zueinander.»

Heranwachsende haben vielfältige Motive, aus dem Familienhaushalt auszuziehen: Man will auf eigenen Füßen stehen, Eigenständigkeit demonstrieren, Freiheiten ausprobieren. Man möchte mit dem Partner oder der Partnerin zusammenleben, man will der elterlichen Kontrolle entfliehen und Selbständigkeit ausdrücken. Man will den ständigen Reibereien, die sich an Nichtigkeiten entzünden, aus dem Wege gehen. Viele Pubertierende spüren instinktiv, dass die heftigen Konflikte die Beziehungen zu den Eltern nachhaltig berühren, sogar beschädigen können.

In den Aussagen konkretisiert sich ein weiterer Gesichtspunkt, der häufig unterschätzt wird: Ablösung meint nicht Auflösung der Eltern-Kind-Beziehung. Ablösung bedeutet vielmehr eine Umgestaltung dieser Beziehung. Man geht anders aufeinander zu, stellt eine neue Verbundenheit her. Sich voneinander zu lösen und gleichzeitig verbunden zu fühlen sind zwei Dinge, die zusammengehören. Schärfer formuliert: Eine Ablösung gelingt Heranwachsenden ausschließlich vor dem Hintergrund einer gefühlsmäßig stabilen Bindung zu den Eltern. Eine ehrliche, wechselseitige und partnerschaftliche Beziehung bietet Jugendlichen die Grundlagen, um selbständig zu werden, Verantwortung für sich zu übernehmen und um sich selber zu finden.

Wenn Eltern und Heranwachsende sich voneinander lösen, nähern sie sich auf einem qualitativ anderen Niveau an, definieren Nähe und Distanz unter veränderten Vorzeichen, stecken Grenzen neu ab. So kann sich tieferes Verständnis und gegenseitige Annahme entwickeln.

Wenn Eltern die Ablösung als ein abruptes Ende der Erziehungsbeziehung erleben, verunsichern sie damit auch ihr heranwachsendes Kind, das den Auszug als Abbruch vertraut-gewohnter Bindungen deutet. Denn so heftig Pubertierende familiäre Traditionen infrage stellen, so bringt das Ende dieser Traditionen Irritationen für sie.

Ihr Sohn wäre ausgezogen, erzählt mir Mareike Schön. Froh sei sie darüber gewesen, hätte es mit Max doch in letzter Zeit erhebliche Probleme gegeben. Dann nahte das Weihnachtsfest. Sie und ihr Mann hätten sich auf ein Fest ohne Max eingestellt. «Und da hab ich auf alle Rituale verzichtet. Kein Weihnachtsbaum, nur Fichtenzweige in einer Vase, keinen großen Adventsschmuck. Ich war auch mal froh darüber, es anders zu machen!» Dann kam Max doch plötzlich nach Hause. «Als der das Wohnzimmer so leer gesehen hat, stutzt er! ‹Was? Wie sieht es denn hier aus? Gibt's denn keinen Weihnachtsbaum?›, fragt Max einigermaßen überrascht. ‹Ich dachte, du kommst nicht›, erwidert die Mutter. ‹Außerdem hast du im letzten Jahr nur rumgemeckert. Blöde Weihnachten! Wie langweilig!› Max schlug einen Riesenkrach und hatte nach einem Baum verlangt. «Ich hole ihn nicht! Papa auch nicht!» Die Mutter bleibt beharrlich. «Dann gehe ich selber einen schlagen!» Daraufhin ging Max los, kaufte einen Baum «vom eigenen Geld», schmückte ihn. Seine Mutter schmunzelt: «Es war ein absolut harmonisches Weihnachtsfest. Max hing an Traditionen, ich dachte, ich spinne. Er hat sogar freiwillig auf dem Klavier Weihnachtslieder gespielt!»

Viele Eltern verwechseln die Kritik Heranwachsender an familiären Ritualen damit, dass sie mit gewohnten Regeln nichts mehr zu tun haben wollen. Und deshalb schmeißen sie lieb gewordene Gewohnheiten vorschnell über Bord. Dabei können Konflikte um Rituale zum Anlass genommen werden, über deren Sinn nachzudenken, sie vielleicht mit anderen Inhalten zu füllen.

Wenn Rituale für Heranwachsende stimmen, dann gilt es daran festzuhalten – ob in gewohnter oder modifizierter Form. Rituale symbolisieren Verlässlichkeit und Vertrautheit, in die die Jugendlichen nach dem Auszug gerne wieder eintauchen, um sich so einer Zugehörigkeit zur Familie zu vergewissern.

«Das leuchtet mir schon ein, was Sie da sagen», wirft die Mutter von zwei Töchtern ein, die seit einiger Zeit ausgezogen sind. «Aber für mich war ihr Auszug doch so etwas wie Befreiung. Da fiel auch Verantwortung von mir ab. Die eine hatte eine gute Ausbildung, die andere studierte. Das machte mich auch ein wenig stolz. Jetzt wollte ich mal etwas ganz anderes machen. Nicht nur Mutter sein, nicht mehr nur Verantwortung tragen. Wir haben», sie weist auf ihren Mann, der neben ihr sitzt, «darüber geredet. Und ich denke, wir haben einen Weg gefunden. Ich arbeite jetzt wieder halbtags als Sekretärin!»

Ihr Mann: «Mir ist es schon schwer gefallen. Vor allem bei der letzten Tochter. Das war irgendwie so ein Ende. Da ist etwas gestorben. Und ich hab viel darüber nachgedacht, was ich alles mit den Töchtern versäumt habe. Ich war stark im Beruf engagiert, hab mich aus der

Kindererziehung rausgehalten. Dann sind die Kinder mit einem Male groß und nicht mehr da. Da kommen einem Schuldgefühle! Ich wollte mit einem Mal Versäumtes nachholen. Und habe gemerkt, das geht nicht!»

Väter haben häufig größere Schwierigkeiten, sich von ihren erwachsen werdenden Kindern zu lösen, als die Mütter. Väter sehen den Auszug häufig negativer und reagieren beunruhigter. Sie empfinden die Trennung als einen Verlust, der sie sehr plötzlich zu treffen scheint.

Die väterlichen Probleme weisen auf eine Vielzahl bedenkenswerter Aspekte des Auszugserlebens hin:

- Viele Väter setzen sich mit der Abnabelung ihrer Kinder erst sehr spät und nur oberflächlich auseinander. Die gefühlsmäßigen Folgen eines Lösungsprozesses werden nur selten in ihrer ganzen Tragweite betrachtet.
- Väter haben sich häufig lange Zeit aus der Erziehung herausgehalten. Sie haben sich mit der Kindererziehung auf eine imaginäre Zukunft hin vertröstet («Wenn die Kinder älter sind!»), und in dem Moment, wo sie vielleicht Zeit hätten, da ziehen die Heranwachsenden aus. Manchmal versuchen sich Väter in einer Erziehung der letzten Minute, die nicht selten in gegenseitigen Vorwürfen und nervtötenden Machtkämpfen endet.
- Auffällig ist, dass Väter die Elternschaft nicht selten positiver als die Ehe bewerten. Deshalb halten sie an ihrer Elternrolle fest und die Kinder im Haus. Mancher Vater verwendet dabei wenig gekonnte Techniken, z. B. indem er Pubertierende durch Streit und Konflikt bindet oder durch materielle Zuwendung fesselt.

Je lebendiger und fester Männer die ehelichen Beziehungen erleben, desto positiver wird der Auszug der heranwachsenden Kinder erlebt. Indem die Elternrolle zurücktritt, tun sich Freiräume auf, die sich gemeinsam mit der Partnerin ausfüllen lassen. Und aus der Sicht der Heranwachsenden gilt: Je mehr sie spüren, wie sich Eltern auf die Partnerschaft zurückbesinnen, umso leichter fällt ihnen der Ablösungsprozess.

Der Auszug der Kinder stellt auch für Mütter eine Herausforderung dar. Er geht mit Trauer einher – vor allem dann, wenn die Lösung schnell erfolgt, ohne dass man sich emotional darauf vorbereiten kann. Insgesamt haben Mütter – so meine Beobachtung – durch den alltäglichen Kontakt mit ihren Kindern schon manche Trennung erlebt – angefangen beim Laufenlernen, dem Besuch des Kindergartens, der Schule, dem Kontakt zu Freunden. Mütter müssen häufiger Abschied nehmen, haben schon manche Träne vergossen, aber auch manche Krise durchgestanden.

Nun gelten auch für Mütter einige Rahmenbedingungen, unter denen der Prozess der Ablösung positiv erlebt wird. Mütter können ihre pubertierenden Kinder umso besser loslassen, wenn sie

- die Mutterrolle durch alternative Aufgaben ausgleichen;
- die Erziehung der Kinder ausgefüllt hat und sie nun die Ergebnisse ihrer Bemühungen sehen: selbständige und selbstbewusste Heranwachsende, die ihren eigenen Weg gehen;
- auch schon während der Kindererziehung für sich sorgten und außerhäuslich aktiv wurden (z. B. Berufstätigkeit, alternative Aufgaben);
- sich selbst und ihre Kinder in einer Unvollkommenheit annehmen und weder sich noch die Kinder ständig mit anderen vergleichen;
- sie ihre eheliche Beziehung befriedigend erleben und ein ausgefülltes Leben jenseits der Elternschaft führen.

Bedeutsam sind letztlich die Perspektiven, die sich nach der Ablösung von den Kindern auftun. Leider stellen sich diese Aussichten für viele Frauen angesichts der wirtschaftlichen Situation als problematisch dar. «Ich weiß nicht, ob ich einen Job bekomme», so Anita Becker, Mutter von zwei nicht mehr im Haus lebenden Kindern, die studieren. «Ich habe mich zwar umschulen lassen, aber bei der gegenwärtigen Situation auf dem Arbeitsmarkt wird es schwer werden. Da muss ich wohl nehmen, was kommt!» – «Mir geht es ähnlich», berichtet Regina Schreiber, «ich war zwar eine gute Chefsekretärin, aber ob ich jetzt noch alles packe? Ich hab da schon meine Probleme. Ich hab zwar einige Kurse besucht, aber ob das reicht? Als Mutter wusste ich, wo meine Stärken lagen. Aber im Beruf, da ist so vieles im Fluss.»

Aus den Beratungsgesprächen mit Müttern weiß ich: Frauen, die durch den Ablöseprozess und den Auszug der Kinder zu einem neuen Lebensstil angeregt werden, sind sehr zufrieden. Ihnen gelingt es, die

Beziehung zu ihren heranwachsenden Kindern umzugestalten. So wichtig es zweifellos ist, neue Rollen zu wählen, sich ein Spektrum von Aufgaben zu suchen, so schwierig stellt sich diese Veränderung für viele Frauen gegenwärtig dar. Denn die hohe Zahl an Arbeitslosen erschwert den beruflichen Wiedereinstieg, der ohnehin mit Angst verbunden ist, ob man den gestiegenen Anforderungen noch gerecht werden kann.

So resignieren denn manche Mütter, scheuen vor Veränderungen zurück und behalten ihr bisheriges Lebenskonzept bei. Nicht selten klammern sie sich an ihre Kinder. Und weil sie von ihrer Mutterschaft nicht lassen können, lassen sie ihre pubertierenden Söhne und Töchter nicht los. Sie versäumen es, die Beziehung auf eine andere Basis zu stellen. Es bleibt bei einer Versorgungsbeziehung, die weder den Eltern noch den Heranwachsenden gerecht wird. Dabei würde eine distanzierte Intimität, eine Verbundenheit, die die Balance von Nähe und Distanz hält, der neuen Beziehung gerechter. Pubertierende leben Veränderungen vor – sie sind in Bewegung, machen sich auf den Weg. Dies können Eltern von ihren jugendlichen Kindern lernen: neue Wege beschreiten, Lebensführung und -stil verändern. Wenn Eltern wie Kinder – und als solche werden sie selbst nach dem Auszug noch betrachtet – sich auf den Weg, genauer: die unterschiedlichen Wege machen, können sie sich wieder annähern. Eltern sollten dabei nicht vergessen: Auch der junge Erwachsene, der eigene Ziele verfolgt, braucht das Gefühl elterlicher Wärme und Nähe, die nicht besitzergreifend ist. Verbundensein und Ablösung schließen sich nicht aus, sie gehören zusammen. Aber aus der Elternschaft befreit zu sein heißt eben nicht, in den elterlichen Ruhestand einzutreten. Unterstützung und Beratung der «großen» Kinder sind lebenslange Aufgaben.

Die Spannung aus Loslassen und Haltgeben ist keineswegs widerspruchsfrei. Es ist ein komplizierter Drahtseilakt: die Nabelschnur durchzuschneiden und trotzdem Halt zu geben. Das geht nicht ohne ein Auf und Ab der Gefühle.

Barbara Neißer ist heute schon Großmutter. Sie erzählt ihre Geschichte. Ihr Sohn Niko, jetzt fast 30 Jahre, sei als Pubertierender ziemlich «schlimm gewesen». Meist soff er zu viel, baute dann Unfälle und Mist. Das war nicht zum Aushalten. Ich machte mir damals schon Gedanken, was das mit mir zu tun hat. Aber ich fand keine Antwort.

Meistens passierte etwas, wenn ich mit meinem Mann im Urlaub war. Niko blieb dann zu Hause. Ich fuhr deshalb schon mit einem schlechten Gefühl los.» Sie holt tief Luft. «Jetzt klopft mein Herz noch, wenn ich an die Situation von damals denke. Als unser Sohn 19 war, machten wir eine Wanderung von Hütte zu Hütte. Da erreichte uns spätabends die Nachricht, dass Niko lebensgefährlich verunglückt sei. Seine Überlebenschancen stünden schlecht. Wir beide waren völlig geschockt. Ich war verzweifelt, wollte sofort zu ihm, aber das ging nicht. Es war ja nachts, wir kamen nur von der Hütte in ein Hotel im nächsten Tal. Als mein Mann selbst im Krankenhaus anrief, klangen die Informationen etwas beruhigender. Aber Niko war noch längst nicht über den Berg. Ich bin dann mit meinem Mann in eine nahe Kapelle gegangen. Wir haben eine Kerze angezündet und gebetet. Und haben uns von unserem Sohn erzählt.» Sie fängt an zu weinen. «Das sitzt so tief. Es war einer der intensivsten Momente meines Lebens. Fast so schmerzhaft wie Nikos Geburt. Es war eine zweite Geburt. Wie gesagt, wir haben uns von Niko erzählt. Und wir haben irgendwie Abschied genommen von unserem Kind! Als wenn ich ihn in dieser Nacht losgelassen hab. Und mein Mann und ich haben uns ganz fest angefasst, da war keine Leere. Wir hatten zumindest uns und die wunderbare Erinnerung an Niko. Der Halt aneinander hat uns gut getan, und wir haben uns gefragt, ob wir unserem Sohn gerecht geworden sind. Er wollte seinen eigenen Weg gehen und von uns gute Wünsche mit auf dem Weg bekommen, nicht unsere Sorgen.» Sie atmete tief aus: «Niko hat Gott sei Dank überlebt. Er wurde schnell gesund. Ich hab mit ihm einige Tage später im Krankenhaus über den Abend in der Kapelle geredet und ihm von meinen Gefühlen erzählt. Da nahm er mich in den Arm und sagte: ‹Ich pass auf mich auf, Mama!› Tja, ihm ist danach nie wieder ein Unfall passiert!» – «Und wie deuten Sie das?», will ich wissen. «Die unsichtbaren Bindungen waren mit einem Male weg!», antwortete sie spontan. «Wie meinen Sie das?» – «Ich glaube, ich war auch sauer darauf, dass er so eigenmächtig von uns wegging. Ich hatte so viel für ihn getan. Er schien undankbar zu sein für das, was ich alles für ihn getan hatte. Irgendwie wollte ich ihm wohl zeigen, du kannst gar nicht ohne mich. Du brauchst mich. Ich bin immer für dich da. Egal, was passiert.» Sie lächelt: «Und da passierte ständig was. Aber genau das, was ich nicht wollte!» Sie macht eine Pause. «Erst als ich in jener Nacht so tief fühlte, was er mir gege-ben hatte, und ich spürte, das werde ich nicht verlieren, auch wenn er …», sie stockt, «wenn ich ihn nicht wieder gesehen hätte, da konnte ich ihn loslassen. Sein Ende wäre nicht mein Ende gewesen. Ich hätte mit meinem Mann weitergelebt. So grausam es gewesen wäre. Ich musste wohl erst durch dieses Tal der Tränen, um loslassen zu kön-nen.»

Der Abschied von der Elternschaft verläuft nicht immer so drama-tisch. Aber Abschiede tun weh, schmerzen Eltern und Jugendliche. Je offener mit den Gefühlen umgegangen wird, umso genauer kann man sie einschätzen, kann mit ihnen umgehen. Für Eltern gilt: Versuchen Sie nicht, im Nachhinein etwas gutzumachen, was Sie versäumt ha-ben. Gehen Sie offen mit Ihren Schuldgefühlen um! Sprechen Sie das an, denn Kinder können vergeben. Halten Sie die Balance zwischen Vertrauen in den jungen Erwachsenen und einem unaufgeregten, un-aufdringlichen Interesse an Ihren Kindern, das zeigt: Ich bin da, wenn du mich brauchst!

Diese Balance aus Nähe und Distanz gilt es ständig neu auszuhan-deln, sie ist nicht ein für alle Mal erkämpft. Es ist eine lebenslange Auf-gabe, an der Beziehung zwischen Eltern und Heranwachsenden zu ar-beiten. Das ist ständige Herausforderung – mal ist man sich näher, mal ferner. Eltern und Kinder (und seien sie noch so erwachsen) bleiben verbunden, ohne Verbündete zu sein.

Literatur

Ich habe auf einen wissenschaftlichen Anmerkungsapparat verzichtet. Es gab Publikationen, die mir sehr geholfen haben. Diese habe ich mit einem * gekennzeichnet.

Aschoff, Wulf (Hg.): *Pubertät. Erregungen um ein Lebensalter.* Göttingen 1996

* Baacke, Dieter: *Die 13- bis 18jährigen. Einführung in Probleme des Jugendalters.* Weinheim 1994

Baacke, Dieter / Frank, Günter / Radde, Martin: *Medienwelten – Medienorte. Jugend und Medien in Nordrhein-Westfalen.* Wiesbaden 1991

Bell, Ruth (Hg.): *Wie wir werden – was wir fühlen. Ein Handbuch für Jugendliche über Körper, Sexualität, Beziehungen.* Reinbek 1990

* Berg, Insoo K.: *Familien-Zusammenhalt(en). Ein kurz-therapeutisches und lösungsorientiertes Arbeitsbuch.* Dortmund 1997

Bonfadelli, Heinz u. a.: *Jugend und Medien.* Frankfurt 1986

Bopp, Jürgen: *Jugend. Umworben und doch unverstanden.* Frankfurt 1985

Brown, Lynn M. / Gilligan, Carol: *Die verlorene Stimme. Wendepunkte in der Entwicklung von Mädchen und Frauen.* Frankfurt 1994

Bürgin, Dieter: *Psychosomatik im Kindes- und Jugendalter.* Stuttgart 1993

Clausen, Lars: *Jugendsoziologie.* Stuttgart 1976

* Dainow, Sheila: *Trouble mit Teenies. Ein Ratgeber für Eltern.* München 1994

* Dolto, Françoise / Dolto-Tolitch, Catherine: *Von den Schwierigkeiten, erwachsen zu werden.* Stuttgart 1995

Elkind, David: *Total verwirrt.* Bergisch Gladbach 1991

Engel, Uwe / Hurrelmann, Klaus: *Was Jugendliche wagen. Eine Längsschnittstudie über Drogenkonsum, Streßreaktionen und Delinquenz im Jugendalter.* Weinheim 1994

Feibel, Thomas: *Multimedia für Kids: Spielen und lernen am Computer. Was Eltern und Pädagogen wissen müssen.* Reinbek 1997

Fend, Helmut: *Identitätsentwicklung in der Adoleszenz. Lebensentwürfe, Selbstfindung und Weltaneignung in beruflichen und familiären und politisch-weltanschaulichen Bereichen.* Bern 1991

* Fend, Helmut: *Vom Kind zum Jugendlichen. Der Übergang und seine Risiken.* Bern 1992

* Fend, Helmut: *Die Entdeckung des Selbst und die Verarbeitung der Pubertät.* Bern 1994

Filipp, Sigrun H. (Hg.): *Kritische Lebensereignisse.* Weinheim 1995

Flaake, Karin / King, Vera (Hg.): *Weibliche Adoleszenz. Zur Sozialisation junger Frauen.* Frankfurt 1992

Frankl, Viktor E.: *Die Sinnfrage in der Psychotherapie*. München 1997

* Grant, Wendy: *Was wißt ihr schon vom Erwachsenwerden! Das Elternhandbuch für die Teenagerzeit*. Frankfurt 1997

Gretsch, Ulla / Lissner, Babette: *Elternratgeber Computer*. Reinbek 1995

Häsig, Helga / Gutschmidt, Gunhild: *Handbuch Alleinerziehen. Ein Rechtsratgeber*. Reinbek 1992

Heitmeyer, Wilhelm / Collmann, Birgit / Conrads, Jutta / Kraul, Dietmar / Kühnel, Wolfgang / Matuschek, Ingo / Möller, Renate / Ulbrich-Herrmann, Matthias: *Gewalt. Schattenseiten der Individualisierung bei Jugendlichen aus unterschiedlichen Milieus*. Weinheim 1995

* Herbert, Martin: *Ich bin kein Kind mehr! Mit Jugendlichen in der Familie leben. Ein Handbuch*. Bern 1989

* Hirsch, Anna-Maria: *Wenn Kinder flügge werden. Eltern und Kinder im Ablösungsprozeß*. München 1991

Hornstein, Walter: *Unsere Jugend*. Weinheim 1982

Imber-Black, Evan / Roberts, Janine / Whiting, Richard A.: *Rituale. Rituale in Familien und Familientherapie*. Heidelberg 1995

Jugendwerk der deutschen Shell AG (Hg.): *Jugend 1997*. Opladen 1997

Juul, Jesper: *Das kompetente Kind*. Reinbek 1997

* Kast, Verena: *Loslassen und sich selber finden. Die Ablösung von den Kindern*. Freiburg 1997

* Krebs, Heinz / Eggert Schmidt-Noerr, Annelinde / Messer, Helene / Freudenberger, Hildegard (Hg.): *Lebensphase Adoleszenz. Junge Frauen und Männer verstehen*. Mainz 1997

Krüger, Heinz H. (Hg.): *Handbuch der Jugendforschung*. Leverkusen 1992

Leu, Hans R.: *Wie Kinder mit Computern umgehen. Studie zur Entzauberung einer neuen Technologie in der Familie*. München 1993

Liede, Margret / Ziehe, Thomas: *Über Telefonitis, die Liebe zu alten Klamotten und den Hunger nach Intensität*. Reinbek 1983

Mansel, Jürgen / Hurrelmann, Klaus: *Alltagsstreß bei Jugendlichen. Eine Untersuchung über Lebenschancen, Lebensrisiken und psychosoziale Befindlichkeiten im Statusübergang*. Weinheim 1994

Mansel, Jürgen / Klocke, Andreas: *Die Jugend von heute. Selbstanspruch, Stigma und Wirklichkeit*. Weinheim 1996

Mühlan, Eberhard / Mühlan, Claudia: *Vergiß es, Mama! Tips für Teenager-Eltern*. Asslar 1996

* Oerter, Rolf: *Lebensbewältigung im Jugendalter*. Weinheim 1985

* Orvin, George H.: *So richtig in der Pubertät. Was Eltern lassen sollten und was sie tun können*. Freiburg 1997

Papastefanou, Christiane: *Auszug aus dem Elternhaus. Aufbruch und Ablösung im Erleben von Eltern und Kindern.* Weinheim 1997

Petermann, Franz / Petermann, Ulrike (Hg.): *Angst und Aggression bei Kindern und Jugendlichen.* München 1993

Pipher, Mary: *Pubertätskrisen junger Mädchen. Und wie Eltern helfen können.* Frankfurt 1996

Pöldinger, Walter: *Die Abschätzung der Suizidalität.* Bern 1968

* Preuschoff, Gisela: *Von 12 bis 16. Abenteuer Pubertät.* Köln 1996

Radde, Martin / Sander, Uwe / Vollbrecht, Ralf (Hg.): *Jugendzeit – Medienzeit.* Weinheim 1988

Remschmidt, Helmut: *Psychiatrie der Adoleszenz.* Stuttgart 1992

* Schiffer, Eckhard: *Warum Huckleberry Finn nicht süchtig wurde. Anstiftung gegen Sucht und Selbstzerstörung bei Kindern und Jugendlichen.* Weinheim 1997

Schmidt, Gunter (Hg.): *Jugendsexualität. Sozialer Wandel, Gruppenunterschiede, Konfliktfelder.* Stuttgart 1993

Schorsch, Eberhard: *Angst, Lust und Zerstörung.* Reinbek 1977

Selg, Herbert / Mees, Ulrich / Berg, Detlef: *Psychologie der Aggressivität.* Göttingen 1997

* Shazer, Steve de: *Der Dreh.* Heidelberg 1989

Sommerfeld, Verena: *Umgang mit Aggressionen. Ein Arbeitsbuch für Erzieherinnen, Lehrer und Eltern.* Neuwied 1996

* Stierlin, Helm: *Eltern und Kinder. Das Drama von Trennung und Versöhnung im Jugendalter.* Frankfurt 1980

Storch, Maja: *Das Eltern-Kind-Verhältnis im Jugendalter. Eine empirische Längsschnittstudie.* Weinheim 1994

Tulodziecki, Gerd: Unterrichtskonzepte für die Medienerziehung. Köln 1985.

Walter, Dagmar C.: *Kinder vor Drogen schützen. Vorbeugen, Signale erkennen, helfen. Ein Ratgeber für Eltern und Erziehende.* Zürich 1997

Wardetzki, Bärbel: *Iß doch endlich mal normal! Hilfen für Angehörige von eßgestörten Mädchen und Frauen.* München 1996

Winship, Elizabeth C.: *Aus Kindern werden Leute.* München 1989

Witte, Helmut: «Wiedergutmachung». In: *Thema Jugend 1997,* Heft 2, S. 8 – 10

* Zimmer, Katharina: *Wer sind unsere Kinder? Jugendliche heute – verwöhnt, verlassen, mißverstanden.* München 1996

Jan-Uwe Rogge, Jahrgang 1947, ist verheiratet, hat einen Sohn und lebt in der Nähe von Hamburg. Er arbeitet als Familien- und Kommunikationsberater und in der Medienforschung. Seit Anfang der achtziger Jahre führt er Elternseminare und Fortbildungsveranstaltungen durch, die sich großer Beliebtheit erfreuen.

Bücher von Jan-Uwe Rogge

Kinder brauchen Grenzen (rororo 19366)
Eltern setzen Grenzen (rororo 19756)
Kinder können fernsehen (rororo 60753)
Ängste machen Kinder stark (rororo 60640)
Ohne Chaos geht es nicht (rororo 60975)
Geschichten gegen Ängste (rororo 60977)
Wenn Kinder trotzen (rororo 61659)
Der große Erziehungsberater (rororo 61621)
Kinder dürfen aggressiv sein (rororo 61981)
Der kleine Erziehungshelfer (rororo 62337)
Von wegen aufgeklärt! Sexualität bei Kindern und Jugendlichen
(Rowohlt Verlag)
Zusammen mit Bettina Mähler:
Irgendwie anders: Kinder, die den Rahmen sprengen (rororo 60966)
Lauter starke Jungen (rororo 61539)
Zusammen mit Angelika Bartram:
Spiele gegen Ängste (rororo 61719)
Kleine Helden, großer Mut (rororo 21338)
Kleine Helden – Riesenwut (rororo 21371)
Zusammen mit Moni Port:
Ein Wolkenlied für Omama (rororo 20955)
Sonst beiß ich dich! (rororo 20968)